行政訴訟の実践的課題

濱　秀和

行政訴訟の実践的課題

学術選書
105
行政法

信山社

はじめに

一　行政訴訟史序論

本書は四十数年前の雑文から最近書いたものまでを若干の問題点ごとにまとめたものである。傘寿を越えこの程度のものしかまとめることができなかったことに忸怩たる思いがする。いずれも実務の合間に書いたもので、泥臭いといわれればそのとおりであるし、細かい点で雑文毎に考え方の違っている点も時間の長さから言えばやむをえないと考えている（もっとも、本書六三頁㈠行政裁量承認の必然性の項）終り八行六四頁三行は誤りである）。

振返ってみると行政事件訴訟特例法（以下、行特法という）が改正され、昭和三七年（一九六二年）一〇月一日行政事件訴訟法（以下、行訴法という）が施行されて以来、半世紀を経過した。これは決して短い期間ではない。筆者は、この行訴法が施行された当時東京地裁民事三部（行政部）に在籍していた。その頃の行政部は、民事二部と民事三部であったが、二部には敗戦（一九四五年八月）後の連合国の占領政策の残務である農地事件が中心に係属しており、三部にはその他の行政事件が係属していた。周知のとおり、行政事件は敗戦後民事訴訟の特例として扱われ、その後行特法が制定施行され、その運用から法律上の問題点が検討整理されて行訴法の施行となった。敗戦後の占領下から講和条約（一九五二年四月二八日）が結ばれ独立後にかけて東京地裁では、二部、三部ともそれぞれ工夫をこらし行政訴訟の目的である国民の権利利益の救済を図ろうとしてきた（本書一〇四頁以下の「行政訴訟に対する仮処分の排除」に当時の裁判所の情況についてふれてある）。三部では故白石健三判事（一九一一〜一九九八）が裁判長になってからは画期的な判決がいくつか出された。二部においても位野木益雄裁判長、杉本良吉裁判長とも法治主義を徹底化するような判決が次々と言渡されたし、大阪地裁においても独自の見解にもとづく訴訟を展開する等行訴法の施行前後凡そ十年間は、その意味では行政訴訟の勃興期と言ってもよかったと思う。このような歴史的経過を全く無視するような議論が最近は目につくが、残念なことである。

二　行政裁量の扱い

本書の冒頭に行政裁量についてのものをもってきたが、裁量の問題は現在及び将来にわたって行政訴訟の中核的事項であることが疑いない。後述するようにわが国の法律実務家は、民事訴訟に習熟し、民事的な経験と知識により行政事件を扱うため行政裁量の原理原則、その統制という重要な問題について、この半世紀の間工夫、進歩があったとはみられない。例えば拙著『最高裁上告不受理事件の諸相1』（信山社二〇一一年）（以下諸相1という）二一一頁以下、七四・七六頁に掲載した不動産取得税の課税標準の中の札幌高裁の判決は次のように判示している。「固定資産評価基準は、家屋の評価に当たり再建築価格方式をとっており、さらに、非木造家屋の評点数は、まず再建築費評点数×損耗の状況による減点補正率によって求め、当該非木造家屋について需給事情による減点を行う必要があると認めるときは、さらに需給事情による減点補正率を乗じて求めるものとされている（固定資産評価基準第2章第3節一）。……ところで、この減点補正について、控訴人は、羈束行為であって、必要な場合には必ず減点補正をしなければならないと主張する。確かに、上記のとおり、固定資産評価基準において、家屋の評価に当たり、必要な場合には、減点補正率を求め、これを適用することが求められているから、需給事情による減価をすることが必要とされる場合に、裁量を持って減価をしないとすることは認められず、その意味では羈束行為であるということができる。しかしながら、その必要性の判断について、減価が必要な家屋に限定して行われるべきであるとされていることを考えると、どのような場合にその必要があると判断するかについては、その家屋の状況や場所的事情等を考慮する必要があるといえるから、自由裁量ではないとしても、行政庁が経験則や法的衡平感に基づいて個別事案にふさわしい裁量判断を行うことが予定されているとみられる場合の裁量である羈束裁量が働くものというべきである。」（傍点筆者）。

札幌高裁の三人の裁判官の行政裁量についての理解の程度はこの書かれてあることからみても、初歩の学生にも劣ると言わざるをえないのではないだろうか。傍点の部分はどこからの引用か分らないが、ともかく奇説、珍説のたぐいで到底高等裁判所の判決として公にできる代物とは思われない。裁量について判示した判決でこれに類するものはそう珍しいものではない。ことに裁量統制についての考え方は、全くその場限りのものが多い。

本書の冒頭に裁量論を挙げ、そして裁量統制について述べている点は、筆者としては本書全般にわたって一貫しているつもりである。

行政の裁量を適切に統制するには、その手続の面からの規制が最も有効であるとするのが、半世紀前の東京地裁民事三部の考え方であった。それは当時の裁判長であった白石健三判事の宿昔の考え方であった。白石判事の経歴と業績については、かつて、述べたことがあるが（「行政事件訴訟の過去と現在」自由と正義二〇〇九年一〇月号一〇三頁）、行政事件が現行憲法の施行により司法裁判所の手に委ねられた頃から最高裁行政局の課長・調査官として行政統制について研究実践してきた。そのため、訴訟の現場に来て、魚の水を得たように裁判事務に専念したことは、陪席として畏敬の念をもって眺めたものである。行政処分の相手方となる私人は単に行政の客体といわれる地位にとどまるものではなく、行政主体のするもろもろの決定に対し、恣意・独断・他事考慮を疑うことが客観的にもっともであるような手続でない。適正・公平な手続によって判断を受ける手続上の利益が保障されているということを憲法の規定から演繹して明らかにした。行政手続法（平成五・法律八八号、以下行手法という）が施行（平成六・一〇・一）され、以来当然のことのように思われる考え方も、当時としては斬新・画期的であったことは疑いない（公法学界からの賞賛の声が高かったことは今でも記憶に残る）。いわゆる個人タクシー事件の第一審判決（昭和三八・九・一八判決・行集一四・九・一六六六）は、白石理論を実務に適用したものである。(1)

行政決定は、法行為のみならずそれが単なる事実行為と呼ばれる行政指導のようなものであっても、すべて行政庁の事実認定（事実判断）が前提となる。事実の認定に誤りがあれば適法・適正な決定ができるはずがない。行政庁の恣意、独断を疑うことが客観的にもっともと認められるような不公正な手続をとらないためには、処分の根拠規定について、必要なときには審査基準を設け、この審査基準に従って立証活動をしたり、させたりするという方法をとらざるを得ない。審査基準は、適法な事実の認定をするための道具である。

このことは、行手法のもとにおける審査基準（五条）も同じである。この審査基準は、解釈基準であったり、裁量基準であったりするが、申請人は提示されている審査基準に従って、必要な証拠を提出し、申請要件の認定と申請認容を求めるものである。もとより、処分の根拠法規との関係で解釈・審査基準が不合理であると考えられるときに、手続の過程でこれを争うことのできるのは言うまでもないことである。しかし、行手法のもとにおいて、行政庁が個別の事案について審査基準を柔軟に適用することは（かつて、このような議論があった）、適正・公平な手続により処分を受ける申請人の手続的権利を侵すもので許されることではない。

三　行政手続法のもつ実践的意義

行政手続法一条一項は、この法律は、処分、行政指導及び届出に関する手続並びに命令等を定める手続に関し、共通する事項を定めることによって、行政運営における公正の確保と透明性（行政上の意思決定について、その内容及び過程が国民にとって明らかであることをいう。第四六条において同じ）の向上を図り、もって国民の権利利益の保護に資することを目的とする、と定めている。ここに言う具体的な行政決定に向けられた手続の公正の確保と透明性とはどのようなことをいうかと言うと、行政の意思決定について、その内容及び過程が国民にとって明らかであることをいうのである。行政の意思決定は原則として、行政の事実判断（認定）と法律判断（裁量を含む）によって成り立っている。事実判断、法律判断のいずれもの内容及び過程が明らかである必要がある。事実判断（認定）の公正・透明性は、それが客観的な証拠によって裏付けられていることによって確保される。このような意思決定過程全体を行手法は、法的規制のもとにおいた。そして、この法律全体は、適正手続を定めたものと理解して差支えないし、この内容は立法的にもきわめて優れたものである。

行政の意思決定のための個別の手続は、私人と行政のそれぞれの行為の連鎖によって生成される。例えば、申請権のあるところには審査基準を定めておかなければならないし、申請に対しては審査の応答義務（七条）があるだけでなく派生的には情報提供義務もある（九条一項）。このように行政過程を手続の側面からみると、行手法は行政主体（行政庁）と私人との関係を権利義務・法律関係としているものとみることができる。行政決定における行政側の義務は、私人との関係では、私人の権利として把握される。このことは、民事訴訟手続や刑事訴訟手続における原告（検察官）、被告との間における法律関係と異なるものではない。従来から行政過程における行政主体と私人との関係を、上下の関係として把握し、そこから一方的に法律関係を形成する論理を導き出す傾向にあったが、行手法との関係で言えば行政主体と私人との関係は対等の権利義務の関係にあると解さなければならない。行手法の定めるもろもろの義務を単に行政庁の職務上の義務と解したのでは、行手法の存在意義そのものがおかしくなる。

行政運営における公正の確保と透明性は、行政過程に関係する行政庁、当事者の間を対等な権利義務の関係として明確化することにより確保される。ことに裁量統制については、申請に対する処分について、行政庁は審査基準を定める義務を負い、この審査基準が裁量基準である場合には、申請認容の許否についてこの裁量基準に拘束される適正・公平な判断をしなければならない点で手続の公正を手続的権利として認めた個人タクシー事件の最高裁判例よりはるかに進んだ内容となっている。これを審査基準のもつ実体的性質から、古い裁判例の中にみられると同じように裁量統制を考える考え方は、行手法のもつ部分概念をとりあげ、法本来が有する重要な意義を減却するものとしか考えられない(2)(3)。行手法は、行政運営における公正の確保と透明性の向上を図り、国民の権利利益の保護に資することを目的としている。法治主義は、国民の権利利益を実体面のみならず、手続面からも保護することを認めたものと解すべきであろう。その意味で本書で過去に筆者が色々考えてきたことは、すぐれた立法からみれば単なる回顧にすぎないかも知れない。ことに、本書の第二章行政訴訟の一般的手続は、その後の判例にとり入れられたりして、とりたてて問題とすべきではないかも知れない。しかし、行政訴訟の現実は、法治主義の要請、行手法の意義を生かす方向に進んでいるかどうか疑問であるばかりでなく、実務に携わる法曹がその真価を理解していないのではないかとの感じがする。

四　行政手続法を無視した著名な裁判例

行政手続法は、第三章に不利益処分について定め、一三条一項一号には、名宛人の資格又は地位を直接剝奪する不利益処分をするときは、聴聞をしなければならないとしている。処分の名宛人となる者は、聴聞を受ける権利を保障されているわけである。行政庁が聴聞を行うに当たっては、聴聞を行うべき期日までに相当な期間をおいて、不利益処分の名宛人となる者に対し、書面により一定の事項を通知しなければならない（一五条一項）。一　予定される不利益処分の内容及び根拠となる法令の条項、二　不利益処分の原因となる事実、三　聴聞の期日及び場所、四　聴聞に関する事務を所掌する組織の名称及び所在地（同項一号から四号まで）、加えて、右の書面には聴聞期日における処分の名宛人の意見陳述、証拠書類の提出、資料の閲覧等の諸権利について教示の規定がおかれている（同条二項）。この規定内容をすなおに読めば、行手法は所定の不利益処分について、いわゆる事実審型の聴聞を認めているものと解することができる。(4)

従来も実務の中で、例えば学生の退学処分をする場合など、事実確定のために、聴聞の手続がとられた例があったように聞いているが、行手法は一般法として、人権保障の面から右のような聴聞の手続を定めた。画期的な制度であると言って差支えないものと思う。

ところが、である。小泉内閣のときに、道路公団の民営化に関連して日本道路公団総裁の解任事件が起こった。その詳細については、諸相1第三章に、上告理由、上告受理申立理由、東京高裁判決、東京地裁判決理由を掲載して、問題の所在を明らかにした（もっとも、この事件は、当時の内閣としては負けられない事件であり、どのような手段を講じても結論を維持する必要があったかも知れない。そして、終始この訴訟に関与した筆者としては、司法の独立について、大きな疑いをもち、現在に至っても、その気持は変らない）。そこでは、行手法のもつ国民の権利利益の重大な意義、ことに行政の処分の相手方に手続上の権利があることについて、ほとんど露ほどの理解も示さなかった。情ないの一言に尽きる。

適正・公平な手続により処分を受ける利益を前提とする限り手続の適正が争われた以上、その手続の適正・公平についての主張・立証の責任は行政庁にあるというべきである。これが訴訟の場にもち出されたときは、審理の順序は当然手続の適正・公平の点から入るべきであるし、裁判所の判断の順序もこれに従うのが論理的に明らかではないか。行手法の適用のある事件について、裁判において処分の覆審的審査など理論上あるはずがない（行手法の施行前であっても、処分の司法審査においては事後審査が理論上は当然とされていた。改正行訴法の規定する義務付訴訟、差止訴訟・三条六項、七項についてはしばらくおく）。

五　行政事件と民事事件

すでに述べたように、昭和三七年一〇月一日施行となった行訴法は、立法当時、立案に参画した多くの人の共通の考え方は、行政事件と民事事件の差異を十分認識し、民事訴訟法、刑事訴訟法とは別に行政訴訟法という完結した法律にすべきところ、そこまでの行程に時間がかかるので、民事と共通の手続事項については、民事訴訟の例にするとされた経緯がある。私人間の利害の調整を目的とし、対象となる法律関係は契約の自由・意思自治を原則とする民事事件と、いわゆる公法関係と呼ばれる法律関係を扱う行政事件とは異なって当然であり、行訴法は、行特法とは異なり、民事訴訟の特例を定めたものではない。当時法制審議会行政訴訟部会の幹事で行訴法の立案について中枢にいた杉本良吉氏の『行政事件訴訟法の解説』（法曹会一九六二年）は、現在でも研究者の論文に引用されるが、同所の五頁には次のように書かれている。

「行政事件訴訟も国民の権利を救済する制度である点においては、民事訴訟と異なるものではない。しかし、そこで争われるところのものは、民事訴訟における私人間の権利関係の紛争とは異なって、公法上の法律関係であり、ことに抗告訴訟においては、行政権の発動としての行政庁の権限の行使に関する争いであるから、これに対応する処理手続も通常の民事訴訟とは基本的に異なった特殊の訴訟上の取り扱いが要請されるわけである。そして、かような行政事件訴訟と民事訴訟との関係は、人事訴訟の民事訴訟におけるそれとは異なり、むしろこの点においては刑事訴訟に類似するものがあるとされている。したがって、行政事件訴訟は、民事訴訟、刑事訴訟と並んだ独立別個の体系の訴訟と観念すべきである。」そして別の個所（二八頁）では、行訴法は「行政事件訴訟全般に対する統一的な基本法として制定されたものであり、民事訴訟の特別法ないし特例を定めたものではない。」と明言している（筆者が何故ここでこのようなことを書くかというと、行政事件はほとんど民事事件に習熟した裁判官の手により民事的に処理され、その結末は、原告の勝訴は例外的にみられるだけだからである。行政事件に国家賠償請求事件を含ませて、その勝訴率を二割程度とする見方もあるが、取消訴訟を中心とする行政事件に国家賠償事件を加えて勝訴率を出すなど意味のあることとは思われない）(5)。

行政事件と民事事件は、実務の上では形式的には管轄の問題であるが（行政事件の一審は、原則として地裁本庁で処理することになっている）、その実質は、行政事件は、行政庁のした行政決定の適否の審査をすることで、民事事件のように、私的自治・契約自由の原則により成立した私人間の法律関係の利害の調整を図るものとは、その存在が根本的に異なっている。前者は、私人の権利・利益を侵害する行政決定が実定手続法、実体法に従って行われているか否かの審査であり、そこでは行政手続法、行政実体法はともに行政庁の行為規範として機能しており、司法による審査は、国民の権利・利益の保障とともに、法律による行政の原理の実質的保障の担保である。より細かく言えば、司法審査は、行政庁が国民の権利・利益を適法に制限・侵害するに当って、所定の手続を履践し、かつ、実体的要件を充たしているかどうかを事後的に審査するわけである。これに対して、後者は成立している私人間の法律関係が、私的自治・契約自由の原則のうえから認められるものであるかどうかの点である。その法律上の紛争解決の規範となる民事実体法は、原則的に裁判規範にすぎない。

制度のうえから、行政事件と民事事件とはその対象とすべき事項が異なっており、これを明確に区別することを前提に実定制度はできている。公法関係を対象とするとか、私法関係を対象とするとかの区別で説明するのは言葉の問題だけである。

行政事件は右にみたように原則として、行政庁が認定・判断した事項を裁判所が事後的に審査する構造をとっており、裁判所が行政庁と同じ立場で問題のやり直しをするわけではない。覆審的・判断代置的処理は、司法の立場の逸脱である。民事事件は、裁判所が私人間の法律関係を全面審査（もとより争いのある部分について）するのが当然であり、それが司法の職責である。筆者は、一九八九年の公法学会において「実務を通じてみた行政訴訟制度の問題点」という報告をした（本書二七七頁以下）。そこで裁判官の行政法についての理解の乏しい点を指摘した（この報告は、僅か関西の研究者の関心を呼んだだけであったが）。一例として、もんじゅの行政訴訟の一審判決（福井地判昭六二・一二・二五判時一二六四号三一頁、判タ六六三号五八頁）が、理由の冒頭で取消訴訟は現在の法律関係に関する形成訴訟であるのに対し、無効確認訴訟は、過去の法律関係の確認訴訟であると判示しているのをみて、珍説・奇説のたぐいであり、裁判官の知識の程度に驚いた。著名事件であったために、とくに印象に残ったとも言えるが、これに類する無知がそうめずらしいものでないことは、そこに記載したとおりである。

ところが、最近において、知財高裁の判事の講演録[6]が判例時報に掲載され、三五年間裁判官として過ごし、その間最高裁調査官を五年間経験してきた裁判官の行政法、行訴法についての知識がこの程度のものかと慨嘆させられた。民事事件だけを扱っていても、現在の複雑な社会生活の中に生起する法律問題は、決して私人間の法律関係に関する紛争だけではありえない。近くに独禁法等の経済法の分野があり、そこでは行政法の基本知識が必要となるし、本書でわざわざ挙げた行政法関係と民事関係の交錯（第四章）[7]の中のいくつかの行政決定が私人の民事上の法律関係に直接影響を及ぼす事例などそうめずらしいことではない。民事事件だけを扱っているから行政法の原理・原則に無知であっていいはずはない。

講演録は、ひとつは特許庁審判官の特別研修におけるものであり、他は日本弁理士会大阪研修におけるものである。恐らく行政法の研究者は笑殺してしまうであろうが、この判事が裁判官として訴訟審理に当っている現実を実務家として見過ごすことは良心が痛む。審決取消訴訟が民事裁判であるとか、その根拠に行訴法を挙げるとか、とくに前者について紛争解決の一回性の要請を民事訴訟法の既判力で説明するなど、後者についても（当庁の富越東京高裁長官の指摘を受けてか）若干の行政事件の特質を引いてあるだけで、行政訴訟についての理解はほとんど零と言っていい。なさけないの一言に尽きる。(8)

行政法、ことに行手法・行訴法に無知な裁判官に当り、いつも被告行政庁の主張を正当としか判断できない事例に接すると、役所を相手の紛争について相談にくる依頼者には、訴訟はやるだけ無駄であるとも言いたくなる。

六　行政訴訟の実態

行政訴訟が政府や普通地方公共団体を相手にする場合、まず敗訴となるのが普通であるが、その典型的な例を一つ挙げた（諸相1九八頁以下、高松事件・水戸事件・熊本事件は、これに関連した事件である）。いわゆる山川病院事件と呼ばれているものである（本書二九九頁、諸相1二七一頁以下に概要を書いた）。医療法（平成九・法一二五号による改正前のもの）七条一項は、病院を開設しようとするときは、開設地の都道府県知事の許可を受けなければならない旨を定めていたが、都道府県知事は一定の要件に適合する限り、病院開設の許可を与えなければならないとしていた（同条三項）。ところが昭和六〇年に医療法が改正され地域医療計画の制度が作られ、同法三〇条の七において、医療計画達成推進のために特に必要がある場合には、都道府県知事は都道府県医療審議会の意見を聴いて、病院開設の申請者に対し、病院の開設、病床数の増加等に関し勧告することができるという規定をおいた。この制度ができても、病院が開設され、施設の建設後、人的、物的諸設備が整えられて、病院の使用許可（二七条）があった後は、健康保険法（平成一〇法一〇九号による改正前のもの）四三条ノ三において、所定の非違行為を除いて保険医療機関の指定申請があれば、すべてその指定がされていた。国民皆保険がとられているわが国において美容外科等の例外は別として、保険医療ができない病院など経営が成り立たないことは明らかである。ところが、旧厚生省は、昭和六二年九月二一日各都道府県知事に宛て「医療計画公示後における病院開設等の取扱いについて」という通知を発し「都道府県知事と医療機関との契約である保険医療機関の指定等に際しては、国民に適正な医療を効率的に供給するとの観点から、地域医療計画に定める必要病床数を超える病床については これを契約の対象としないという基本的な考え方に立ち以下のとおり対処するものとする、とし、医療法三〇条の七の規定に基づき、都道府県知事が医療計画達成の推進のため特に必要があるものとして勧告を行ったにもかかわらず、病院開設が行われ、当該病院から保険医療機関の指定申請又は療養取扱機関の申出があった場合にあっては、健康保険法四三条ノ三第二項に規定する『著シク不適当ト認ムルモノナルトキ』に該当するものとして、……地方社会保険医療協議会に対し、指定拒否……の諮問を行うこと」という扱いをすることとなった。

原告（控訴人、上告人）は、鹿児島県揖宿郡山川町において、診療所を開設していたが、地域の実情から救急患者の救済のために病院開設を考え、医療法七条一項所定の許可を求める申請をしたところ、鹿児島県知事は、申請地域を含む指宿保健医療圏は病床過剰地域であるとして、原告に対し病院開設の中止勧告をした。しかし、原告はこれを拒否し、病院開設の許可を得た。そして病院の建設、人的・物的施設の完備をして保険医療機関の指定申請をしたところ、拒否処分を受けた。この取消訴訟を提起し、一審の鹿児島地裁においては「解釈の裁量」という被告も主張しない珍説により請求を棄却され、福岡高裁宮崎支部の控訴審においては、被控訴人の指定代理人（訟務検事以下）が控訴裁判所に宛て、「本訴の結果によっては国政に深刻な影響が生じる」との上申書を提出した。その結果かどうか因果関係は分らないが、控訴棄却となり、さらに上告受理のうえ棄却となったのが、本書二九九頁以下の事案である。

政府の政策に関係する行政処分を争った場合、国政に影響を及ぼすということで請求が認められないとなると、そこには法律による行政の原理は問題とされない。行政事件にはほとんど訟務検事がついている。法治国家において、このような上申書を出す方も出す方であるし、受けとる裁判所も異常である。この異常と感じないところに行政事件の特色がある。この最高裁判決は、異常さが一層ひどい。構成の中に過去に医療行政、保険行政に従事したことが明らかな横尾和子判事が入っている。これをみると、裁判官の良心とか正義・公正などどこかに吹き飛んでしまう。そのうえ、知事の中止勧告に処分性を認めた判例解説を読むと、この調査官の意見も異常である。わが国の行政事件の実情の一端を示したものとして、本書に掲載したが、これでは政府の政策に関する行政訴訟は、政策の追認に終ると言っても差支えないであろう(9)。

筆者の挙げた本書の山川病院事件と同質のものは前述の諸相1に挙げた高松、水戸、熊本の各事件であるが、この調査官解説を読むと中止勧告の制度について立法の目的にもどこにもでてこない「医療費増大の抑制を実際上の目的の一つとしていた」と説明している。これが政府の政策とすると、知事の勧告をいくら争っても裁判官は勝訴判決をするはずがない。時間と費用の無駄だけである。行政訴訟の実態は、右に述べたとおりである。

七　制度と人

行政訴訟の実態が政府の政策を処分内容とする事件については、結論は原告敗訴であると言っても、すべての裁判がそうであるというのではない。良心と公正・法的正義を内包した判決がないわけではない。もんじゅについて原告の請求を認容した平成一五年一月二七日名古屋高裁金沢支部の判決（判例タイムズ一一一七号（二〇〇三・六・一五）八九頁、裁判長川崎和夫、裁判官源孝治・同榊原信次）もそうであるし、本書二九九頁以下の注(10)に挙げた福岡高裁の判決などもそうである。ただ、このような裁判官はごく僅かにすぎないということである。

「事業は人である」という言葉は言い古された言葉である。これを否定する人はいない。しかし、「裁判は人である」とはあまり聞かないけれども、裁判も人の営為である点で事業と異なるものではない。黒い法衣をまとって平均的な公正の外形を保ってはいるが、裁判官個人の物の見方によって、その判断過程・結論は大きく異なる。まさに「当り　はずれ」の分野である（筆者はかつて「当り　はずれ」というエッセイを書いたことがある（ジュリスト七七三号、一九八二年九月一日号一〇頁））。行政事件については一層当りはずれが激しい。かつて、経験法学の名のもとに最高裁判事の経歴からその判断までを検討・研究したものがあったが、筆者はその論文を読んで胸に落ちる思いがした。最高裁判所の公式見解では「我が国の裁判官は、戦前、戦後を通じて独立不羈、公正廉直を自らに課し、最終的な判断者としての職責の重さを自覚し、普段の研さんを通じて実務能力をかん養するという執務姿勢を一貫して堅持してきた」というのであるが、[10] これは組織の中からみた願望に近い見解であろう。制度をどのように変えようと、それを動かすのは人である。昭和四〇年前後の行政訴訟についての処理の実情と現在における官僚化した裁判官のそれとを見比べると、つくづくと裁判も人であると感じる。

八　調査官裁判

調査官裁判と言われ続けてきている。そしてこれを誰も制度として疑問をもたない。筆者には不思議である。この不透明な制度がそのまま存続していくことはわが国の司法のために決してプラスにならないと確信している。

調査官裁判をそのまま認め、調査官の報告どおり判決・決定をしてきたのを、正直に述べているのは元最高裁判事元田利文氏である。[11] 弁護士の出身であっても最高裁の中に入ると調査官裁判にいささかも疑問をもたないことを明らかにしている。これに対し、元最高裁判事藤田宙靖氏の書いたものは稀な例を挙げて世にしばしばみられる「調査官裁判」の批判は明らかに間違っていると述べているが、[12] 書いている本人自身がその論理的矛盾に気がつかないほどのものである。まず、持ち回り審議をもって調書裁判で終りにされる年間数千件の事件は、すべて調査官裁判ではないか、持ち回り審議でかつ、調書裁判で終る事件は、主任裁判官であっても上告状、上告受理申立書をみないばかりでなく、上告・受理申立代理人の名前すら見ていないであろう。この圧倒的多数の調査官裁判に目をつむり、調査官裁判の批判は間違っているとは恐れ入る。行政事件について専門家である藤田氏の手元にきた事件で、調査官の意見と異なっていたものがあり、藤田氏の意見どおり処理されたとしても、他の裁判官は、果してそれが理解できたのか、むしろ調査官の意見を批判する力もなかったのではないか、そればかりでなく、特定分野のことしか知らない学者出身裁判官とか行政官出身裁判官などが自分の専門分野以外の問題について調査官と異なる意見を述べることなど一見とても無理である（六六頁）、というのは、調査官の意見に従うということではないか。最高裁判事のやっていることは八宗兼学である。しかし、自分の専門以外のことについて果してどの程度の理解が出来るのか、調査官まかせという元田利文氏の言うことの方がはるかに現実性がある。のみならず、藤田氏の病院開設の中止勧告事件（平成一七年一〇月二五日第三小法廷判決　裁判集民事二一八号九一頁、判例時報一九二〇頁三二頁）についての補足意見については、かなり問題があるが筆者が本書（二九九頁）で挙げた知事の勧告について処分性を認めた判例がどのような経過で生成されたものであるかについての検討などされたかどうかの様子もみられない。ことに、この中止勧告は健康保険法が改正され（平成一〇法律一〇九号）た後のものであり、高松や熊本の事件とは異なる。そのうえ担当調査官の先例となる中止勧告の処分性に関する解説などに検討を加えた様子もない。当該事件の調査官判決に補足意見を加えただけの代物ではないか。

法廷で「人殺し」と叫ばれたことにより熱烈な死刑廃止論者となった団藤重光先生については、随分甘い考えと批判するが、団藤先生の反骨意見の数々について藤田氏の甘い考えなどよりはるかに心を打つものがある。

調査官にもピン・キリがあることは昔から言われてきた。前述の滝澤判事や、杉原判事のような人もいる。すべての調査官を優秀ということで自己の在官中の行為を正当化するかのような発言は決して多くの人の共感を呼ぶものではないと思う。

九　三行半判決

かつて、三行半判決についいては、裁判所の高官であったOBからも、多くの批判があった。弁護士出身の裁判官でこれをよしとする意見もあって、問題とされたが、上告事件、受理申立事件の取捨、選別を調査官が行っている制度のもとでは、不受理の理由など書けるはずはない。調書裁判は調査官裁判の帰結である。裁判に理由を付さなくてはならないことは、法治主義の基本的な原理である。現在の三行半の書面を裁判の理由であるなどとうそぶくのは、天もおそれぬ所業であろう。(13)

この点について阿部教授の論文が詳細であるから、これを援用したい。しかし筆者の事務所でも最近、国税不服審判所長を前職とした裁判長の同審判所経由の事件に関し、その不公正を争った裁判について、上告棄却、不受理の調書決定を受けた。臭いものに蓋をしたと感じられる。

かつて、最高裁に係属する事件が急増し、最高裁の機構改革が論議されたことがある。昭和三二年三月に国会に裁判所法等の一部を改正する法律案が提出されたが、その概要は次のとおりであった。(14)

① 最高裁判所を大法廷及び小法廷から成るものとし、大法廷は長官及び大法廷判事八人で構成し、小法廷はその数を六とし、小法廷判事の数は三〇人とする。
② 長官及び大法廷判事に限り国民審査に付するものとする。
③ 上告事件の審判は、憲法に適合するかどうかについて判断するとき、判例を変更するとき、及び法令の解釈適用で特に重要な事項を含むものと認められるときは大法廷でするものとし、その他の場合は小法廷でするものとする。
④ 小法廷の裁判に対する憲法違反を理由とする異議の申立てについては最高裁判所の規則の定めるところによるものとする。

という骨格のものであった。この法案はその後、国会で継続審議となった末、衆議院の解散により審議未了のまま廃案となったが、その後最高裁各法廷の努力による既済事件の増加や刑事事件の新受事件数の減少により、未済事件が大幅に減少し、機構改革問題は論議されることはなくなった。

最高裁判所における事件の増加は、その処理に悩むほどのものになったのであろう。かつては、最高裁判所の機構改革ということで問題の解決を考えたのが現在においては、上告制限と事件の調査官限りの取捨・選別の方法による調書裁判による処理である。最高裁判所という組織を中心に考えるだけで、国民の権利利益の救済は二の次である。上告制限は控訴審裁判の杜撰さを助長し、審理をいい加減なものとする副作用を生じ、民事の場合当事者はなるべく和解で解決しようと考えるが、行政事件の場合はどうにも救済されない。

周知のとおり、現在の国家のもろもろの機関は、その透明性が要求されている。検察の取調べの可視化もその一環である。にもかかわらず最高裁においては、黒衣によるこの不透明な制度をそのまま維持するのであろうか。(15)

（1）　ジュリスト増刊「行政手続法逐条研究（一九九六年）二九八頁以下（初出はジュリスト一〇七四号一九九五年研究会行政手続法第一二回）に、ゲストの視点として、筆者が個人タクシー、群中バス事件の裁判例の生成過程について述べた個所がある。この部分についても、もう若い研究者にとっては、生れる前か幼少の頃のことで行政訴訟・行政手続の規制についての歴史などあまり理解していないのではないかの論文にふれるのは侘しいことである。

（2）　常岡孝好「行政裁量の手続的審査の実体（上・中・下）判例時報二一三三号、同二一三六号、同二一三九号各一四八頁は、裁量基準の面から裁量統制を検討しているようにみうけられるが、筆者の考え方、従来の手続規制の考え方とはかなり異なるように思われる。このような考え方は、昭和四〇年前後に実体面から法治主義を徹底化した判決の中にみられるもので同質のように考えられる。

（3）　裁判官だけでなく学者でも、行手法の解釈運用に判例を引用している例がみられる。しかし、行手法は過去の判例・裁判例を克服したところに成立したものではなかったのか。

（4）　宇賀克也『行政手続法の理論』一九五頁は、行政手続法の聴聞手続は、アメリカでいう事実審型の聴聞のかなりの要件を満たしている、とされている。

（5）　元最高裁判事であった滝井繁男氏の著書『最高裁判所は変ったか』（岩波書店二〇〇九年）八三頁以下参照、このような考え方は決してめずらしいものではない。後記の滝澤孝臣判事の考え方は、その極端な例である。

（6）　滝澤孝臣「審決取消訴訟――その基本を考える」判例時報二一三八号三頁以下。

（7）　ここで土地改良法と土地区画整理法の実例を挙げたが、土地区画整理法については、基幹部分は現行法とほとんど変っていないが、土地改良法はその後大きく改正された。

（8）　日本弁護士連合会第六二回定期総会議案書二六頁には「民事家事・行政訴訟を中心とする民事司法は」と行政訴訟を民事司法の中に平然と入れている。全く無知を露呈しているかのようである。

（9）　朝日新聞二〇一一年（平成二三年一一月三〇日）一五面耕論（元最高裁判事原発訴訟を語る）には、元最高裁判事園部逸夫氏の全くもって正直な話が載っている。原告の請求を認容した控訴判決を破棄して逆転敗訴した判決について、次のように述べている。「高裁の判事は難しい技術についても懸命に調べて、原告勝訴の判決を書いたはず。残念だったでしょうね。だけど原発訴訟ではこういうことが起こると思います。最高裁には、行政庁の言うことは基本的に正しいという感覚があるのです。それを理屈立てするために『行政庁の自由裁量』という逃げ道が用意されています。一つは『専門技術裁量』といいます。安全性について『看過しがたい過誤・欠落』がない限り、高度の専門知識を備えた行政庁の判断を尊重するわけです。もう一つは『政治的裁量』で、例えば『経済活動に原発は必要』といった行政の政治的判断にゆだねる。特に最高裁は、地裁・高裁よりも国策的な問題について軽々に判断しにくいのです。

『もんじゅ』の差し戻し審に対して原告などから『最高裁は法律審。高裁判決が法律的に問題ないかだけを見るべきだ』との批判があります。しかし事実を再確認することはありますよ。そうでなければ、最高裁の存在意義がなくなります。とはいえ、実際に高裁判決をひっくり返すことは、よほどの場合でないとありません。もんじゅの差し戻し審は『よほどのこと』だったわけでしょう。

この経緯は、高裁と最高裁の関係を典型的に示していると思います。最高裁では『常識的な判断』というものが出てくる。まことにいわく言いがたい……国策にからむ問題に深く立ち入って判断をすることへの『消極的な感覚』とでもいうようなものがあるのです。」

国策にからむ問題に深く立ち入って判断することへの「消極的感覚」がわが国の最高裁の姿勢とするならば、そこには法治主義はないと言うべきであろう。どこかの国のことを「人治」だと騒ぎ立てる人がいるが、わが国も決して「法治」でないことを露呈している。

(10)「21世紀の司法制度を考える——司法制度改革に関する裁判所の基本的な考え方——最高裁判所」判例タイムズ一〇一七号(二〇〇〇・二・一五)四頁。

(11)前注(9)の朝日新聞の耕論には、弁護士出身で最高裁判事を務めた元原利文氏の最高裁判事の事件処理の実情が載っている。

「私は最高裁判事在任中に女川原発と志賀原発1号機の運転差し止めを求めた2件の訴訟の上告審を担当しました。女川原発訴訟では裁判長を務めました。いずれも原告住民側の上告を棄却する決定を2000年にしましたが、事件の詳細はよく記憶していません。覚えていないのは特別なことではありません。そういう仕組みなのです。

3年8ヵ月の任期中に約5500件の事件を担当しました。月平均125件の裁判に関与した計算になります。膨大な訴訟記録や当事者の主張のすべてに目を通していてはとてもこれだけの事件は処理できませんから、職業裁判官出身の優秀な調査官がついて、上告理由に当たるかどうかなどの観点からあらかじめ事件を振り分けてくれます。例えば民事事件では、最高裁は原告などが二審判決に憲法違反があると主張する場合や最高裁判例に反する判断がある場合など、法令解釈に関する重要な事項を含むと認められる場合にのみ審理・判決ができるからです。

調査官は上告趣意書などを読んで、上告あるいは上告受理案件に当たらないことが明らかなものは、判事が一堂に会して合議することなく結論を出せると考える旨の意見をつけて、主任裁判官に回します。主任裁判官は記録を読んで合議にかけるべきかどうかなどについての意見を書いた『主任メモ』をつけて主任裁判官に、各判事に回します。各判事に異議がなければ、合議が開かれず持ち回り審理によって処理されることになります。全事件の9割以上は持ち回り審理によって『上告棄却』か『不受理』になっていたと思います。

先に挙げた2件の原発訴訟についても合議を開いて議論した記憶はありませんから、おそらく調査官の意見通りに『上告棄却』となったケースだろうと思います。」

この人は正直に最高裁判決が調査官判決であることを告白している。しかし、弁護士出身でありながら、このような制度に対する批判のひとかけらもない発言である。一体このような最高裁が存在していいのであろうか。

(12) 藤田宙靖「最高裁回想録」『学者判事の七年半』(有斐閣二〇一二年)。
(13) 阿部泰隆「三行半上告棄却例文判決から見た司法改革」園部逸夫先生古稀記念『憲法と行政訴訟』(一九九九年)五〇六頁。
(14) 『裁判所百年史』裁判所事務総局、二一二頁。

(15)　民事訴訟規則五〇条の二（平成一六年一〇月六日施行）は、「最高裁判所が決定をする場合において、相当と認めるときは、決定書の作成に代えて、決定内容を調書に記載させることができる。」と定めている。ほとんど調査官限りで上告棄却・受理申立て、不受理決定が調書に記載され、この調書の正本が当事者に送達されるという仕組みが作られている。注(11)元最高裁判事元原利文氏の時より、扱いが一層簡便（?·）になったといえる。

二〇一二年一〇月

目　次

目　次

目　次

行政訴訟の実践的課題

第一章　裁量をめぐる問題点

1　行政裁量論

一　裁量の意義

裁量が行政作用にのみ固有のものでないことは、立法の裁量、司法の裁量などの言葉が用いられる点からも明らかである。裁量というのはもともと可能な手段・方法・意見・行動などの選択をいうものである。この選択をするには、予め前提となるべき諸事情について事実の認識をしなければならないし、これに加えて考慮という精神作用が必要となってくる。いくつかの資料と論理法則、経験法則にもとづき問題となる事実の認識をすると同時に、認識された事実を考慮して一定の選択を行う。これらの過程を裁量という言葉でよんでいる。

ここで問題となる行政裁量は、行政過程におけるもろもろの行政作用にともなう裁量をいうものであるが、これを立法の裁量、司法の裁量と比較して考えてみれば、行政作用における裁量がどのようなものであるかについて容易に理解できるはずである。

立法の裁量とは、たとえば、つぎのような判例の示すとおりである。公職選挙法が、「全国を多数の選挙区に分け、各選挙区に議員定数を配分して選挙を行わせる制度をとる場合において、具体的に、どのように選挙区を区分し、そのそれぞれに幾人の議員を配分するかを決定するについては、各選挙区の選挙人数又は人口数と配分議員定数との比率の平等が最も重要かつ基本的な基準とされるべきことは当然であるとしても、それ以外にも実際上考慮され、かつ、考慮されてしかるべき要素は少なくない。殊に都道府県は、それが従来わが国の政治及び行政の実際において果たしてきた役割や、国民生活及び国民感情の上におけるその比重にかんがみ、選挙区割の基礎をなすものとして無視することのできない要素であり、また、これらの都道府県を更に細分するにあたっては、従来の選挙の実績や、選挙区としてのまとまり具合、市町村その他の行政区画、面積の大小、人口密度、住民構成、交通事情、地理的状況等諸般の要素を考慮し、配分するべき議員数との関連を勘案しつつ、具体的な決定がされるものと考えられるのである。更にまた、社会の急激な変化や、その一つのあらわれとしての人口の都市集中化の現象などが生じた場合、これをどのように評価し、前述した政治における安定の要素をも考慮しながら、これを選挙区割や議員定数配分にどのように反映させるかも、国会における高度に政策的な考慮要素の一つであることを失わない。このように、衆議院議員の選挙における選挙区割と議員定数の配分の決定には、極めて多種多様で、複雑微妙な政策的及び技術的考慮要素が含まれており、それらの諸要素のそれぞれをどの程度考慮し、これを具体的決定にどこまで反映させることができるかについては、もとより厳密に一定された客観的基準が存在するわけのものではないから、結局は、国会の具体的に決したところが、その裁量権の合理的な行使として是認されるかどうか」が問題となる（最判昭五一・四・一四民集三〇巻三号二二三頁）場合であるとか、また、つぎのようなものをいう。「憲法二五条の規定は、国権の作用に対し、一定の目的を設定しその実現のための積極的な発動を期待するという性質のものである。しかも、右規定にいう『健康で文化的な最低限度の生活』なるものは、きわめて抽象的・相対的な概念であって、その具体的内容は、その時々における文化の発達の程度、経済的・社会的条件、一般的な国民生活の状況等との相関関係において判断決定されるべきものであるとともに、右規定を現実の立法として具体化するにあたっては、国の財政事情を無視することができず、また、多方面にわたる複雑多様な、しかも高度の専門技術的な考察とそれに基づいた政策的判断を必要とするものである。したがって、憲法二五条の規定の趣旨にこたえて具体的にどのような立法措置を講ずるかの選択決定は、立法府の広い裁量にゆだねられて」（最〔大〕判昭和五七・七・七判時一〇五一号三〇頁）いるというような場合をいうものである。

これに対し、司法の裁量とは、たとえば、殺人罪について刑法一九九条は、「人ヲ殺シタル者ハ死刑又ハ無期若クハ三年以上ノ懲役ニ処ス」と規定している。人を殺したという構成要件に該当する事実が認められる場合においても、裁判所は当該被告人に対し、死刑に処するか、無期の懲役にするか、もしくは有期の懲役にするかの選択や有期の懲役としたならば三年以上一五年以下の範囲で何年とするかの選択つまり裁量を有するのである。人を殺した殺人犯であっても、その犯罪の動機、原因に同情すべきものがあるかどうか、犯罪の手段、方法がどのようなものであったか、犯罪後に反省の色があるかどうか、被害者に慰藉の方法を講じたかどうか等の諸事情を考慮して法定刑の範囲内で刑の量定をするわけであるが、これはまさに司法の裁量とよぶにふさわしいものである（最判昭二五・五・四刑集四巻五号七五六頁は刑の量定は自由裁量に属するという）。そのほか、民事事件において、裁判所が精神的苦痛に対して慰藉料の額を算定する場合であるとか（民七一〇条）、行政事件訴訟法三一条の規定する処分等が違法であるが、これを取り消すことにより公の利益に著しい障害を生ずる場合において、裁判所が一切の事情を考慮したうえ、処分等を取り消すことが公共の福祉に適合しないと認めるときに原告の請求を棄却する、いわゆる事情判決をするかしないかの点なども司法の裁量がみられる場合である。

行政の裁量ももろもろの選択がその本質である点において、立法の裁量、司法の裁量と異なるものではない。むしろ、裁量こそ行政作用の本質であるかのようにいわれたこともあった。たとえば、司法の本質は法適用の判断作用であるのに対し、行政の本質は効果を意欲する作用であるから、裁量は行政に固有の作用であって、司法に裁量が認められるのは（家事事件や非訟事件のように具体的な処置を命じるためにする裁判のように）、本来は司法作用ではなく、むしろ行政作用であるとするというような考え方である。

しかし、右にみたように裁量は決して行政に固有のものではなく、立法の作用には当然であるし、また、司法の作用にも少なからず随伴するもので、一定の目的を実現する過程においては絶えずみられる。この点で、たとえば民事訴訟における仮の地位を定める仮処分（民訴七六〇条）とか行政処分の効力等の停止（行訴二五条二項）などが単純な法適用の判断作用にとどまらず、裁量をもって行われることを理由に、これらが本質は行政の作用であると説明するのは誤りであるといわなければならない。

二　行政裁量

行政の裁量は、行政行為、行政処分といわれる行政過程における行政庁の最終判断をする場合にだけ機能しているのではなく、行政庁の行うあらゆる行政作用の分野においてみられるものである。行政権の行う立法作用であるいわゆる行政立法においてはもちろん、拘束的であるか非拘束的であるかを問わず行政上の計画の決定、行政契約の締結、行政指導の実施、はては行政上の強制執行の場合などの行政活動のあらゆる分野に、多かれ少なかれ行政目的を達成するため絶えず裁量が行われているものといえる。

現代行政においては、行政権が国民生活のあらゆる分野に積極的に介入し、規制的、助成的な活動をすることが要請されている。福祉国家における行政活動は、その内容が複雑でかつ専門的・技術的であることが多く、国会で制定する法律によってその微細な点までも規定することはきわめて困難であるし、仮に細部にわたって法律で規定したとしても、社会的・経済的な情勢によって速やかにそれを改廃しなければならない必要も出てくる。このようなことから、法治主義の要請にもとらない限度において、現代行政においては、立法が大枠を定め、専門的・技術的な事項については行政権に委任し抽象的・一般的な定めをすることを認めている、いわゆる行政立法である。

たとえば、総合的かつ計画的な国土の利用を図ることを目的として制定された国土利用計画法は、国土利用計画の策定に関し必要な事項について定めているが、その全国計画について、同法五条一項は、「国は、政令で定めるところにより、国土の利用に関する基本的な事項について全国計画を定めるものとする。」と規定し、都道府県、市町村もまた政令で定めるところにより、都道府県計画、市町村計画を定めることができるとし（同法七条・八条）、これをうけて、同法施行令一条は全国計画、都道府県計画、市町村計画に定める事項を規定している。都市計画法は、都市の健全な発展と秩序ある整備を図り、国土の均衡ある発展と公共の福祉の増進に寄与することを目的として制定され、都市計画の内容およびその決定手続、都市計画制限、都市計画事業その他都市計画に関し必要な事項を定めている。

ところで同法は、周辺地域の環境の悪化をもたらすおそれのある特定工作物（同法四条一一項）、公共施設（同条一四項）等多くの事項について政令に委任し、さらに省令にも委任するなどし（同法五条一項等）、同法施行令は、これらの専門的・技術的な事項について規定するとともに、省令に再委任し、省令である同法施行規則は一層技術的な事項について規定している。

これらは枠組、骨組立法の一つの例にすぎないが、行政権が法律によって委任をうけた事項について、政令、省令等の制定をするには、当該法律の定める行政目的にそうように種々の事項を考慮し、裁量によって適切な条項を定めていくのである。行政立法における裁量というべきである。

行政権は、法律および法律の委任にもとづいて自ら制定した政令、省令に従い、行政計画を策定、決定することがある（国土利用計画法にもとづく全国計画等、都市計画法にもとづく都市計画など）。これらの行政計画の策定、決定についても、法令の定める事項の内容について、地域の自然的、社会的、経済的、文化的諸条件その他の諸事情を考慮し、適切な裁量が行われなければならない。これが行政計画における裁量である。

行政作用の中でそう大きな分野を占めているわけではないが、行政契約と称せられるものがある。行政法関係の設定、変更等を目的とするもので実定法の根拠のあるもの（たとえば学教三一条、自治二四四条の三）、実定法の根拠はないが行政目的達成のため行政庁が私人と締結するものの、いずれについても、当該契約を締結するかどうか、どのような内容の契約を締結するかについて、選択の余地があるというべきである。行政契約における裁量というべきであろう。

法律による行政の原理を徹底する考え方からいえば、行政作用における非嫡出子ともいうべき行政指導は、現実の行政の中ではきわめて重要な分野を占めている。ことに、法令の不備もあって開発行政の分野における行政指導は、その実際の機能において法律による行政の原理の形骸化をもたらしているといっても過言ではない。地方公共団体の作る開発指導要綱は地方公共団体の議会の議決も経ていない全くの内部規則にすぎないはずであるにもかかわらず、開発業者、一般住民の宅地の造成、住宅の建設等にまで大きな影響を及ぼしている。この指導要綱の作成はもとより、この指導要綱にもとづく、開発行政もまた行政裁量の例である。

三　行政裁量の問題点

従来は、行政裁量が問題とされたのはもっぱら行政行為の分野であった。行政庁が具体的事実を規律する一方的な行為により、直接国民の権利義務に影響を及ぼす行政行為について、それを羈束行為と裁量行為に分け、後者をさらに便宜裁量（自由裁量）と羈束裁量（法規裁量）とに分類し、議論するのが一般であった。それは、法律による行政の原理から国民の権利義務に直接影響を及ぼす行政行為については、その法律適合性の有無を通じ、行政行為の相手方である国民の権利利益の保障をする司法審査制と行政権固有の公益判断に関する分野に対する司法権の不介入の、その限界の議論であったといえる。すなわち、行政庁の自由裁量に属する行政行為については司法権は審査権がなく、行政行為が法規裁量に属するものについてのみ司法権は当該行為の法適合性の有無について全面的に審査が可能であるとするのである。

実務上、法令の適用を通じ、国民の権利利益の救済を図ることを目的とすることを司法の使命であるとする立場からは、行政庁の行為をなるべく司法審査の対象となる法規裁量の分野に引き入れようとする解釈論がとられるのに対し、行政の自由な活動が現代行政における行政目的達成のために必要であり、司法の過度な介入は行政権固有の分野を侵すとする立場からは、自由裁量の範囲をなるべく広く認めて行こうとする解釈論がとられてきたといえる。現在において、後述するように、行政行為について裁量が問題とされる場合には、ほとんど、裁量の踰越、濫用の有無が争点とされ、それが自由裁量であるか法規裁量であるかの区別について深刻な議論がされるということはみられなくなった。しかし、行政庁の裁量が問題とされる意義は、依然として司法審査との関係であることは議論の余地がなく、裁量に対する司法的統制の手段、方法、その範囲の問題を離れて、行政裁量を議論する実益はない。このような見地から、行政裁量は単に行政行為について問題となるだけでなく、行政立法、行政計画、行政契約、行政指導などの分野においても、問題とされ、行政行為以外のこれらの行政作用における行政庁の裁量を、国民の権利利益を保護するという見地からどのように統制すべきかが重要な課題とされる。行政庁のこのような裁量がもし行政権の内部的な統制（行政監督権の行使、行政不服審査法にもとづく不服審査）にのみとどまり、司法権の統制が及ばないとするならば、これらの裁量により権利利益の侵害をうけた国民は、司法権によるその救済手段をもたないこととなり、憲法が人権の保障を定め、裁判をうける権利（憲三二条）を認めた趣旨にもとるからである。

行政立法について、わが国の行政訴訟制度は規範統制訴訟の規定をもたないから、これを直接取消訴訟の対象とし、当該行政立法が法律の委任の範囲を超え、裁量の踰越、濫用があったことを審査することはできない。しかし、当該行政立法が法律の委任の範囲内における合理的裁量にとどまるかどうかの点は、これら法令の適用の結果である行政庁の処分もしくは法律関係についての抗告訴訟、当事者訴訟等において争うことができる。

農地法八〇条は、「農林水産大臣（注、当時は農林大臣）は、第七十八条第一項の規定（注、買収した土地、立木等の管理）により管理する土地、立木、工作物又は権利について、政令で定めるところにより、自作農の創設又は土地の農業上の利用の増進の目的に供しないことを相当と認めたときは、省令で定めるところにより、これを売り払い、又はその所管換若しくは所属替をすることができる。農林水産大臣（注、前と同じ）は、前項の規定により売り払い、又は所管換若しくは所属替をすることができる土地、立木、工作物又は権利が第九条（注、買収）、第十四条（注、附帯施設の買収）又は第四十四条（注、未墾地の買収）の規定により買収したものであるときは、政令で定める場合を除き、その土地、立木、工作物又は権利を、その買収前の所有者又はその一般承継人に売り払わなければならない。」と規定しているが、ここで委任をうけた政令である昭和四六年における改正前の同法施行令一六条四号は、右農地法の定める売払または所管換若しくは所属替の認定をすることのできる農地として、「公用、公共用又は国民生活の安定上必要な施設の用に供する緊急の必要があり、且つ、その用に供されることが確実な農地等」としていた。最高裁昭和四六・一・二〇大法廷判決（民集二五巻一号一頁）は、右の農地法の規定にもとづく売払義務の確認を求めた事件について、私有財産の収用が行われた後、当該収用物件につきその収用の目的となった公共の用に供しないことを相当とする事実が生じた場合には、これを国に保有させ、その処置を原則として国の裁量にまかせるべきであるとする合理的理由はないから、このような場合には、被収用者にこれを回復する権利を、保障する措置をとることが立法政策上当を得たものであり、同法八〇条の買収農地売払制度も右の趣旨で設けられたものと解すべきであるとして、つぎのように判示した。

「令一六条四号が、前記のように、買収農地のうち法八〇条一項の認定の対象となるべき土地を買収後新たに生じた公用等の目的に供する緊急の必要があり、かつ、その用に供されることが確実なものに剣限していることは、その規定上明らかである。その趣旨は、買収の目的を重視し、その目的に優先する公用等の目的に供する緊急の必要があり、かつ、その用に供されることが確実な場合にかぎり売り払うべきこととしたものと解されるが、委任の範囲にはおのずから限度があり、明らかに法が売払いの対象として予定しているものを除外することは前記法八〇条に基づく売払制度の趣旨に反して許されないところであるといわなければならない。農地改革のための臨時立法であった自創法とは異なり、法は恒久立法であるから、同条による売払いの要件も、当然、長期にわたる社会、経済状勢の変化にも対処できるものとして規定されているはずのものである。したがって、農地買収の目的に優先する公用等の目的に供する緊急の必要があり、かつ、その用に供せられることが確実であるという場合ではなくても、当該買収農地自体、社会的、経済的にみて、すでにその農地としての現況を将来にわたって維持すべき意義を失い、近く農地以外のものとすることを相当とするもの（法七条一項四号参照）として、買収の目的である自作農の創設等の目的に供しないことを相当とする状況にあるといいうるものが生ずるであろうことは、当然予測されるところであり、法八〇条は、もとよりこのような買収農地についても旧所有者への売払いを義務付けているものと解さなければならないのである。したがって、同条の認定をすることができる場合につき、令一六条が、自創法三条による買収農地については令一六条四号の場合にかぎることとし、それ以外の前記のような場合につき法八〇条の認定をすることができないとしたことは、法の委任の範囲を越えた無効のものというほかかない。」

右の事案は、法が売払いの要件について裁量を認めていないのに、裁量権があるものとして制定した政令の効力が否定されたもので、きわめてめずらしいものといえる（行政判例百選Ⅰ一〇二頁参照）。

現在の裁判所は、行政計画についてそれが拘束的な計画である場合であっても、この計画を直接訴訟の対象として争うことを認めていない。土地区画整理法六六条は、建設大臣、都道府県知事または市町村長が同法三条四項の規定により土地区画整理事業を施行しようとする場合、施行規程および事業計画を定めなければならない旨規定している（その他、四条一項。一四条・五二条の場合も同じ）。この事業計画の決定が公告されると、土地区画整理事業の施行地区内においては、事業施行の障害となるおそれのある土地の形質の変更もしくは建築物その他の工作物の新築、改築もしくは増築等を行う場合には、建設大臣あるいは都道府県知事の許可をうけなければならないとされ（同法七六条一項）、これに違反した場合には、原状回復、工作物等の移転、除去を命ぜられ（同条四項）、これに従わないときには罰則が定められている（同法一四〇条）。このように土地区画整理事業の施工区域内の権利者は、事業計画の決定によって自己の所有権等の制限をうけるわけであるが、この事業計画の決定の無効確認を求めた事案について、最高裁昭和四一・二・二三大法廷判決（民集二〇巻二号二七一頁）は、八対五の多数意見をもって、この事業計画の決定は、これが公告された段階においても抗告訴訟の対象にならない旨判示した。この大法廷判決の反対意見はきわめて説得力に富むが、その後の判例の多くは、多数意見に従い、土地区画整理法上の事業計画はもとより都市計画法上の都市計画（同法一八条・一九条）等についてもこれらの抗告訴訟の対象としての資格（処分性）を否定している（最高裁昭五三・一二・八第二小判決、民集三二巻九号一六一七頁は、全国新幹線鉄道整備法九条にもとづく運輸大臣の工事実施計画について、大分地裁昭五四・三・五判決、判時九二五号三頁は、新産業都市建設促進法にもとづく新産業都市建設基本計画について、横浜地裁昭五五・二・二七判決、判時九五八号二二頁は、湾岸道路建設のための都市計画変更決定について）。

このように拘束的な行政計画についても抗告訴訟の対象としての処分性が否定されることとなれば、当該行政計画の策定、決定過程における裁量権の行使の当否の問題は、計画段階においては、全く司法審査の対象とはされない（そればかりでなく、このように抗告訴訟の対象とならない行政計画については、行政不服審査法にもとづく審査の対象ともならないとするのが、建設省当局の見解である。計画段階においてでは、国民はその計画の当否についてすら争えないわけである）。

いわば、行政計画を計画段階において、争訟手段により争い、当該裁量の適否について審査することは、許されていないということになる。

行政契約における裁量は、当該契約の効力等が争われる民事訴訟、当事者訴訟、民衆訴訟の場で問題とされると考えられる。行政指導における裁量は、行政指導が行政の事実行為であるところから、これを直接統制する方法はなく、行政指導が違法である場合の、国家賠償法にもとづく損害賠償の請求訴訟の際に、裁量の限界等が審査されることとなる。

四　行政行為と裁量

行政庁の行う諸作用のうち、行政行為といわれるものは、その根拠、すなわち、いかなるときに、どのような行政行為をすることができるかを一定の法律要件とこれにともなう法律効果をもって定めているのが通常である。とくに侵益的な行政行為の場合には、その根拠規定は一層明確に法律要件と法律効果を規定している（この点で、刑法が構成要件とこれにともなう刑罰を明確に定めているのときわめて類似している）。

行政庁が行政行為をするには、まず法律要件に該当する事実を認定し、この事実認定ができた場合に一定の効果を導き出すという操作を行うことが必要となる。このような法律要件を充足する事実の認定が行政行為をする前提となっている点で、行政行為は他の多くの行政作用と異なる特色を有している（ただし、行政行為の中には、要件をきわめて抽象的なものとしているもののあることは、後述のとおり）。

そこで行政行為について問題とされる裁量も法律要件と法律効果の枠の中におけるものといえる。もっとも行政行為の中には、法律要件についても、また、法律効果についても裁量の余地が全く認められない羈束行為といわれるものが、しばしば認められる。たとえば薬剤師法四条は、薬剤師の絶対的な欠格条項として「一　未成年者、禁治産者又は準禁治産者、二　目が見えない者、耳がきこえない者又は口がきけない者」と定めており、同法八条一項は、「薬剤師が第四条各号のいずれかに該当するに至ったときは、厚生大臣は、その免許を取り消す。」と規定している。医師法も医師について同様の規定をおいている（同法三条・七条一項）。右の薬剤師法、医師法の薬剤師、医師の欠格事由を定めた法律要件は、その内容が一義的に明確であって判断の余地はない。そして、薬剤師、医師の免許申請者が右の欠格事由に該当するときには、免許を与えるか与えないかの、行政行為をするに当って裁量の余地は全くないのである。すでに免許をうけた薬剤師、医師について、欠格事由に該当する事実が発生した場合（たとえば、禁治産宣告があるというように）には、厚生大臣は、薬剤師、医師の免許を必ず取り消さなければならないこととなっている（薬剤師八条一項、医師七条一項）。この場合も、法律効果を選択する余地はない。

もっとも、典型的な法の羈束のある分野として説明される税法においても、実務上課税しない経済的利益「所得」の範囲を通達によって定めている。これは徴税経済の面からの政策的なものと思われるが、理論的には税法の所得の認定に当ってすら、裁量が認められているということになる。

以上のような羈束行為を除いて、裁量行為といわれる行政行為はつぎのようなものである。

まず、法律要件については、その内容を一義的、明確に定めて判断の余地は認められないけれども、法律効果については、一定の処分をするかしないか、するとした場合どのような処分をするかについて、選択が認められている場合である。たとえば、古物営業法、質屋営業法はいずれも、営業の許可基準として「禁こ以上の刑に処せられその執行を終り、又は執行を受けることがなくなった後、三年を経過していない者」という人的な欠格事由を挙げている（古物四条二項二号、質屋三条一項一号）。これは営業許可申請拒否処分のための要件であり、この場合、法律要件、法律効果とも裁量はない。ところが、いったん営業が許可された後に、許可業者が禁こ以上の刑に処せられても（古物二四条一項一号・三号、質屋二五条一項一号・三号）、公安委員会は、必ずしも許可を取り消さなくてはならないものではなく（古物二四条一項、質屋二五条一項）、許可の取消しをするかどうか、について選択の余地があるのである。

右のような行政行為のほかに、法律要件を定めてある規定にも、法律効果の選択についても、どちらも裁量が認められているものも少なくない。たとえば、国家公務員法八二条は（地方公務員法の場合は二九条参照）、「職員が、左の各号の一に該当する場合においては、これに対し懲戒処分として、免職、停職、減給又は戒告の処分をすることができる。」と処分の種類を規定し、その三号で「国民全体の奉仕者たるにふさわしくない非行のあった場合」という要件を掲げている。ここでどのような非行が国民全体の奉仕者たるにふさわしくないものであるかどうかは、必ずしも一義的に明確ではなく、この要件は不確定概念をもって規定されているものということができる。すなわち、法律要件については判断の余地があり、法律効果については選択が認められているわけであるから、いずれについても裁量があるということになるであろう（もっとも、この点は学説に争いのある点である）。

学校教育法一一条は「校長及び教員は、教育上必要があると認めるときは監督庁の定めるところにより、学生、生徒及び児童に懲戒を加えることができる。」と規定している。そして監督庁の定めである同法施行規則（文部省令）一三条二項は、懲戒処分のうち退学、停学、訓告は校長、学長の権限であることを明らかにすると同時に（法律効果の裁量は、当然の前提として）、退学についてのみ同条三項が一号から四号までの要件をおいている。すなわち、「一　性行不良で改善の見込がないと認められる者　二　学力劣等で成業の見込がないと認められる者　三　正当の理由がなくて出席常でない者　四　学校の秩序を乱し、その他学生又は生徒としての本分に反した者」と規定している。これらの要件は、程度の差はあるけれども、その内容は一義的に明確ではなく、そこに判断の余地がある。四号についていえばどのような行為が学校の秩序を乱す行為であるか、また学生、生徒としての本分に反する行為であるのか、学生、生徒に対し懲戒権が認められている趣旨、目的から合理的な限界はあるというものの法律要件に裁量がある場合である。このほか行政法規の中には法律要件として「公益上必要があるとき」とか「善良の風俗を害するおそれがあるとき」とか規定している例が少なくないが、右に説明したのと同じことがいえる。

五　自由裁量と法規裁量

伝統的な行政法学は、行政行為に裁量の認められる場合を分けて、自由裁量（便宜裁量）と法規裁量（羈束裁量）の区別をしてきた。これは行政裁判所の審理権との関係で行政庁の自由裁量事項については、裁判所が審理をすることができないという点からの区別であった。すなわち、裁量事項のうち行政庁の選択判断を最終のものとし、裁判所がこれに介入判断できない分野、換言すれば行政庁の固有の権限に属する分野を自由裁量とし、それ以外の裁判所の判断を優先させるべき分野の裁量を法規裁量として、法規裁量事項については全面的に裁判所が審理をしなければならないとするものである。裁判所は法律の解釈適用については最終的に決定すべき権限を有しているから、法規裁量事項については裁判所の判断が優先するということは、これが法律の解釈適用の問題であるということである。このように裁量を自由裁量と法規裁量とに区別すると、当然、裁量の所在によって自由裁量も法規裁量も、前に述べたように法律要件の裁量と法律効果の裁量に分けられる。法律要件が不確定概念で規定されている場合にこの要件の認定（厳密には判断基準の選択）について行政庁の自由な判断の余地を認め、裁判所の判断を介入させないとするのが法律要件の自由裁量であり、法律効果、行為の選択に行政庁の優先的権限を認めるのが法律効果の自由裁量とよばれるものである。

右の区別に従って、従来の裁量に関する学説は、右の行政庁の法律要件の認定について自由裁量を認める要件裁量説と行政庁の法律効果、行為の選択について自由裁量を認める効果裁量説の二つがあった。要件裁量説は、自由裁量は行政庁の公益適合性の判断の自由であり、法律要件が不確定概念をもって規定されている場合や、行政行為を授権するに要件の定めのない場合などに、何が公益に適合し、行政目的に沿うかの点についての判断の基準を選択する自由であるとするのである（多くは、要件認定の自由という説明をするが、正確には抽象的、内容不確定な要件を具体化し、基準の設定をする自由であろう）。この説によると行政庁は、右のようにして法律要件が認定された場合には、行政行為をするかしないかの自由、すなわち、法律効果、行為の選択の自由はないことになる。

これに対して、効果裁量説は、法律要件の認定（行政庁による基準の設定）を法の解釈適用の問題であるとし、全面的に裁判所の審査権を認め（つまり法規裁量であるとする）、法律効果、行為についてのみ自由裁量の認められる場合であるとする。そして、自由裁量が認められるかどうかについて行為の性質から「人民の権利を侵し、これに負担を命じまたはその自由を制限する処分は、いかなる場合でも自由裁量の行為ではない。人民のために新たな権利を設定し、その他人民に利益を供与する処分は、法律がとくに人民にその利益を要求する権利を与えている場合を除くほか、原則として自由裁量の行為である。直接人民の権利義務を左右する効果を生じない行為は、法律がとくに制限を加えている場合を除くほか、原則として自由裁量の行為である。」（美濃部博士の三原則）。とか、法の趣旨目的の合理的解釈によって両者を区別し、法が近代法治国家の原則に照らし、事柄の性質からいって、行政庁の自由な裁量を許さず一般法則性を予定している場合と、法が行政の目的に照らし、行政庁の政治的裁量または技術的裁量を許容する趣旨である場合とを区別し、前者が法規裁量、後者が自由裁量であるとする（田中博士）。

自由裁量、法規裁量の区別が、行政庁の処分を対象とした訴訟手続において、裁判所の審査権の限界の問題であることは、先にのべたとおりであるが、裁判例の中から、この両者の区別の基準について一貫したものを見出すことは困難であって、ただ傾向としては、行政庁の処分が国民の権利を制限、剝奪し、国民に義務を課すような性質のものである場合には（右の美濃部三原則参照）、自由裁量を認めない趣旨のものが多く、処分の要件として法の規定する事項が政策的または技術的要素を多分に含み、その判断を裁判所に委ねるより行政庁に委ねることを適当とする場合は、これを自由裁量と認める趣旨のものが多いということができるにすぎない（たとえば、最判昭三〇・七・五民集九巻九号九七三頁、同昭三一・四・一三民集一〇巻四号三九七頁、同昭三三・七・一民集一二巻一一号一六一二頁、同昭三四・一一・一〇民集一三巻一二号一四九三頁等）。

しかしながら、後述するように、行政事件訴訟法三〇条が、行政庁の自由裁量の処分についても、それが裁量権の範囲を踰越し、裁量権の濫用のある場合には処分を違法として取り消すことができる旨規定し、行政庁の自由裁量の行為が司法審査の対象から排除されるのではなく、その裁量権の行使が踰越、濫用という見地から審査の対象とされるに至って（もっとも、同条のできる前からこの審査方法は認められていた）、自由裁量も法規裁量も、ともに裁判所の審査の対象となるという点において区別の実益はなくなり、ただ裁量の範囲が異なるといわれるにすぎないこととなった。すなわち、自由裁量といい法規裁量といっても、それは単に裁量権の幅に広狭の差があるにすぎず、これらは相対的な区別にすぎないというのである（裁量の相対化）。

最高裁の判例は、早くからこの傾向を示しており、国民の権利を制限・剝奪するような処分についても行政庁の裁量権を認め、その踰越・濫用のない限り処分を適法としている（たとえば、海外渡航の自由について、最判四四・七・一一民集二三巻三八号一四七〇頁、運転免許の取消しについて、同昭三九・六・四民集一八巻五号七四五頁等）。

六　裁量統制

行政行為について自由裁量が認められている事項に関しては、その裁量の行使の当否は法律問題とはならない。したがって、行政行為の相手方である国民は、行政庁の当該裁量に不服がある場合には、行政不服審査法の規定にもとづいて不服申立をするほかはない。同法一条は、「この法律は、行政庁の違法又は不当な処分その他公権力の行使に当たる行為に関し、国民に対して広く行政庁に対する不服申立てのみちを開く……」と規定しているがここにいう「不当」な処分その他公権力の行使というのが、裁量を誤ったものをいうのである。しかしながら前にのべたように昭和三七年に制定施行された行政事件訴訟法三〇条は、「行政庁の裁量処分については、裁量権の範囲をこえ又はその濫用があった場合に限り、裁判所は、その処分を取り消すことができる。」と規定した。この規定は従来、自由裁量事項については裁判所の審査権の排除を認めつつも、もともと行政庁の裁量権が法によって認められたものであることから、それが法の認めた範囲を超えた場合は違法となるし（裁量権の踰越）、また裁量権が法の許容した範囲内にとどまるようにみえる場合でも、法が裁量権を認めた趣旨、目的を逸脱し、その濫用があった場合には違法を免れない（裁量権の濫用）とされてきた判例・学説の見解を明文化したものである。すなわち、行政庁の裁量事項についての司法的統制は、法規裁量事項と自由裁量事項の区別による法規裁量に対する裁判所の全面審査、自由裁量に対する審査権の排除という過程の中から自由裁量事項についての裁量権の踰越、濫用の有無に関する審査という手段方法に及んできたものといえる。

裁量権の踰越、濫用の有無についての自由裁量事項の審査ということになれば、結局は当該事項に関する行政庁の裁量が法の許容している裁量権の限界（内的・外的）を超えているかどうかの審査であるから、その限度では自由裁量にもまた裁判所の審査権が及ぶものと解さなければならない（このような見地から、判例は自由裁量事項についても、それが自由裁量であることを理由に訴えを却下することなく、裁量権の踰越、濫用を審査し、請求の理由の有無を判断してきた）。裁量の相対化の現象は、このようにして生じてきたわけであるが、複雑多岐にわたる現代の行政作用の中にあって、行政手段である行政行為は、単純に全体として自由裁量の行為であるとか、法規裁量の行為であるとかに範疇的に区別することが困難になってきたことと、右の裁量の相対化の現象から、現在においては、行政行為について自由裁量、法規裁量を区別することなく、当該行為の要件、効果に裁量事項が含まれている場合には、当該法規の認めている裁量権の行使が、法の認めた範囲を超えて行使されたかどうか、法の趣旨目的を逸脱して行使されたかどうかの審査をすることにまり、司法的統制をするようになってきている（この場合、行訴三〇条の「行政庁の裁量処分というのは、従来の法規裁量をも含むと解すべきであろう」最判三九・六・四民集一八巻五号七四五頁参照）。

最高裁昭和二九・七・三〇判決（民集二九巻七号一五〇一頁）は、公立大学の学生に対する懲戒処分について、当該処分は、「教育施設としての大学の内部規律を維持し教育目的を達成するために認められる自律作用にほかならない。そして、懲戒権者たる学長が学生の行為に対し懲戒処分を発動するに当り、その行為が懲戒に値するものであるかどうか、懲戒処分のうちいずれの処分を選ぶべきかを決するについては、当該行為の軽重のほか、本人の性格および平素の行状、右行為の他の学生に与える影響、懲戒処分の本人および他の学生におよぼす訓戒的効果等諸般の要素を考量する必要があり、これらの点の判断は、学内の事情に通ぎょうし直接教育の衝に当るものの裁量に任すのでなければ、適切な結果を期することができないことは明らかである。それ故、学生の行為に対し、懲戒処分を発動するかどうか、懲戒処分のうちいずれの処分を選ぶかを決定することは、その決定が全くの事実上の根拠に基かないと認められる場合であるか、もしくは社会観念上著しく妥当を欠き懲戒権者に任された裁量権の範囲を超えるものと認められる場合を除き、懲戒権者の裁量に任されているものと解するのが相当である。」と判示した。この判決は、裁量に関するいくつかの重要点を示しているが、まず「その行為が懲戒に値するものであるかどうか」の点に学長の裁量を認めている。これは既述の、学校教育法一一条、同法施行規則一一二条（ただし、当時の規定は改正前のもの）について要件裁量を認めているものといえる。つぎに「その決定が全く事実上の根拠に基かないと認められる場合」には、具体的な懲戒権が発生しないわけであるから、裁量権ももちろん認められないとしている。すなわち、事実の根拠を欠く場合には処分権限がないのであるから、裁量権が問題にならないことを判示しているのである（事実の基礎を欠く場合を裁量権の外的限界を超えるとか、あるいは、裁量権の内在的瑕疵、すなわち、濫用であるとかのべる見解があるが、事実の根拠を全く欠いている場合には、そもそも懲戒権は発生しないとみるべきである。最判昭二九・七・三〇民集八巻七号一四六三頁がその例である。具体的事実が法律要件に該当するかどうかの判断が合理性を欠く場合には裁量権の踰越、濫用があると解するのが相当であろう）。そして、最後に「懲戒処分のうちいずれの処分を選ぶべきかを決する」についても、裁量権を認めているが、これは効果裁量を認めているといえるわけである（公務員の懲戒処分についてであるが、この判決と全く同趣旨の判示をしたものとして最判昭三二・五・一〇民集一一巻五号六九九頁がある）。

最高裁昭和三五・七・二一判決（民集一四巻一〇号一八一一頁）は、地方公務員の免職処分について、「地方公務員法二八条一項一号、三号に該当するか否かの判断については、任命権者に或る程度の裁量権は認められるけれども、純然たる自由裁量に委された事項ではなく、右法条の趣旨に副う一定の客観的標準に照らして決せられるべきものであり、若し任命権者において、免職事由とせられる事実が右客観的標準に合致するか否かの判断を誤って免職処分をした場合には、その免職処分は、任命権者に認められる裁量権の行使を誤った違法のものたるを免れない」と判旨している。この判決は、法律要件が一義的明確でない場合に、これについて客観的合理的な標準設定に裁量を認めているが、この設定された客観的標準に該当する事実があるかどうかの点についての判断は法律問題であるとしている。裁量に関しては設定した標準が客観的にみて合理的である以上、その踰越、濫用はないというべきであるから、認定された事実が右標準に合致しないときには要件に該当するか否かの判断を誤ったものとして、裁量権の踰越、濫用となるというべきである（裁量権の踰越と濫用の区別は必ずしも明確ではなく、見方の相違ともいえるが、一般的には平等原則に違反するときには、裁量権の踰越があるものといえるであろうし、比例原則に違反したときには、裁量権の濫用があるものと解することができる）。裁量権の踰越、濫用を理由とする司法的統制は裁量の実体面からの統制であるが、裁量はその行使の側面を手続面から審査することも可能である。

行政行為は、事実の認定と認定された事実の法律要件への当嵌めおよび法律効果の選択という操作によって導き出されることは、すでにのべたとおりである。しかし、行政行為は、その要件について基準の設定（多くは要件の認定といわれる）、法律効果の選択（行為の選択）のいずれについても、行政庁の政策的判断や、専門的、技術的判断を内容とするものが少なくなく、裁判所の法律判断になじまない分野が多い。裁量権の踰越、濫用の審査も容易でなく（ことに判例は、裁量権の踰越、濫用についての立証責任を、これを主張する当事者に負担させている）、これが認められた例もごく僅かである。

そこで、行政庁の裁量権の行使の手続面から、その司法的統制の実をあげようとする見解が最近は有力となっている。

行政行為は、事実の認定にもとづいて行われる。その事実認定が誤っていると、この事実の法律要件、設定した基準（裁量基準）への当嵌めの操作がいかに適正にされても、裁量権は適正に行使されたことにはならない。また、抽象的な法律要件を具体化するために設定した裁量基準が不合理であれば、これも裁量権の行使を不合理とすることとなろう。法律効果、行為の選択にしても、もともと考慮すべき事項を考慮せず、また、考慮してはならない事項を考慮して行ったとするならば（他事考慮）、これもまた裁量の適正な行使とはいえないのである。裁判所が、行政庁の政策的判断や、専門的、技術的判断に介入することはできないとしても、右の事実認定が適正な手続によって行われたかどうか、すなわち、当該手続が適正な事実の認定のできるような手続であるかどうか、抽象的な法律要件を具体化した裁量基準が諸般の事情を考慮した合理的なものであるかどうか、行為の選択についても、合理的な考慮が働いているかどうか等の裁量権行使の手続面からの審査は十分可能であり、むしろこれらの手続面からの審査が事後審査を原則とする司法審査においては一層適切なものといえるわけである。裁量権の司法的統制がこのような見地から行われたものとしては、つぎのような判例がある。すなわち、最高裁昭和四六・一〇・二八判決（民集二五巻七号一〇三七頁）は、個人タクシー事業の免許申請の審査について、「おもうに、道路運送法においては、個人タクシー事業の免許申請の許否を決する手続について、同法一二二条のこの聴聞の規定のほか、とくに、審査、判定の手続、方法等に関する明文規定は存しない。しかし、同法六条および前記一二二条のこの規定等とを併せ考えれば、本件におけるように、多数の者のうちから少数特定の者を、具体的個別的事実関係に基づき選択して免許の許否を決しようとする行政庁としては、事実認定につき行政庁の独断を疑うことが客観的にもっともと認められるような不公正な手続をとってはならないものと解せられる。すなわち、右六条は抽象的な免許基準を定めているにすぎないのであるから、内部的にせよ、さらに、その趣旨を具体化した審査基準を設定し、これを公正かつ合理的に適用すべく、とくに、右基準の内容が微妙、高度の認定を要するようなものである等の場合には、右基準を適用するうえで必要とされる事項について、申請人に対し、その主張と証拠の提出の機会を与えなければならないというべきである。免許の申請人はこのような公正な手続によって免許の許否につき判定を受くべき法的利益を有するものと解すべく、これに反する審査手続によって免許申請の却下処分がされたときは、右利益を侵害するものとして、右処分の違法事由となるものというべきである。」とした（なお、この第一審判決東京地判昭三八・九・一八行集一四巻九号一六六六頁は、審査基準の内容を申請人に告知すべきであるとしている。最判昭五〇・五・二九民集二九巻五号六六二頁も、運輸大臣の裁量権が認められているバス路線の免許申請について、手続の公正が争われた事案である）。また、東京高裁昭和四八・七・一三判決（行集二四巻六・七号五三三頁）は、日光の太郎杉を伐採して道路の拡幅をするという事業計画が土地収用法二〇条三号にいう「土地の適正且つ合理的な利用に寄与するもの」と認められるべきかどうかについての、建設大臣の判断の適否に関し、「控訴人建設大臣がこの点の判断をするについて、或る範囲において裁量判断の余地の認められるべきことは、当裁判所もこれを認めるに吝かではない。しかし、この点の判断が前認定のような諸要素（注、本件事業認定にかかる事業計画の内容、右事業計画が達成されることによってもたらされるべき公共の利益、右事業計画策定および本件事業認定に至るまでの経緯、右事業計画において収用の対象とされている本件土地の状況、その有する私的ないし公共的価値等の諸要素）、諸価値の比較考量に基づき行なわるべきものである以上、同控訴人がこの点の判断をするにあたり、本来最も重視すべき諸要素、諸価値を不当、安易に軽視し、その結果当然尽すべき考慮を尽さず、または本来考慮に容れるべきでない事項を考慮に容れもしくは本来過大に評価すべきでない事項を過重に評価し、これらのことにより同控訴人のこの点に関する判断が左右されたものと認められる場合には、同控訴人の右判断は、とりもなおさず裁量判断の方法ないしその過程に誤りがあるものとして、違法となるものと解するのが相当である。」とした。

この判決も、手続面からの司法審査を有効に行ったものといえる。

七　裁量行為と統治行為

裁量行為は、すでにのべたとおり、それを自由裁量と法規裁量とに概念的に区別してきた沿革は別として、現在いずれも裁量権の行使の問題として司法審査の対象となるわけであるが、国家作用の中には行政その他の作用と区別される高度の政治性をもった一群の行為の存在することも否定できない。

このような高度の政治性をもつ国家作用を統治行為とよぶのが通例であり、その行為のもつ政治的側面のゆえに司法審査の対象から除外されている（日本国とアメリカ合衆国との間の安全保障条約につき、最判昭三四・一二・

一六刑集一三巻一三号三二二五頁、衆議院の解散の効力につき、最判昭三五・六・八民集一四巻七号一二〇六頁)。

この裁量行為と統治行為の相違については一応つぎの点が挙げられよう。第一に、裁量行為と統治行為はそれぞれそれが認められる根拠を異にする。すなわち、裁量行為(とくに、自由裁量の行為)は、公益の実現を目的とする行政庁の有する権限であって、行政作用が合目的的作用である以上、法の厳格な拘束から離れた行政独自の判断作用として認められるべきである。これに対して統治行為は、国家作用(内閣・国会の)として、当該行為それ自体は法的側面を有し、合法性の判断の対象とすることは可能であるが、その有する政治的側面のために国民に対して政治的責任を負担しない裁判所の司法審査の対象とすることが適当でないため、その審査権の全面的排除の認められる行為である。第二に、裁量行為は、行政庁の政策判断や専門的・技術的判断を内容とするため、その限度で司法審査になじまないといえるが、前述のように実体面、手続面から審査の対象とされ、違法の判断をうけることがある。統治行為は、たとえそれが法律的側面を有し、論理的には司法審査が可能であっても、行為が全体として高度の政治性を有するため司法審査が排除されるものである。

もっとも、このような統治行為の観念を認めず、これを行政府、立法府の裁量行為として扱おうとする見解もある。

(初出、遠藤博也・阿部泰隆編『講義行政法Ⅰ(総論)』青林書院新社、一九八四年)

2　行政裁量の司法統制――裁判例を検討して――

一　はしがき

現代における国家の役割は、単に、法を作り法秩序を維持するという消極的作用にとどまらず、国民の政治、経済、社会生活のあらゆる分野に国家機関が積極的に関与、介入し、国民生活の規制、あるいは国民に対する利益供与の作用を果たしているといわれる。たとえば、そこには労働者保護の各種の法的措置、私的独占の禁止、経済統制、公企業の規制、産業行政、社会保障等国民生活の広範囲にわたり国家権力の介入がみられるのであり、これらはいずれも、最終的には法律に根拠をおくとはいえ、多かれ少なかれ裁量をもった行政権の作用として行なわれているものである。

この現象は、市民的法治国家から社会的法治国家への推移、自由国家から福祉国家への展開等の言葉で呼ばれているが、これら高度に成長した資本主義体制下における「福祉国家論」に対する経済的、法的観点からの批判は別としても[1]、福祉国家における国家機能の増大、強化が必然的に行政権の拡大、強化、行政優位につながっていることは否定することができない。もとより、法治主義の要請からは、国民の権利自由に関係を有する行政作用はすべて法律の根拠にもとづかなければならないけれども、行政作用が国民生活のあらゆる領域に浸透し、複雑、多岐な社会、経済現象を統制しなくてはならない必要性が生じてくると、立法は、これらの事象のすべてについて行政に根拠を与えることはできず、好むと好まざるとにかかわらず、その細目の決定を行政機関の主観的判断に委ねなければならない場合が多くなる。それとともに、拡大、強化された行政は、個々の行政作用の発動にあたって、各部門にわたり技術的・専門的な考量を必要とする部分を多くもち、これにともない、それらの行政を担当する専門家と称する官僚群を生み出し、福祉国家の機能とするすべての行政は、よかれあしかれ、これらの官僚群抜きでは考えられない状態となっている。

行政裁量は、これが有効適切に用いられるときには、複雑、多様、かつ、流動変化する事象に対し、行政目的を達成するうえにおいてきわめて有用な手段である。そればかりでなく、行政作用と裁量とは切り離して考えることができないほど、密接、不可分の関係にあることは否定できないが、右のような行政優位の現象のもとにおける特定の官僚群によってなされる行政作用の現実は、裁量の名のもとに行政が特定の政治家、大資本家、大企業の利益に奉仕し、国民大衆、弱少資本家経営者の利益とかけ離れた場所で行なわれがちであることと無関係ではありえない。[2]このことは、公企業の規制、産業行政、経済統制などの分野をみると顕著に看取されるところである。

もとより、裁量を行使する者は行政機関を構成する具体的な人間であるから、裁量が特定の人間の資質によって適正に行使されないことは、行政権に対し裁量を付与することの妨げとなるものではないけれども、少くとも裁量が法の趣旨、目的に従って行使されることは公共の利益に合致するところであるから、裁量統制の問題は、行政機関に大幅な裁量を認めることと同時に検討しなければならない重要な課題である。右に述べたように福祉国家給付行政の掛声とともに、ますます拡大する行政権力、いわば大幅な行政裁量をもつ行政作用に対しては、終局的には国会を通じての国民の批判、統制がされなければならないことは当然であるとしても、これらの行政作用に対する司法的統制の責任は、まず憲法によって司法裁判所に委ねられているのであるから、裁判所が行政裁量をいかにしたならば有効に法的な枠にはめ込み、司法的コントロールの下におくかは、それが国民大衆の権利利益と密接な関係を有するものとして、軽視できない問題であろう。

行政が国民生活における権利自由の規制にとどまる警察作用を主としていた過去においては、行政裁量の分野も裁量処分を中心として、これをいわゆる便宜裁量・自由裁量、羈束裁量・法規裁量というように範疇的に区別し、それぞれに対する司法統制の限度を定めれば十分であったけれども、行政活動が警察的な処分に限らず、多くの給付活動、さらには、行政立法の面においても、きわめて大幅を展開をみている今日において、右のような裁量行為に対する司法的審査の限界という固定的な観念ですべての行政裁量を司法的にコントロールすることはほとんど不可能といってもいいすぎとは思われない。たとえば、利益付与行為は自由裁量であるから司法裁判所が介入、判断できないというような伝統的な手法をもってしては、現代の行政活動の大部分のものを司法統制の枠からはずし、いわば、行政活動を法的コントロールから自由、野放しにする以外仕方がないこととなろう。そして、現状においてこのような現象もみられないわけではない。(3) 裁判所が憲法上国民から委ねられた司法審査の権限を十分に活用し、有効、適切に行政の司法的統制の実をあげるには、右のような伝統的な手法で問題に接近するだけではきわめて困難であることは、また、行政行為の分野ばかりでなく、行政立法の分野においてもみられるのであり、行政立法が法の委任の範囲を逸脱していないかどうか、法が行政機関にその細目決定を委ねた趣旨に反しないかどうかなどについての審査を考えれば容易に問題点が理解できるはずである。

わたくしは、先に「行政訴訟の審理方式についての若干の感想」と題して、行政訴訟のあり方に関し問題点だけを指摘したことがある（判例時報四七九号五頁以下）。そこで、わたくしは、行政裁量に対する司法審査は、事件について、裁判所が行政庁の判断に代わる実体的判断をするというやり方、いわば自由裁量行為に対しては、裁判所の介入判断のできない代りに、法規裁量行為に対しては裁判所の判断を行政庁の判断に代えるという方法をもってすべきではなく、処分について、行政過程そのものを、その手続的側面から審査するという方法、いわば判断過程の公正、合理性を検討するという方法によってすべきであると主張したのであるが、本稿においては、若干の裁判例をとりあげ、伝統的な司法統制の方法、行政訴訟のやり方およびこの変遷について明らかにしたうえで、行政過程、行政処分の手続過程が司法審査の対象とならなければ、行政裁量に対する有効な司法統制が困難である点を論じてみたいと思う。もちろん、前掲の拙文の末尾にも指摘しておいたのであるが、司法審査制のあり方は、根本的には行政そのものの存在理由、法治主義のもとにおける行政法規の構造、行政作用の特質等を十分検討したうえ、そこから構築しなければならない。この限られた時間と紙面、およびわたくしの能力からして、そのすべての問題を論じることはできないし、また、先に問題としたいわゆる給付行政に対する司法統制についても本稿の課題とするにはなお研究不十分を自認しなければならないので、後日をまちたいと思う。(4)

（1）　いわゆる福祉国家論についての批判は少なくない。例えば、渡辺洋三「現代福祉国家の法学的検討」法律時報三六巻四号ないし八号および一〇号、清水睦「福祉国家論の欺瞞性と危険性」「福祉国家と『法の支配』イデオロギー」、いずれも『日本国憲法の位相』所収、などである。しかし、本稿では福祉国家と称される体制下における行政優位の現象を所与のものとして、これに対する司法的コントロールについての問題点を指摘するにとどめる。

（2）　高級官僚の天下りが国会で問題とされたが、公社、公団、公庫などの政府関係企業が退職官僚の再就職先という場合には税金の無駄使い、不必要企業の廃止という問題につながるにすぎない。それよりも産業官庁に属する官僚が、将来、政治家として政界に出た場合の政治資金の供給源、あるいは退職後の再就職先の確保という不純の意図をもって、在職中から関係企業と密接なつながりをもつという現象の方が重大である。行政が大企業の利益のためにのみ行なわれるという非難は、右のような点からみると全く根拠のないものではなく、たとえば、運輸行政などについては卑近な例として個人タクシーの免許が容易にされない。自動車運送事業の免許が大企業の系列会社の場合には有利となるなどの点が指摘されるし、また、最近は大阪において、タクシーの冷房料金の割増について大衆不在の行政が問題とされた際に運輸官僚の姿勢について議論を呼んだことは周知のとおりである。官僚と企業、業界との結びつきに関する世論の非難は耳新しいことではない。

（3）　著名な裁判として、後に検討する朝日訴訟をあげることができる（昭和四二年五月二四日最高裁大法廷判決、判例時報四八一号九頁）。最高裁の判決は一、二審と異なり判決理由として裁量論をもち出しているわけではないが、傍論として述べた括弧書の中は十分問題とされていいと思う。そればかりでなく田中反対意見の中に述べられている裁量論は検討に値する。ここで裁量濫用をもちだしても果してどの程度問題の核心に接近できるか疑問である。

（4）　給付行政についての法的統制の問題をとりあげたものとして、中村弥三次「給付行政に関する法的統制の諸問題」公法研究二八号一七四頁以下参照。

二　裁判例の傾向

行政裁量を問題とする場合の裁量とは「多くの法律上可能な態度の中からの選択の自由」「選択の余地」を意味する。このような意味の裁量は、単に、行政機関のみならず、立法機関、司法機関等あらゆる国家機関の認識判断、行為について認められるが、(5) ここで問題とする行政裁量は、行政機関の行なう行為が式典の挙行、行政指導、各種の工事等の事実行為、土地建物の売買契約、政府納品契約、請負契約、国有財産貸付契約等の契約締結行為であると、また行政機関が公権力の行使としてする政令、省令制定等の立法行為、審査請求に対する審理、裁決のような司法行為、許認可、命令、禁止のような行政行為、あるいは伝染病患者、精神病者の強制収容、警察官の犯罪制止などの実力をともなう事実行為であるかを問わないし（杉村敏正「行政裁量」現代法4現代の行政五九頁参照）、さらには、これらの前提となる法の解釈、事実の認識も含まれる。しかし、裁判例をとりあげる場合、当然ではあるが裁量処分が中心とならざるをえない。裁判所の扱う行政事件そのものは、年間数百件であって決して多いものではないが、戦後司法裁判所が行政事件の処理を担当するようになってから二十年余を経過した今日においては、裁量を問題とした裁判例は相当多数にのぼっている。(6) これらの裁判例の初期のものほど裁量問題に対するアプローチの方法として、伝統的な行政法学の説く、処分が自由裁量に属する場合には、裁判所は当該事項について審査することができないのに反し、法規裁量事項に属する場合には、裁判所において、当該事項を全面的に再審理し、裁判所の判断をもって行政庁の判断に優先させることができるとする態度を維持しているようにみえる。そして、自由裁量事項についても裁量が法の許容した範囲を越え、いわゆる裁量の踰越となる場合、裁量が法の認めた目的を逸脱して行使された、いわゆる裁量の濫用があった場合に限り、裁判所がこれを審査できると解されてきた。このような裁判例の傾向は、実定法規の解釈から当該事項が自由裁量事項であるかどうかを定め、ついで、これが裁量事項である場合に、裁量の濫用があるか否かを審理するという方法をとっているものということができる。多くの裁判例の中から最高裁の裁判例を中心に、まずいわゆる自由裁量といわれるものを概観してみると次のとおりである。

【1】最高裁昭和二八年七月三日第三小法廷判決（民集七巻七号八一一頁）は、旧自創法施行令一八条二号による農地売渡しの相手方としての「農業に精進する見込のある者」相互の間で何人を売渡の相手方として決定するかは、農業委員会の裁量に任されているものと解すべきであるから、右の決定が違法視されるのは農地委員会の右裁量が社会観念上著しく妥当を欠きその限界を越えるものと認められる場合に限ると解すべきである。として、本件において、農地委員会が訴外人らを売渡しの相手方と定めたことが社会観念上著しく妥当を欠くとは認め難いとしている。

【2】最高裁昭和二九年七月三〇日第三小法廷判決（民集八巻七号一四六三頁）[7]は、公立大学の学生に対し懲戒処分を発動するに当り、学生の行為が懲戒に値するものであるかどうか、懲戒処分のうちいずれの処分を選ぶべきかを決するについては、当該行為の軽重のほか、本人の性格および平素の行状、右行為の他の学生に与える影響、懲戒処分の本人および他の学生におよぼす訓戒的効果等の諸般の要素をしんしゃくする必要があり、これらの点の判断は、学内の事情に通ぎょうし直接教育の衝に当るものの裁量に任すのでなければ、到底適切な結果を期待することはできない。それ故、学生の行為に対し、懲戒処分を発動するかどうか、懲戒処分のうちいずれの処分を選ぶかを決定することは、この点の判断が社会観念上著しく妥当を欠くものと認められる場合

を除き、原則として、懲戒権者としての学長の裁量に任されているものと解するのが相当である。しかし、このことは、学長がなんらの事実上の根拠に基づかないで懲戒処分を発動する権能を有するものと解することの根拠となるものではなく、懲戒処分が全く事実の基礎を欠くものであるかどうかの点は、裁判所の審判権に服する。

と判示し、被上告人に対する退学処分が全く事実の基礎を欠くものとしている。

【3】　最高裁昭和三〇年六月二四日第二小法廷判決（民集九巻七号九三〇頁）は、食管法による産米の供出割当の方法について、「市町村長が、知事の指示に従い、食糧調整委員会の議決を経て、供出割当数量を定め、遅滞なくこれを生産者に通知する」と定めているにとどまり、その方法として、いわゆる事前割当の方法（生産開始前に予め部落内の生産者相互の協議を経て割当額を決定通知する方法）によるべきかどうか、また割当通知の時期を何時とすべきか等については、何等具体的な定めがなかったことは明らかである。従って、これらの点についてどのような措置をとるかは、一応行政庁の裁量に任されていたものと解さざるを得ない。もっとも、かような場合においても、行政庁は、何等いわれがなく特定の個人を差別的に取り扱いこれに不利益を及ぼす自由を有するものではなく、この意味においては、行政庁の裁量権には一定の限界がある。

としている。右の【2】と同じ考え方によるとみられる公務員の懲戒処分関する懲戒権者の裁量を認めたものに、

【4】　最高裁昭和三二年五月一〇日第二小法廷判決（民集一一巻五号六九九頁）がある。すなわち、行政庁における公務員に対する懲戒処分は所属公務員の勤務についての秩序を保持し、綱紀を粛正して公務員としての義務を全からしめるため、その者の職務上の義務違反その他公務員としてふさわしくない非行に対して科する所謂

特別権力関係に基づく行政監督権の作用であって、懲戒権者が懲戒処分を発動するかどうか、懲戒処分のうちいずれの処分を選ぶべきかを決定することは、その処分が全く事実上の根拠に基づかないと認められる場合であるか、もしくは社会観念上著しく妥当を欠き懲戒権者に任された裁量権の範囲を超えるものと認められる場合を除き、懲戒権者の裁量に任されているものと解するのが相当であるとしている。

この事件は、懲戒処分が全く事実上の根拠に基づかないものであると認めることはできないし、処分が社会観念上著しく妥当を欠くものと断ずることもできないとして、原判決と一審判決がいずれも破棄されている。温泉法四条の趣旨について、

【5】　最高裁昭和三三年七月一日第三小法廷判決（民集一二巻一一号一六一二頁）は、同法四条は、「都道府県知事は、温泉のゆう出量、温度若しくは成分に影響を及ぼし、その他公益を害する虞があると認めるときの外は、前条第一項の許可を与えなければならない。」といっているが、ゆう出量の減少、温度の低下若しくは成分の変化は、いずれも、「公益を害する虞がある」場合の例示と解すべきものであり、「公益を害する虞がある」場合とは、ひっきょう、温泉源を保護しその利用の適正化を図るという見地からとくに必要があると認められる場合を指すものと解すべきである。すなわち、同条は、この見地からとくに必要と認められる場合以外は掘さくの許可を拒み得ないとの趣旨を定めたものと解すべきである。従って、同条は、新規の掘さくが、物理的意味において、いやしくも、少しでも既存の温泉井に影響を及ぼす限り、絶対に掘さくを許可してはならない、との趣旨を定めたものと解すべきではない。しかも、温泉源を保護しその利用の適正化を図る見地から許可を拒む必要があるかどうかの判断は、主として、専門技術的な判断を基礎とする行政庁の裁量により決定さるべきことがらであって、裁判所が行政庁の判断を違法視し得るのは、その判断が行政庁に任された裁量権の限界

を超える場合に限るものと解すべきである。

としている。漁業法二一条五項について、

【6】 **最高裁昭和三三年二月二五日第三小法廷**（民集一二巻二号三四八頁）は、漁業法二一条一項によれば、定置漁業権の存続期間は五年であるが、同条五項は「都道府県知事は、漁業調整のため必要な限度において」右の期間より短い期間を定めることができる旨規定しているのである。五年より短かい期間を定めるべきか、その期間をいかほどに定めるべきかについては、都道府県知事が漁業調整に関係のある諸般の事情を勘案して決すべきであって、この点について知事は裁量権を行使する余地があるものと解するを相当とする。もとより、定置漁業の目的を達することが事実上不可能なような極端な短かい期間を定めた場合は、裁量権の限界を超えた違法な行為ということも出来るであろうが、そのような場合でも、上告人の本訴請求のように、存続期間を一定期間に変更することを求めるのは、裁判所に、行政庁に委された裁量権の範囲に立ち入ることを求めるものであって許されない。

としているのも、右の【5】の裁判例と同じ考え方をとっているものであろう。出入国管理令五〇条にもとづく在留の特別許可については、

【7】 **最高裁昭和三四年一一月一〇日第三小法廷**（民集一三巻一二号一四九三頁）が、在留の特別許可を与えるか否かは法務大臣の自由裁量に属するものと解すべきこと、所論のような事情（戦時中から本邦に居住し現在相当の資産及び信用もある訴外人と結婚するために本邦に密入国し、右訴外人と内縁関係にあり、すでに子供までもうけて夫婦仲も睦まじく暮している筆者—註）があるにかかわらず同大臣が特別許可を与えなかったとしても裁量権の

濫用があるといい得るものでない。

といとも簡単にいいきっている。めずらしい例として、教育委員会法（昭和二三年法律一七〇号）三四条四項が会議の招集について、「招集は、開会の日前、都道府県委員会にあっては七日、地方委員会にあっては三日までに、これを告示しなければならない。」とし、その但書において、「急施を要する場合は、この限りでない。」としているのにつき、

【8】 最高裁昭和三六年四月二七日第一小法廷判決（民集一五巻四号九二八頁）は、右但書にいう「急施を要する場合」とは、原審のように、ただ単に付議すべき事件の性質、内容から緊急性が認められる場合に限ると解し、この点の判断につき会議の招集権者である委員長になんらの裁量権も認められないと解すべきものではなく、会議の招集権者である委員長は、その当時における客観的情勢その他諸般の事情から、その事件が行政措置上急施を要する等の事情がないかどうかを考慮し、その裁量判断によりこれを決することもできると解するのが相当である。

とし、右の点について上告人主張のような事情が存在していたとすれば、招集権者に任された裁量権の行使を誤ったとすることはできないから、原判決は右但書の解釈を誤り、審理不尽、理由不備の違法をおかした、としてこれを破棄している。原子力基本法一九条の趣旨を明らかにした、

【9】 最高裁昭和三六年一二月七日第一小法廷判決（民集一五巻一一号二六八五頁）は、原子力基本法一九条は原子力の研究、開発及び利用を推進するため、その助成策の一として、政府が原子力に関する特許出願にかかる発明または特許発明に関し、予算の範囲内において、政府の裁量で、奨励金等を交付することが出来る旨を規

定したに止まり、政府が右の発明者に対し奨励金等を交付すべき旨政府に義務付けをしたものではないものと解するを相当とする。

としている。昭和二九年法律一九二号地方公務員法の一部を改正する法律附則三項は「地方公共団体は、条例で定める定員をこえることとなる員数の職員については、昭和二九年度及び昭和三〇年度において、国家公務員の例に準じて条例で定めるところにより、職員にその意に反して臨時待命を命じ……ることができる。」と規定しているが、

【10】 最高裁昭和三九年五月二七日大法廷判決（民集一八巻四号六七六頁）は、一般に国家公務員につきその過員を整理する場合において、職員のうちいずれを免職するかは、任命権者が、勤務成績、勤務年数その他の事実に基づき、公正に判断して定めるべきものとされていること（昭和二七年人事院規則一一―四、七条四項参照）にかんがみても、前示待命条例により地方公務員に臨時待命を命ずる場合においても、何人に待命を命ずるかは、任命権者が諸般の事実に基づき公正に判断して決定すべきもの、すなわち、任命権者の適正な裁量に任せられているものと解するのが相当である。

とし、上告人に対し待命処分に出たことは、任命権者に任ぜられた裁量権の範囲を逸脱したものとは認められないとしている。自動車の運転免許の停止、取消の処分は、現実に数多くある事例であるが、実務に大きな影響を与えたものとして、

【11】 最高裁昭和三九年六月四日第一小法廷判決（民集一八巻五号七四五頁）は、タクシーの運転手である被上告人は、転回禁止区域において、しかも同所で交通指導にあたっていた巡査の注意を無視して転回し、免許証の

提示にもたやすく応じなかった。この違反行為は、被上告人がさきにうけた運転免許停止処分の期間満了の日から起算して一年以内になされたものであり、この停止処分は駐車禁止区域内にタクシーを駐車し、それをとがめて運転免許証の提示を要求した巡査を車外にぶらさげたまま約一〇〇米逃走した事実に基づくものであり、また被上告人は、昭和三〇年七月以降交通取締法規違反のかどで二〇回にわたり刑事処分を受け、速度違反等で前記停止処分をも含めて九回運転免許の停止処分を受けている。

という事実関係のもとにおいて、

自動車運転手の交通取締法規違反の行為が、道路交通取締法九条五項、同法施行令五九条、昭和二八年総理府令七五号八条一項所定の運転免許取消事由に該当するかどうかの判断は、公安委員会の純然たる自由裁量に委かされたものではなく、右規定の趣旨にそう一定の客観的標準に照らして決せらるべきいわゆる法規裁量に属するものというべきであるが、元来運転免許取消等の処分は道路における危険を防止し、その他交通の安全と円滑を図ることを目的とする行政行為であるから、これを行うについては、公安委員会は何が右規定の趣旨とするところに適合するかを各事案ごとにその具体的事実関係に照らして判断することを要し、この限度において公安委員会には裁量権が認められているものと解するのが相当である。

として、次のとおり判示し、運転免許取消処分を取り消した一審判決と、これを維持した原判決を取消し、破棄した。すなわち

かかる事実関係の下において、上告人委員会が前記各法条に基づき、前叙のごとき種々の事情を勘案したうえ、被上告人の本件転回禁止違反行為が前記総理府令八条一項所定の運転免許取消事由に該当すると判断した

ことは、前記裁量権の正当な行使の範囲にとどまるものであり、未だ右裁量権の範囲を逸脱した違法があると断ずることはできない。

としたのである。おわりに、もっとも最近の裁判例として、いわゆる朝日訴訟について傍論として述べられた裁量論についてあげておきたい。

【12】最高裁昭和四二年五月二四日大法廷判決（判例時報四八一号九頁）は、……具体的権利（健康で文化的な最低限度の生活を営む権利―筆者註）としては、憲法の規定の趣旨を実現するために制定された生活保護法によって、はじめて与えられているというべきである。生活保護法は、「この法律の定める要件」を満たす者は、「この法律による保護」を受けることができると規定し（二条参照）、その保護は、厚生大臣の設定する基準に基づいて行なうものとしているから（八条一項参照）、右の権利は、厚生大臣が最低限度の生活水準を維持するにたりると認めて設定した保護基準による保護を受け得ることにあると解すべきである。もとより、厚生大臣の定める保護基準は、法八条二項所定の事項を遵守したものであることを要し、結局には憲法の定める健康で文化的な最低限度の生活を維持するにたりるものでなければならない。しかし、健康で文化的な最低限度の生活なるものは、抽象的な相対的概念であり、その具体的内容は、文化の発達、国民経済の進展に伴って向上するのはもとより、多数の不確定的要素を綜合考量してはじめて決定できるものである。したがって、何が健康で文化的な最低限度の生活であるかの認定判断は、いちおう、厚生大臣の合目的的な裁量に委されており、その判断は、当不当の問題として政府の政治責任が問われることがあっても、直ちに違法の問題を生ずることはない。ただ、現実の生活条件を無視して著しく低い基準を設定する等憲法および生活保護法の趣旨・目的に反し、法律によって与えられた裁量権の限界をこえた場合または裁量権を濫用した場合には、違法な行為として司法

審査の対象となることをまぬかれない。

原判決は、保護基準設定行為を行政処分たる羈束裁量行為であると解し、なにが健康で文化的な最低限度の生活であるかは、厚生大臣の専門技術的裁量に委されていると判示し、その判断の誤りは、法の趣旨・目的を逸脱しないかぎり、当不当の問題にすぎないものであるとした。羈束裁量行為といっても行政庁に全然裁量の余地が認められていないわけではないので、原判決が保護基準設定行為を羈束裁量行為と解しながら、そこに厚生大臣の専門技術的裁量の余地を認めたこと自体は、理由齟齬の違法をおかしたものではない。

このように述べている。以上、いわゆる行政庁の自由裁量事項といわれるものについて最高裁の裁判例を煩わしさをさけずにあげてみたが、比較検討の必要から、さらに、法規裁量事項についての裁判例をも一応眺めてみたいと思う。まず、自創法一五条の附帯買収の相当性について、

【13】 最高裁昭和二八年四月二八日第三小法廷判決（民集七巻四号四三九頁）は、自創法三条において、同条所定の農地は、その所有者の意思にかかわらず政府がこれを買収することを定め、さらに同法一五条一項において、同条所定の宅地をも買収することを定めたのは、いずれも同法一条に定めるように、耕作者の地位の安定、農業生産力の発展、農村の民主化等の目的を達するがために外ならない。従って、宅地といえども、自作農となるべき者が賃借権等を有するからといって、常にこれを買収すべきものではなく、右の目的を達するに必要なかぎりにおいて認められるのである。それゆえ同法一五条一項によって、自作農となるべき者が賃借権を有する宅地の買収を申請した場合においても、その自作農の農業経営上必要と認められないものまで買収することは、同法の目的に副うところでないことはいうまでもない。されば同法一五条一項に「市町村農地委員会が相当と認めたときは」と定めたのは、一応この判断を農地委員会に委ねた趣旨であって、もし農地委員会が同

法の目的に反する判断の下に買収決定をした場合は、もとよりその行政処分は違法であるといわなければならない。すなわち自創法の定める宅地買収の申請があった場合、買収が相当であるかどうかは法律の解釈適用の問題であって、所論のように、農地委員会の自由裁量に属する事項であるということはできない。とした。自創法五条五号にいう「近く土地使用の目的を変更することを相当とする農地」の指定をするかどうかについて農地委員会の裁量権を否定した、

【14】 **最高裁昭和二八年一二月二五日第二小法廷判決**（民集七巻一三号一六六九頁）は、市町村農地委員会が農地につき同法三条による買収計画を樹立するにあたって、その農地が本件のごとく客観的に同法五条五号所定の「近く土地使用の目的を変更することを相当とする農地」に該当する場合においては、都道府県農地委員会の承認を得て同号所定の指定を行い、これを同三条の買収の目的から除外すべきものであって、かくのごとき農地について右の指定を行わずして買収計画を樹立するがごときは違法であるといわなければならない。

と判示している。さらに自創法三条一項一号は、不在地主の小作地を原則としてすべて買収すべき旨規定しているが、実質上居住市町村区域に準ずる農地についてまで不在地主とする不合理な結果を考慮して、いわゆる準地区の指定をしたものは、これを居住市町村において所有する農地と同じに取扱い、買収をしないことに定めている。そこで準地区の指定をしないでした農地買収について、

【15】 **最高裁昭和二九年二月二五日第一小法廷判決**（民集八巻二号五五七頁）は、同法が農地所有者の居住市町村の隣接町村の区域内の農地であっても、所有者の居住市町村に準ずる区域を予定して前記規定を設けたのは、地理的な関係等から農地買収に際し隣接町村内の農地でもこれを隣接町村の区域として取扱うことが地主に対

して酷であると認めたと共に、かように不在地主として取扱わなくしたことは農地買収、小作農創設を主眼とする同法制定の趣旨に背馳しないと認めたからである。従って、かかる場合に市町村農地委員会又は都道府県農地委員会が、同法施行令二条に定める手続をなさず、ために在村地主の所有地と認めらるべき農地を、不在地主の農地として買収してしまうことは、同法三条一項一号でいわゆる準区城を規定した法律の精神に反するものと言わなければならぬ。されば、同法から見て客観的に準区城と認めらるべきものについては、農地委員会は準区城として指定承認すべき法律上の義務があり、この義務に反して買収をすることは違法であると解すべきである。

として、いわゆる準地区の指定について、農地委員会に裁量の自由はないものと解している。自創法施行令八条二号にいう「鉱山又は炭坑附近の農地で陥没の虞あるもの」の認定について、

【16】 最高裁昭和三〇年七月五日第三小法廷判決（民集九巻九号九七三頁）は、自創法第五条第八号及び同法施行令第八条第二号によれば鉱山又は炭坑附近の農地で陥没の虞あるものに該当し自作農を創設するに不相当と認められるものについては、政府は、同法第三条の規定による買収をしない趣旨であり、かかる農地に該当し政府において買収することを不相当とするか否かの認定は、市町村農業委員会においてこれを行うことはいうまでもないけれども、農地買収処分が農地の所有者の意に反してその権利を奪う処分であることにかんがみれば、同委員会は、この点の認定につき専権を有するものと解すべきではなく、同委員会がその認定を誤り、買収から除外すべきであるにかかわらず、これをしないでその農地につき買売計画を定めたとすれば、その処分は違法として取消を求めることができるものと解するのが相当である。

と判示して、この点の認定が農業委員会の専権に属する旨の上告理由を排斥している。現行農地法三条は、農地等の権利の設定、移転について都道府県知事の許可を受けなければならない旨規定しているが、昭和二四年法律二一五号による改正前の農地調整法四条は、農地等の移動について、都道府県知事又は市町村農地委員会の承認を受けることを必要とする旨定めていた。この承認を自由裁量であるとする上告理由に対して、

【17】**最高裁昭和三年四月一三日第二小法廷判決**（民集一〇巻四号三九七頁）は、しかし、農地に関する賃借権の設定移転は本来個人の自由契約に委せられていた事項であって、法律が小作権保護の必要上これに制限を加え、その効力を承認にかからせているのは、結局個人の自由の制限であり、法律が承認について客観的な基準を定めていない場合でも、法律の目的に必要な限度においてのみ行政庁も承認を拒むことができるのであって、農地調整法の趣旨に反して承認を与えないのは違法であるといわなければならない。換言すれば、承認するかしないかは農地委員会の自由な裁量に委せられているのではない。

とした。以上は、農地関係ばかりであるが、地方公務員法二八条一項一号の「勤務成績が良くない場合」三号の「前二号に規定する場合の外、その職に必要な適格性を欠く場合」に該当するかどうかの判断について、

【18】**最高裁昭和三五年七月二一日第一小法廷判決**（民集一四巻一〇号一八一一頁）は、地方公務員法二八条一項一号、三号に該当するか否かの判断については、任命権者に或る程度の裁量権は認められるけれども、純然たる自由裁量に委された事項ではなく、右法条の趣旨に副う一定の客観的標準に照して決せらるべきものであり、若し任命権者において、免職事由とせられた事実が右客観的標準に合致するか否かの判断を誤って免職処分をした場合には、その免職処分は、任命権者に認められる裁量権の行使を誤った違法のものたるを免れないとい

うべきであって、右客観的標準に合致するか否かの判断は、地方公務員法八条八項にいう法律問題として裁判所の審判に服すべきものといわなければならない。

としている。以上あげた最高裁の裁判例の外に裁量を扱った相当多勢の下級審の裁判例がみられるが、必要に応じてとりあげ、検討を加えていくつもりである。

（5）　立法機関、とくに国会の裁量については、憲法上の限界がある。したがって、裁量の適正な行使を誤れば当該立法は違憲として無効とならざるをえない。しかるに裁判例は立法の裁量については、それが裁量に属することだけを理由に判断を拒む傾向にあるが、（最近では、例えば、昭和四二年一月二七日決定、判例時報四七一号三頁参照）行政裁量に対する司法統制のアナロジーがここで用いられていいはずである（池田正章「違憲審査制」憲法講座４五六頁以下、とくに七二頁、時国康夫「憲法事実」法曹時報一五巻五号二三頁参照）。もっとも最高裁昭和四〇年七月一四日大法廷判決、民集一九巻五号一一九八頁は裁量権の範囲の逸脱が違憲となる旨述べている。

司法機関の裁量については、それが事実認定、法の解釈のいずれであっても上訴審による統制をうける。非訟事件およびこれらに類似の手続においては裁量の幅が訴訟事件などよりはるかに広い。したがって、この法的統制は問題となる。

（6）　初期のこれらの裁判例を検討したものとしては次のものがある。小沢文雄「行政庁の裁量処分」公法研究五号、金子芳雄「行政行為における羈束と裁量」法学研究三三巻八号、同教授「判例よりみた自由裁量の限界」法学研究三三巻一二号、田上穣治「判例に表われた行政庁の自由裁量」自治研究二九巻五号、雄川一郎「最近における行政判例の傾向」（二）法律時報二七巻八号。

（7）　同小法廷の同日付判決（民集八巻七号一五〇一頁）も同旨である。

三　裁判例の一般的傾向に対する検討

(一)　自由裁量と法規裁量の概念的峻別

伝統的な行政法学は、行政庁の裁量行為を自由裁量・便宜裁量と法規裁量・羈束裁量に分け、前者は何が行政目的に合致し、公益に適するかの裁量があるから、違法の問題を生ぜず、したがって、これについては行政庁の判断を最終のものとして、裁判所の審理の対象から除外されるべきであり、後者は何が法であるかの裁量であるから、行政庁の自由な判断に一任されるものではなく、法の準則が存在し、そこでの裁量は法の解釈適用に関する法律判断として、全面的に裁判所の審理判断の対象となるとする（田中二郎『行政法総論』全集二八四頁）。

従来の裁判例のうち下級審の裁判例の多くが[(8)]、実定法規のうえから当該事項が自由裁量事項であるか、法規裁量事項かを定め、自由裁量行為については、裁量権の逸脱、濫用があったかどうかという審理の方式をとり、法規裁量行為については、裁判所において事実の認定、法律の解釈適用のすべてについて行政処分を全面的に審査してきたようにみうけられる。右に掲げた最高裁の判決についても基本的には右の下級審の態度と異なるところはないようにみられるが、こまかく検討するとなお若干の相違があるように思われる。すなわち、下級審の多くのものは、行政庁の裁量事項を自由裁量権というような行政法学上の概念を用いて判示しているのに対し、最高裁の判決は【7】が法務大臣の特別在留許可を自由裁量に属するといい、【11】が運転免許の取消事由に該当するかどうかの判断は、「純然たる自由裁量に委かされたものではなく……法規裁量に属する……」と判示しているほかは、裁量事項について、裁量あるいは裁量権という用語を用い、自由裁量、法規裁量という学問上の概念を用いていない。このことが最高裁において自由裁量と法規裁量を範疇的に区別することなく、裁量を裁量権として統一的にとらえているものかどうか明確ではないが、既成の概念からくる思考の固定を防いでいる点に重要な意味があるように思われる。(9)(10)

この点はしばらくおいて、いわゆる自由裁量と法規裁量とをどのような点から区別するかについて、学説のうえでは争いのあること周知のとおりであるけれども、すでに指摘されているように(11)(『行政事件訴訟十年史』六六頁以下)、この点にふれた裁判例で、両者の区別について一般的に論じたものは皆無であり、下級審および先に掲げた最高裁の裁判例を通じてそこに一貫した基準をさぐりあてることもほとんど不可能である。ただ、【13】から【17】までの判決からは国民の権利自由を制限するような行為については、自由裁量を認めない傾向にあり、下級審の裁判例もほぼ同じような傾向を示しているものとみられるだけであるが、しかし、例えば、【2】【4】【11】などのように国民の権利を剝奪する行為にも裁量を認めたものもあり、この点一貫しているわけではない。反面、法の規定する事項が、専門的・技術的要素を多く含んでいるように認められる場合には、この点について行政庁の裁量を認めている傾向だけは前掲の最高裁の裁判例、および下級審の一般的傾向として指摘することができる。例えば、【5】の判決などはこのことを明確に判示しているし、【6】も同様といってよいであろう。【2】の判決も教育的見地を判示している点から同じ系列のものとみることができよう。また、【12】の判決は、原審の**【19】東京高裁昭和三八年一一月四日判決**(例集一四巻一一号一九六三頁)が「保護実施機関は、保護を開始し又は変更するに当り、個々の要保護者の生活が保護基準を上回ることもなければ下回ることもないという同一水準の最低生活を維持できるように保護の決定をしなければならないのであり、その意味において具体的な保護処分は羈束裁量行為である。」としつつも、生活保護法の保障する『健康で文化的な生活水準』という概念は、文化の発展、国民経済の進展に伴って絶えず進展向上すべきものであり、決して固定したものではなく、しかも多数の不確定要素の把握総合の上に定立されなければならないものであって、これを固定的拘束概念で狭い範囲内に膠着させることが不適当なため、その設定に関する具体的判断を実質上厚生大臣の裁量に委ねた」と判示しているのに対し、右の前段の部分にはふれず、後段をさらに拡張した意味で承認しているのであり、保護基準の設定について専門技術的な裁量を認めている。下級審の裁判例でも、

【20】 **金沢地裁昭和二七年七月五日判決**（例集三巻六号一一三八頁）は、自創法三〇条一項の「自作農を創設し又は土地の農業上の利用を増進するため必要がある」との認定は、国家の農業政策或いは食量政策及び開拓土地附近の社会的諸条件に関する政治的経済的知識、開拓土地の自然的条件に関する農芸学上の知識等専門的な政策的技術的考量、経験を要する。従って……自由裁量行為……

としているし、【21】 **東京地裁昭和二七年九月二七日判決**（例集三巻九号一八六三頁）のように旅券法一三条一項五号の「日本国の利益」が何であるかについて、政府の政策的裁量を認めたものもある。【22】 **東京地裁昭和三九年五月二七日判決**（例集一五巻五号八一頁）も土地区画整理事業について、その専門技術性を説いている。これら行政庁の専門的・技術的考量を要する部分について、伝統的な行政法学は、裁判所の判断をもって、行政庁の判断に代えることのできないものとして、これを自由裁量と称するのであろう。

（8） 下級審の裁判例のうち、裁量事項を扱ったものとして、次のようなものがある。

農地関係

自由裁量―自創法三七条にもとづく代替買収地の選択を自由裁量と認めた広島高裁岡山支部判決、原判決取消、請求棄却、例集一〇巻一〇号一九一二頁、農地法七二条による売渡土地の買戻しを自由裁量とした福井地裁昭和三四年一二月二三日判決、一部認容、例集一〇巻一二号二三二六頁、および長崎地裁昭和三五年九月一二日判決、棄却、例

集一一巻九号二四三六頁、農地法四四条二項後段について行政庁の裁量的判断を認めた東京地裁昭和三六年一二月二七日判決、認容、例集一二巻一二号。
法規裁量―農地法八〇条一項の農林大臣の認定を法規裁量と認めた大分地裁昭和三六年二月二四日判決、例集一二巻二号二一七頁、東京地裁同年八月二四日判決、例集一二巻八号一五八九頁、多少のニュアンスはあるが、同地裁昭和三七年五月二日判決、例集一三巻五号八二七頁、同年六月二〇日判決、例集一三巻六号一〇三一頁、農地法八条による農業委員会の公示および通知を法規裁量とした福岡地裁昭和四〇年一月一九日判決、例集一六巻一号一頁。

公務員関係

自由裁量―学校職員の昇給について教育委員会の裁量を認めた青森地裁昭和三三年六月二四日判決、棄却、例集九巻六号一二五一頁、地方公務員法二八条二項二号により、刑事事件に関し起訴された職員を休職処分にするかどうかを自由裁量とした東京高裁昭和三五年二月二六日判決、控訴棄却（原判決請求棄却）、例集一一巻四号一〇五九頁、裁判所職員の年次休暇の申請に対する承認を自由裁量とした東京高裁昭和三五年九月二一日判決、前同、例集一一巻九号二七三三頁、地方公務員法二二条一項による条件付任用の期間中にある職員の解職に自由裁量権を認めた高知地裁昭和三六年二月二四日判決、認容、例集一二巻二号三三三頁、市町村立小学校教員に対する転任処分を自由裁量とした静岡地裁昭和四〇年四月二七日判決、棄却、例集一六巻五号九七四頁。

土地収用・区画整理関係

土地収用法二〇条二号および三号の要件の存否の認定は羈束裁量、四号のそれは自由裁量とした東京地裁昭和三八年九月一七日判決、棄却、例集一四巻九号一五七五頁、都市計画事業を実施すべき時期、区域および方法についての判断に行政庁の裁量を認めた東京地裁昭和三九年五月二七日判決、棄却、例集一五巻五号八一五頁。

その他

自由裁量―特許権存続期間延長の出願に対する不許可決定を自由裁量とした東京地裁昭和二五年一一月一四日判決、棄却、例集一巻一二号一七九一頁、出入国管理令四九条による異議申立に対する法務大臣の裁決に自由裁量を認めた神戸地裁昭和二九年三月二三日判決、棄却、例集五巻三号六八二頁、清掃法一五条所定の汚物取扱業に対する許可を自由裁量行為とした昭和三三年五月三一目判決、棄却、例集九巻五号一〇九四頁、公衆衛生上必要があるときは公衆浴場の配置基準に適合しなくても新設浴場の営業を許可しうる旨の条例の規定による浴場営業の例外許可を自由裁量と認めた東京地裁昭和三四年九月九日判決、棄却、例集一〇巻九号一八〇一頁、特許出願について査定をいつまでにするか審査官の裁量を認めた東京地裁昭和三五年二月三日判決、却下、例集一一巻二号三五六頁、輸入貿易管理法九条の規定にもとづく外貨資金の割当を自由裁量処分とする東京地裁昭和三五年二月一八日判決、棄却、例集一一巻二号四四四頁、出入国管理令にもとづく再入国許可処分を自由裁量行為とした東京地裁昭和三五年一二月一四日判決、認容、例集一一巻一二号三三九一頁、受刑者を独居拘禁に付し、各種催しに出席させないとする戒護上の必要性があるかどうかの判断に、刑務所長の裁量を認めた東京地裁昭和三九年八月一五日判決、棄却、例集一五巻八号一五九五頁。

法規裁量

国民公園管理規則四条による公園使用許可を法規裁量とした東京地裁昭和二七年四月二八日判決、例集三巻三号六三四頁、酒類販売業に対する免許処分を法規裁量に属するとした大阪地裁昭和二九年五月二五日判決、例集五巻五号一一五八頁、たばこ小売人の指定行為を法規裁量とした仙台地裁昭和三五年一月一八日判決、例集一一巻一号一二四頁。

(9)　山田幸男「自由裁量の観念について」法律時報二二巻七号五八頁、同教授「自由裁量」行政法講座二巻一二五頁以下、とくに一三七頁以下参照。

(10)　例えば、自由裁量行為については当不当の問題が生じるだけで違法の問題は生ぜず、法規裁量行為については、裁量を誤れば直ちに違法となるというように、両者を範疇的に峻別し、ある行為が自由裁量か、法規裁量かを定め、論理演繹的に違法の問題を生じるかどうかというような思考にとらわれない利点がある。渡辺洋三「法治主義と行政権」思想一九五九年五月号八一頁参照。この点いわゆる朝日訴訟についての上告判決【12】は興味がある。

(11)　田中二郎『行政法総論』全集二八五頁、前掲山田・行政法講座二巻一二六頁、田村悦一「羈束行為と裁量行為の区別の標準」ジュリスト学説展望八八頁。

(二)　裁量概念の相対化

右に述べたように、過去の裁判例を検討しても、自由裁量・法規裁量を概念的に区別すべき一般的な基準をさぐることは困難であり、当該事項が行政庁の専門的・技術的判断を必要とする場合に、裁判所がこれに介入できないという意味で行政庁の裁量を認める傾向にあるといえるにすぎない。ただ、下級審の裁判例をこまかく調べてみると、法の趣旨・目的から、あるいは規定の仕方から、さらには十分の理由を示すことがなく、当該事項を自由裁量行為であると解したり、法規裁量であることを当然の前提として、処分についてその事実認定、法の解釈適用のすべてを再審理している例もみられないわけではない。そして、従前の下級審の裁判例は一般的に、行政裁量による国民の権利自由の侵害を救済し、裁量を厳格な法的統制のもとにおこうとする考えからと思われるが、どちらかといえば裁量権を適法に行使しうる範囲を狭く解そうとする傾向にあり、自由裁量を認める場合が比較的少なく、このことが注目すべき現象といわれてきた（『行政事件訴訟十年史』七〇頁）。しかし、このような傾向は必ずしも最近の最高裁の判例にはみいだすことが困難である。たとえば、前掲の【2】【4】【8】【11】などの判決をみると行政庁の処分を全体として自由裁量行為であるとか法規裁量行為であるとか概念的に区別することなく、当該事項の中に行政庁の固有の判断に委ねなければならない部分と裁判所が審査すべき部分の混在を当然の前提とし、行政庁の固有の判断に委ねるべき裁量部分について、裁量権の逸脱・濫用があったかどうかを審査しているようにみられる。いいかえれば、そこでは、行政処分が自由裁量＝不審理・法規裁量＝全面審査という図式で扱われていないということである。この点は、過去において指摘されていたことで、【23】**最高裁昭和二八年一二月二三日大法廷判決**（民集七巻一三号一五六一頁、皇居外苑使用不許可処分取消等請求事件）が、括孤内で傍論として、「皇居外苑の使用の許否は、管理権者である厚生大臣の単なる自由裁量に属するものではなく、皇居外苑の公共福祉用財産としての使命を十分達成せしめるよう適正にその管理権を行使すべきであり、若しその行使を誤り、国民の利用を妨げるにおいては違法たるを免れない。」として、厚生大臣が皇居外苑使用不許可処分の理由とした事由を認定し、「これらを勘案すると本件不許可処分は、それが管理権を逸脱した不法のものであると認むべき事情のあらわれていない本件においては、厚生大臣は国民公園管理規則四条の適用につき勘案すべき諸点を十分考慮の上、その公園としての使命を達成せしめようとする立場に立って、不許可処分をしたものであって、決して、単なる自由裁量によったものでなく管理権の適正な運用を誤ったものとは認められない。」と述べている点から、昭和二八年度行政訴訟年鑑（最高裁事務総局編二二頁註一三参照）は、次のようにいっている。

この表現からすれば、最高裁判所が純粋に法規裁量説をとると言いきれない節がないでもない。すなわち、皇居外苑の管理権者は、その使用の許否につき、本文記載の如き管理上の目的を考慮して決定しなければならず、これらの事項を考慮しないで許否を決したり、管理上の目的と無関係な事項の考慮によって決定したりする自由をもつものではないが、しかし、管理権者として考慮すべき事項の範囲を逸脱しない限り、いかなる事情に対していかなる価値を置くかについては、管理権者にある程度の裁量の幅が存し、管理権者のこの点の裁量判断が合理性を欠き、右判断を「誤った」と認められるような場合を除いては、たとえその決定が、裁判所が自らを管理権者の地位において使用の許否を決定する場合の結論と相違するものであったとしても、そのことの故をもって当然に右決定が違法となるものではないとする趣旨を含むものと解せられないこともないのである。もし、このような解釈が許されるとすれば、裁判所が行政庁の判断を離れて独自の立場から当該事項を再判断しうるという意味における「法規裁量」の観念から言えば、法規裁量説をとるものではないと言わなければならないであろう。しかし、ひるがえって考えてみると、行政庁が処分の決定に当って行う判断事項の中には、裁判所が自らの判断を行政庁の判断に代置しうる事項としえない事項との区別（これが従来の法規裁量事項と自由裁量事項の区別に相当するものである）のほかに、後者についても、裁判所が行政庁の判断の適否を審査しうる程度、逆に言えば、行政庁の裁量の幅に大小様々の区別が認められてしかるべきであり、その幅の極めて狭いものは、事実上裁判所が自己の判断を代置しうる場合と異ならない程度に達することもあり得よう。このような立場から、むしろ問題を行政庁の裁量の幅に移しかえることによって、司法審査の限界の問題に合理的解決を与えようとする考え方は、たしかに、一応検討されてよいと思われる。

以上のように述べている。

右の指摘は、裁量概念の相対化とこれに対する司法統制のあり方を示唆するものであって、今日においてもなお重要さを失っていない。

前掲【2】の判決においても、処分要件に該当する事実の存否については、裁判所に審判権があるといっているし、【4】も同趣旨と思われる。【8】は、行政処分の要件の認定、あるいはするかしないかに裁量を認めるものでなく、「急施を要する場合」にあたるかどうかの客観的事実の評価に裁量を認めたものであるから、前提となる客観的事実については裁判所の審判権に制限はないであろう。考え方としては、【2】【4】と通じるところがある。(12)【11】の判決にいたっては、一面で伝統的な行政法学のいうように運転免許取消処分を法規裁量としながら、これに対し、客観的事実関係のもとでどのような処分を選ぶかについて公安委員会の裁量権を認めている。少なくとも従来の行政法学は、当該事項が法規裁量であれば、すべて裁判所の全面的審査に服すると説き、審査の及ばない点を自由裁量としてきたのであるから、既成の概念をもって解する限り、判決自体論理的に矛盾があるといわなければならないけれども、その真意は従来法規裁量の名で呼ばれてきた行為の中にも、その一部について行政庁の裁量の余地のあることを判示しているものであろう。裁量概念の相対化は、【11】の判決にいたって顕著である。

下級審においても、【24】**東京地裁昭和二八年四月二七日判決**（例集四巻四号九五二頁）が「元来行政庁がある権限を有するということは、単に一定の行為をなし得る権能を有するという面のみではなく、同時に常に適正に該行為をなすべき義務の反面をもっているのであり、自由裁量と言い、法規裁量と言うも、それは許される裁量の量的な広狭の差異であるだけであって、要は具体的事例においてされた裁量が、その事例について許されたる裁量の範囲を超えているか否かの点にある。」とし、さらに、【25】**同裁判所昭和二九年四月二七日判決**（例集五巻四号九二二頁）が「抑々行政庁が行政処分の権限を有することは、その反面において同時にその権限を適正に行使すべき義務を負うことを伴うものであって、行政処分について行政庁が自由裁量権を有するものとされる場合においても、その自由裁量は絶対無制限のものとはいい得ないのであって、所謂羈束裁量の場合におけると本質的な相違が存するものではなく、要は裁量の許される範囲について広狭の差異が認められるに過ぎない」としているのが注目される。(13) この二つの東京地裁の判決は、自由裁量と法規裁量とを概念的にとらえることなく、司法統制という面から機能的にとらえているものであるが、右にあげた最高裁の判決の考え方も基本的な考え方においては共通のものがあると思う。(14)

なお、つけ加えれば、このような裁量概念の相対化の現象は、一方でまた裁量部分の拡大にもつながっているようにみられる。この点は、後にもふれるつもりであるが、行政庁の専門的・技術的裁量を承認しなければならない事項は、従来法規裁量に属するといわれてきた国民の権利自由を制限剝奪し、これに義務を課する必要のある分野にも存在するのであって、この領域についても【2】【4】【11】のような判決から考えると、裁量が認められる傾向にあるといってよいと思う。(15)

(12)　【8】の判例解説・法曹時報一三巻七号五五頁（白石判事）は、「急施を要する場合」に当るかどうかの判断を、単純に、平面的論理的解釈の問題とみないで、行政権対司法権の問題を背後に含む裁量権の範囲の問題としてとらえていると述べている。

(13)　この二つの判決について、学説は批判的であるが（山田準次郎『自由裁量論』、雄川一郎『行政争訟法』など）、わたくしはここに実務家の慧眼があるように思われてならない。伝統的な行政法学は、自由裁量と法規裁量の区別を行政裁判に関係させていながら、いわば、行政庁の処分を実体的な面からのみみて論理構成をしたきらいがある。むしろ、両者の区別を司法統制の面から訴訟的に考察すればこれらの判決のような考え方にならざるをえないと思う。この点、行政裁量について終始こまかい研究を続けている田村悦一教授の「羈束行為と裁量行為の区別の標準」ジュリスト学説展望八八頁、や山田幸男教授の「自由裁量」行政法講座二巻、杉村敏正教授の「自由裁量論の検討」法学論叢七二巻五号、さらには行政法学者ではないが渡辺洋三教授の「法治主義と行政権」思想一九五九年五月号などが、指摘する点は重要である。なお、今村成和『行政法入門』九四頁以下参照。

(14)　朝日訴訟の控訴審判決【19】は、要保護者の生活が保護の基準に拘束される点から具体的な保護処分は羈束裁量行為であると判示しつつ、保護基準の設定についてはその具体的判断を厚生大臣の裁量に委ねたものであるとしている。これも、保護処分の内部に裁量部分と羈束された部分があることを承認したもので、これに対する上告理由のいうような矛盾したものではない。ただ、既成の概念でまかなえない事柄について、羈束裁量・自由裁量の用語を用いて説明しようとしたところに無理があったように思われる。この上告審【12】は、原判決のこの点の理解が不十分のように思われる。ことに田中反対意見は伝統的な裁量論で原判決を批判しているが、むしろ、原判決には伝統的な裁量論に新しいものを盛ろうとした苦心のあとがある。これも本文でいう裁量の相対化の現象という。

(15)　雄川一郎「紹介・田中二郎『行政行為論』他四篇」国家学会雑誌七〇巻八号七四頁以下参照。

(三)　裁量統制の困難性

裁量概念の相対化が、自由裁量・法規裁量を裁量権として統一的に把握する結果をもたらす傾向にあることは、右に述べたとおりである。前掲の【13】ないし【18】のいわゆる法規裁量とされた事項についても、具体的事実の認定、認定された事実に対する法の解釈適用がすべて一義的になされるものとは限らない。この点は後に検討することとして、行政庁が行政活動に当たってする裁量を裁量権として把握した場合これに対する司法統制をどのような手段・方法によって行なうかが直ちに問題となってくる。【1】【2】【4】の判決は処分が社会観念上著しく妥当を欠き裁量権の範囲を超える場合に違法となるといっているのに対し、【3】が何らいわれなく特定の個人を差別的に取扱いこれについて不利益を及ぼす自由を有するものでないといい、【5】【6】が裁量権の限界を超え、【7】が裁量権の濫用、【8】が裁量権の行使を誤った、【10】【11】が裁量権の範囲を逸脱したといって、いずれも一応処分が違法となるべき基準は示されているが、【3】の平等原則違反の点を除き、【12】の判決を含めて裁量の濫用、あるいは裁量の踰越を示す具体的基準をそこでみいだすことは困難である。のみならず、右のような最高裁の判決の態度は、すでに述べたように、いわゆる自由裁量に対する司法統制の可能な枠組として用いられるアプローチの方法であって、きわめて抽象的な基準であり、具体的事件について、適用者の主観の混入を防ぐことはできず、個々の裁判官の物の見方・考え方によって結論が左右されることは免れない。ことに「処分が社会観念上著しく妥当を欠く」というような基準は、私法上の紛争解決の基準として、裁判所の法創造作用によりその内容を確定していくことが可能であっても、行政処分が裁量の範囲をこえているかどうかを検討する場合、果たして客観的に有効な基準となりうるかどうか、かなり疑わしい。そればかりでなく、裁量が法の認めた目的を逸脱して行使されたかどうか、すなわち、裁量権の濫用があったかどうか、裁量が法の許容した範囲をこえているかどうか、すなわち、裁量権の踰越があるかどうかなどの判断は、これに対する具体的な基準の設定がない以上、それを追求することも、また、審査することも困難である。恐らく、裁量の行使を違法としてとらえることのできる基準としては、平等原則違反とか、前提事実の誤認（これは裁量の限界をこえている場合であろう）などが比較的有効に働くとみられるくらいで、法目的違反、比例原則違反、不正の動機、他事考慮（Extraneous Considerations）などを実体的に把握することは、具体的な訴訟の場において容易なこととは思われない。下級審の裁判例の中にみられる、村の固定資産評価委員の実兄が村長選挙において対立候補となったことから不快の念をもって、右の評価委員を懲戒免職にした（福島地裁昭和二九年六月一八日例集五巻六号一四九五頁）、というような極端な例を除いて、当該事項が自由裁量に属するとされたもので、原告の請求が認容されたものはごく僅かである。(16)

そもそも、裁量の限界をこえたとか、裁量に濫用があるとかいう判断は、処分に対する実体的な判断であって、自由裁量事項について裁判所の介入・判断を許さないとする前提からは、処分の結果が社会観念上著しい妥当を欠くとか、一見して誤りであることが明白である場合ならばともかくも、実務上これが裁量に対する有効な法的統制の枠となりうるかどうか疑問である。ことに、裁量濫用論は、私法上の権利濫用の法理と同一平面でこれをとらえる関係で、濫用あるいは権限の踰越を根拠づける事実について、処分の違法を主張する者に立証責任があると解されているのであるから、(17)対等当事者間における権利の濫用を主張する場合と異なり、実際上その立証がきわめて難しくなっていることは否定できない。前掲の最高裁の判決をみても、【2】の判決が処分を違法とした原判決をそのまま維持しているほか、【4】【8】【11】は、いずれも裁量の限界をこえていないとして、原判決が破棄されている。

わが国には、行政の事前手続を定めた法律は存在しない。行政庁が処分をするのにどのような手続に従ってするかは、実定法の上に個別的に規定されていない以上、これもまた処分庁の裁量に委ねられている。事前手続が完備している場合は、この手続過程において国民の権利自由が尊重され、処分結果の妥当性が担保されることができるが、このような手続的規制のない分野においては、国民としては、どのような事実が問題とされ、どのような処分がされるのか、通常は知りえない。そればかりでなく、わが国における行政の実情は、処分をうける国民に対し、行政庁としてはなるべく手の内を示さないように、いわば秘密を保つことを第一としている(18)。これは、前近代的な陳情行政、政治家による行政への圧力等をさけるため、ある程度やむをえないものとは思われるが、このような実情からみても、裁量の濫用を根拠づける事実を処分の違法を主張する国民に負担させることは、通常においては不可能を強いるものであり、極端にいえば、裁量行使の結果の承認を強制すること以外何ものでもない。

冒頭にもあげたように、行政権の拡大強化と、行政裁量の増大の現象を一方に、他方には、すでに明らかにしたように、裁判所による裁量権の承認の分野の広がりをみつつ、裁量権の行使の過程は国民の目のとどかないところにあるという事情のもとで、裁量権の逸脱・濫用については、国民に立証責任があると解すると、そこには、全く、行政の安泰以外何をみるのであろうか。

(16)　前註(8)の自由裁量とされる各判例参照。

(17)　滝川叡一「民事訴訟法講座」五巻一四四七頁、ただし、同判事の見解は、その前提において一次的には行政庁、国民の行為規範である行政法規を、裁判規範である私法法規と同視する点においてすでに問題がある。裁判例として、名古屋地裁昭和二六年四月二八日判決、例集二巻六号九二五頁、福岡地裁昭和二六年九月三日判決、例集二巻一〇号一五九五頁、その他、たとえば、宮崎地裁昭和二八年五月一二日判決、例集四巻五号一二〇七頁のように、立証責任が原告にあることを前提に「裁量権の範囲を逸脱したものであるとの立証はない。」とするものが多い。この点、最高裁昭和四二年四月七日第二小廷判決、民集二一巻三号五七二頁は、「旧行政事件訴訟特例法のもとにおいても、また、行政事件訴訟法のもとにおいても、行政庁の裁量に任された行政処分の無効確認を求める訴訟においては、その無効確認を求める者において、行政庁が右行政処分をするにあたってした裁量権の行使がその範囲をこえ、または濫用にわたり、したがって、右行政処分が違法であり、かつ、その違法が重大かつ明白であることを主張および立証することを要するものと解するのが相当である。」としている。この判決は取消訴訟における裁量権の濫用についてまでその立証責任にふれたものとは思われないが、この判例解説を担当された豊水道祐調査官によれば（法曹時報一九巻七号一五四頁）、自由裁量行為にあっては、裁量を誤っても、不当となるに止まり、違法とならないのが原則であり、裁量権の踰越と濫用の場合のみ、例外として違法となるのであるから、違法事由（裁量権の踰越又は濫用）の存在は、原告において主張・立証責任を負うものと解すべきであるとされる。そして、このことは当然の事理であるとされているが、わたくしには、これがしかく当然の事理であるかどうか疑問に思われてならない。

（18）　筆者の経験によれば、たとえば土地収用における損失補償基準（昭和三七年に閣議決定をした要綱を基準に各公共団体等でより細目を定めている）のような客観性をもたなければならないものについてすら事業施行者、起業者である地方公共団体においては、これを㊙扱いとし、訴訟になっても容易にだしたがらない傾向にある。まして、訴訟外において当事者が閲覧を求めても許されることのないのが普通である。土地区画整理事業における換地、仮換地の照合基準についても同様である。個人タクシーの免許基準についても、これが外部に公開されていないことはもとより、具体的基準については㊙扱いにされ、訴訟の場においても明らかにしたがらない。東京地裁昭和三八年九月一八日判決、例集一四巻九号一六六六頁が、別表として、右の具体的基準を示しているが（上記判例集には残念なことに掲載されていない）普通は出すことのないものである。

四　行政過程の手続的審査の必要性

(一)　行政裁量の承認の必然性

自由裁量と法規裁量の区別は、行政訴訟制度との関連において、裁判所の審理の対象から除外されるべき事項を明らかにする技術的要請から生じてきたものであるが、これはいわば行政庁の権限を実体面で論理的に法の拘束を受ける部分と、自己の主観的判断をもって行動をすることのできる部分に分けるという、静的・概念的な区別ということができる。しかしながら、裁判実務における要請は、むしろ司法審査の可能性という面から裁量概念を相対化してきたことは、先に述べたとおりである。このような傾向に対しては、すでに「この傾向を徹底させれば、裁判所の能力の許す限り裁量権の行使をコントロールすることになると思われるが、それは、法の許容した行政の合目的的活動の否定に至るのではないかと思われる。」（雄川一郎『行政争訴法』一二三頁註（二））という批判がある。恐らく、裁判所が行政庁の判断のうち、能力の許す限り、自己の判断をもってこれに代えるという方法がそこでとられるとしたならば論者の批判も正当としなければなるまい。しかし、最近における裁判例の傾向は右と異なり、一面で行政庁の裁量、判断の余地を認めるとともに、裁量権行使の過程の合理性の審査をもって、正当性の審査に代えようとするのではないかと思われるので、論者の批判もあたらないのではないかと考える。(19) たとえば、前掲【21】の東京地裁の判決は、旅券法一三条一項五号にいう「日本国の利益」について、外務大臣の政策的な裁量を認め、「その判断が一応人を納得させるものであって、前提たる事実に誤認がなく、その事実から結論に至る過程が一応筋のとおるものである限り、その判断をもっともとしなければならない。」と判示しているし、【26】東京地裁昭和三六年一二月二七日判決（例集一二巻一二号二三八五頁）が、未墾地買収の要件を定めた農地法四四条二項のうち「農業のために利用することが国土資源の利用に関する総合的な見地から適当である」かどうかの認定に行政庁の裁量判断の余地を認めつつも、個々の土地につき行政庁のした選択、判断が当該土地の利用に関する諸般の事実関係に照らして十分な合理性を欠き明らかに不当と認められる場合には、その裁量権の行使を誤ったものとしてこれを違法としなければならないと判示しているのは、いわゆる自由裁量事項にも、なお裁量行使の過程の合理性が審査される余地のあることを示したものとして注目されていいと思う。(20)行政庁が行政活動をするについては、前提として事実を認定し、法の解釈・適用をしなければならないが、事実の認定・認定された事実に対する法の解釈、要件の設定・当てはめ・行政活動をするかどうかのいずれの部分についても行政庁に裁量の余地のあることは否定できない。(21)裁判例の傾向として、右の裁量のうち、当該事項が行政庁の政策的判断・専門的・技術的な裁量にわたる事項については、これに対し、行政庁の判断を優先させ、最近においては、裁量権行使の過程の合理性の審査をしているものもあることを右に指摘したのであるが、このような行政庁の選択の余地のある事項について、裁判所がその判断を優先させることができないというのは、行政作用が本来不特定多数の国民を相手方とするものであり、これに対して一律公平な扱いをしなければならない要請、すなわち、行政の統一性の要請に由来するものと思う。もちろん、行政庁が当該事項について裁量の余地をもつということは、法的に可能な複数の判断の存在を許すことであり、このような領域については必ず一方の判断が正当であると断定することができないがために、行政の法適合性を保障する面からはこの分野について裁判所の介入判断をすべきでないともいえるが、選択可能な判断のうち、裁判所の判断をもって行政庁の判断に優先させるということは、すでに、行政庁が自己の判断で画一・一律に行政活動をしているときには、たまたま、訴訟の当事者になった者と、それ以外の多数の者との間において、扱いが区々となって不公平・不公正な結果を招来する。法が選択の余地を認めている事項については、当該事項が国民の権利自由を制限・剝奪したり国民に義務を課するような事項である場合においても、行政庁の判断に代えるに裁判所の判断をもってすることは、全体として、訴訟当事者となった国民とそれ以外の多数の国民とを不平等に扱う結果となることは明らかである。行政庁の専門的・技術的な裁量については、非専門家である裁判官の判断をもってこれに代置することは不合理であると説かれるが[22]、仮に鑑定の方法を用いることによって、行政庁のした専門的判断をこえるすぐれた判断が可能である場合においても、このような判断をもって行政庁の判断に代えることは、右に述べたような行政作用の性質から考えて許されないとしなければならない。

このような見地から考えると、いわゆる法規裁量といわれるものについても、法の解釈について複数の可能性があり、そこに選択の余地がある以上、なおかつ裁判所の判断をもって行政庁の判断に代置することは、不公正な結果をもたらす場合がありうるであろう。前掲【13】の判決で問題となっている附帯買収の相当性についても、判断の余地がないわけではないのであるから同判決がいうように「一応この判断を農地委員会に委ねた趣旨」であるとするならば、全く異なった見地から裁判所の判断をもって、農地委員会の判断に代えることは、すでに行政庁の判断により、相当性を欠くものとして買収をしないことに決定したもの、あるいは買収をしてしまったものと訴訟当事者となった者との間に不公平、不公正が生じる結果となる[23]。【14】の判決の「近く土地使用の目的を変更することを相当とする農地」であるかどうか、【15】の判決のどのような区域を自創法三条一項一号のいわゆる準区域とするか、【16】の判決のどのようなものが「買収不相当農地」であるかの認定、【17】の農地移動の許否についての基準の設定、【18】の地方公務員法二八条一項一号三号の具体的基準の設定などについては、いずれも行政庁に裁量の余地があるというべきであり、これについて法の解釈の名のもとに裁判所の判断を優先させることとは問題とされてよいと思う。その他、農地法二条一項は農地の定義として「耕作の目的に供される土地」と規定しているけれども、耕作していても家庭菜園である場合もあるし、一時的の耕作の場合もある。同法が規制の対象とする農地は「耕作の目的に供される土地」のうち、どのような範囲のものをいうかについてなお行政庁に判断の余地があると解さなければならないであろう。

(19)　『行政事件訴訟十年史』（七〇頁・七一頁）は、法定要件該当性に関する認定権が行政庁に専属せしめられた場合においても、その認定における合理性の欠如が一定の限度をこえる場合には、これを違法とする態度を示す……いわゆる法規裁量事項については、一般に裁判所は自己の独自の判断をもって行政庁のそれに代置しうるものと考えられているが、この場合においても、裁判所は行政庁の判断の「正当性」ではなく、「合理性」の審査に限られるべきであるとの見解をとるとすれば、両者（筆者註──自由裁量事項と法規裁量事項）の間にはまったく性質上の差異はないことになると述べている。

(20)　右『十年史』六六頁註2が「もともと行政処分にふくまれる判断事項は、すべて法的に拘束された事項か自由裁量事項かのいずれかであるというわけではなく、ある事項は法的に拘束されているが、他の事項は自由裁量事項であるという場合も存しうるわけであり、その場合には、少なくとも法的に拘束された事項についての行政庁の判断の正否を審査する裁判所の権限を排除することはできないのであるから、行政処分を羈束処分と自由裁量処分とにわかち、後者に対する審査可能性を論ずる考え方自体が合理性を欠く」と述べているのは今日においてもなお新鮮さを失わないと思う。

(21)　従来の要件裁量・効果裁量の論争は周知のとおりであるが、ここではそれ以上広い意味での選択の余地についていうのである。

(22)　註(6)の小沢判事論文七五頁、註(13)杉村敏正教授論文一九頁参照。

(23)　もちろん、法の解釈が一義的に定まる分野においても、行政庁の法の解釈に誤りのあることが、訴訟において確定されれば、同様の結果を生じることは否定できないが、この場合には、別な救済を考えるほかないであろう。法の解釈についても選択の余地のある場合には、裁判所の判断を優先させることによって、得られる利益と生ずる混乱とを比較考量する必要がある（行訴法三一条参照）。
なお、附帯買収の相当性について、裁判例が区々となっていることについては、『行政事件訴訟十年史』三四〇頁以下参照。

(二)　行政裁量の法的統制の可能範囲

行政庁の裁量事項を、自由裁量・法規裁量に峻別し、前者について裁判所は審判権をもたず、後者については、当該処分に含まれる事実の認定、法の解釈適用のすべてに裁判所が審判権を有するとする、伝統的な行政訴訟のあり方は、国民の権利自由を実体面から、行政実体法の適用を通じて保障しているものということができる。これに対して自由裁量・法規裁量の区別が相対化し、一面国民の権利自由を制限、剝脱したり、国民に対して義務を課するような行政庁の行動について、判断の余地を認めなければならない場合を生じてくると、実体行政法の適用という面で、行政の法適合を保障することにより国民の権利自由の救済をすることがより一層困難になってくることは否定できない。そこで、裁判所において行政庁の裁量判断を尊重しつつも、その裁量権行使の過程の合理性を審査することにより、判断内容の正当性を担保しようという気運が生じてきたのは理由のないことではない。前掲の【21】【26】の二つの東京地裁判決は、実践のうえで裁量権行使の過程の合理性を審査したものであろう（【21】はともかくも、【26】については裁量概念を相対的にとらえ意識的に裁量過程の合理性の審査をしようとする態度がうかがわれる）。

行政庁が当該事項について、裁量権を有することを前提に裁量権行使の過程を審査するということは、これによって裁量権が実体面において適正に行使され、許された限界内で裁量判断が行なわれることを担保するわけであるから裁量権行使の合理性の審査は、次の諸点においてされるべきである。すなわち、行政庁に認められる裁量は、当該行為の目的・要件の設定、要件事実の認定、どのような手続でするか、何時、誰に対して、どのような行為を、するのかしないか等であるが、重要なのは行政法規の内容が不確定概念をもって定められたり、中間目的をもって規定されている場合、この要件を定めたり、これに該当する事実の認定をしたり、さらにこれらの前提として法の解釈をすることである。そして、裁量権行使の合理性の審査というのは、裁量過程・判断過程の審査であるから行政庁がどのよう法規にもとづき、どのような行政目的を追求して、いかなる内容の処分をどのようにしたか、いいかえれば、行政過程の手続的な側面すべてが審査の対象とされなければならない。

ある判断が正当なものであるかどうかを検討する方法として、二つの手段・方法のあることが理解される。一つは判定者において当該判断のやりなおしをすることにより、判定者の判断と問題になっている判断の結果とが等しい場合に、問題の判断を正当とし、くい違っている場合にはこれを失当とする方法であり、他は、問題の判断がどのような事実認識を前提にどのような方法でされたかを、事実認識の過程から、これに対する法則の当てはめの過程まですべて検討し、この過程の中に論理法則、経験法則に照して過誤を生ぜしめるような不合理の要素を発見しない場合にこの判断過程を合理的なものとして、問題の判断に誤りはないと推測する方法である。人間の英知は、右の二つの方法のいずれをも訴訟手続として採用した。すなわち、わが国において、前者は覆審として、旧刑事訴訟法における控訴が原審の判断の当否を判定する手段に用いたものであり、後者は事後審として、現行刑事訴訟法の控訴審が原審の判断の当否を審査する手段に用いている。この中間に民事控訴審が原判決の当否を判定する続審的な方法があるが、これについては、すでに行政訴訟の審理方式と関連させてふれたことがあるので（拙稿前掲・判例時報四七九号五頁以下）(24)、ここではくり返さない。

この二つの方法のうち、前者、すなわち、判定者において、当該判断のやりなおしをするという方法（これが当該判断の基礎となった事実の認定と認定された事実に対する法律の解釈適用のすべてにわたることは、いうまでもない）が、いわゆる法規裁量事項に関する司法統制の場において行なわれていたことは容易に理解できる。そして、いわゆる自由裁量事項について裁判所が審理できないとする理由も、このような方法を用いるにおいては行政庁の判断に代えるに裁判所の判断をもってすることになり、法が行政庁に裁量を与えた趣旨を無意義とするからであろう。

後者の方法、すなわち、裁量判断の過程のすべてを、論理法則、経験法則に照して審査するという方法は、決して問題の判断の当否を判断権者の判断の結果との対比において行なうものでないことは、右に述べたとおりであり、一方において当該判断を尊重すると同時に、この判断に過誤がないかどうかを、判断過程の厳格な審査によって判定するのであって、前者の方法と異なり、そこには判定者の判断結果はでてこないわけである。したがって、いわゆる自由裁量について、その限界、濫用を問題として、この面から法的な統制を加えようとする考え方からは、この後者の審査方法がもっとも適切といわざるをえない。

ところで、裁量判断の過程が論理法則・経験法則（この場合には専門的な経験法則を当然含む）に叶った合理的なものであるかどうかは、判断過程の客観的な側面である、当該判断をするについての手続が合理的であるかどうか公正で客観性をもっているかどうかによって定まるものである。文明社会が、人権に対するもっとも重大な侵害である刑罰権の存否の判定手続として、対審構造をとり、公開にもとづく口頭弁論主義を採用するとともに、判定者の資格要件、除斥、忌避の制度をおき、事実認定について可及的に過誤を生じないような手続構造を定めているのは、故なしとしないのである。(25)

行政裁量を含む行政処分の司法統制の方法としては、行政庁がその判断過程について、どのような手続を採用し、どのような方法により事実認定（事実判断）と法の解釈・適用（要件の設定・当てはめ――価値判断）をしているか、それが手続として不合理のものでないかどうかを審査することが、裁量権行使の過程の合理性の審査として、もっとも有効なものであることは、右の説明で明らかであると思う。しかし、現在において、なお、相当の識者から、手続の尊重すべき価値あることは理解できるけれども、問題は結論の正当性である手続に誤りがあっても判断に誤りがなければその結果を是認しなければならないから、裁判所が司法審査をする場合においては、行政庁の判断について、適法違法の実体的な判断をくだすべきであるという発言を聞くことが少なくない。

この点は、すでにふれたところであるが、恐らく、論者の思考の中には、なお、法規裁量事項＝全面審判権、自由裁量事項＝裁量の濫用・逸脱の場合に例外審判権という図式が固定して去らないのではないかと思われる。しかし、このような図式を用いて、自由裁量事項について、裁判所が例外的に審判権を有する場合においても、裁量の濫用、逸脱があれば処分が違法となるというだけであって、（いわば裁量のやりなおしが要求されるだけであって）そこに、正当な裁量の行使によってえられる正当な判断がおかれ、これと行政庁の判断とが比較されているわけではなく、正しい裁量判断は何かということは問題とされないわけである。[26]したがって、論者が裁量事項（従来、法規裁量といわれた部分にも、裁量の余地がある場合が多いことは先に述べたとおり）についても裁判所が実体的に正当かどうかの判断に到達した上で、当該処分の適否を判定することができるかのようにいうのは、その前提からみても矛盾であるといわなければならない。実体的に正しければ手続の過誤は問題としなくていいという場合の、実体的に正しいという意味が、その正しさについて何の保障もないものであることは、判断の基礎となる共通の前提がそこにみいだせない点からも明らかである。すなわち、訴訟の場で、弁論主義手続により当事者双方（国民と行政庁）から出された資料は、行政庁が自己の判断の基礎とした資料とは一部共通であっても、相当部分についてくい違いがあるのであるから（行政過程において、被処分者の側で証拠を提出する機会は十分確保されていないのが常である）これを前提とする判断と行政庁の判断とを厳格な意味で比較することは不可能であるばかりでなく、そもそも裁量事項については、右のような資料にもとづいても裁判所が裁量の当否について判断権をもっていないのである。もちろん、右に述べた、正当な判断に到達するための手続の合理性の有無の審査において、手続の過誤のすべてが、当該手続による判断に影響を与えるものと解すべきではなく、当該判断に影響を及ぼすべき手続の過誤は何かについては、個別的検討を要するものであることはいうまでもない。そして、すでにふれたように、一般行政手続法をもたないわが国において、どのような手続により当該処分をするかについては、法の拘束のないのが常であるから、これについても第一次的には行政庁の裁量により、関係者すべてに平等に遵守を要求することのできるような合理的な手続を選択しなければならない。このようにして、行政庁により定められた手続については、行政庁もまたこれに拘束されると解さない限り、その判断過程の合理性は担保できないから、裁判所は、行政庁の設定した手続が、当該裁量を含む判断をする過程として、論理法則、経験法則に従った合理的のものであるかどうか、行政庁が当該手続を遵守しているかどうかのすべてについて、審査をしなければならないものというべきである。(27)

(24)　拙稿において、わたくしは、裁量事項と関連させて、行政訴訟の審理方式を民事控訴審型審理方式と刑事控訴審型審理方式にわけ、後者の方式が司法統制としてふさわしいものであることを述べたが、本稿においては、この点の説明を若干変えたにすぎない。

(25)　刑事訴訟についてのみでなく、民事紛争の解決手続においても、この考え方が基礎になっていることは明らかである。

(26)　【26】の判決も長文で、行政庁の判断過程の認定には詳細をきわめているが、訴訟にあらわれた証拠と事実から、知事および農林大臣の判断は、合理性をもっと認めるに困難であり、裁量権の正当な行使とすることはできないといっているにすぎない。

(27)　橋本公亘「行政法における権利濫用」法律時報三〇巻一〇号四四頁は、行政権の濫用の可能性のある分野については、一歩進んで、行政手続自体を厳格に規制することによって、行政権の濫用の可能性を防止することが必要である、と述べておられるが、逆に濫用があったかどうかは、当該手続自体が合理的であったかどうかを審査することにより判断される。

(三)　行政手続法の形成

さきに挙げた【2】【4】【11】の判決など最高裁のいくつかの判決が(28)、国民の権利自由に関係する事項についても行政庁の専門技術的な裁量を認めていることは、すでに指摘したとおりである。そこで、このような行政裁量の承認は裁判所が事後審査機能を前面に押しだしたもので、裁判所が行政庁の専門技術性を尊重するがためには、国民の権利が事前に十分に尊重されるような仕組の行政手続が備わっていなければならない。それを抜きにした行政裁量の尊重は、行政の専制をもたらす以外何ものでもないとする強い批判がある（今村成和『行政法入門』九九頁参照）。恐らくこの批判は正当であろう。この点でたとえば、【4】の判例解説（法曹時報九巻七号九二頁）を担当した田中調査官（現神奈川大学教授）が、懲戒委員会の手続に瑕疵があり、懲戒処分が違法とされた最高裁昭和三一年七月六日第二小法廷判決（民集一〇巻七号八一九頁）と右【4】の判決を対比して、「懲戒処分の手続が厳重に規定してあって、被懲戒者の権利保護に十分の配慮がされており、かつ懲戒機関が公正な機関である以上、右の手続の遵守は厳格に要求するけれども、かかる公正な機関によって正当な手続に従って懲戒が行われた以上、懲戒の程度等の判断は、懲戒権者の判断に一任し、裁判所は、その当否まであまり立ち入るべきではないとしているように見える。」と述べているのが注目される。このような見地からは【11】なども懲戒手続の完備したものとして承認されるが、さきにあげた最高裁の判決のすべてが、専門技術的な裁量とこの裁量行使の手続の厳格さとを関連させて考えているようには思われない。

本稿の立場からいえば、右の批判に対しては、すでに明らかにしてきたように、行政庁の専門技術的な裁量、判断余地を一方で認めなければならない必要性が認められる以上、国民の権利自由に対する救済は、行政過程における手続の公正の面に司法的統制を加えるのが、もっとも適切であると答える以外ない。もっとも、行政の事前手続を定めた法がないのであるから、実定法を根拠として、行政過程を審査するのと比べると、そこにいくつかの困難のあることは否定できないが、たとえば【27】**東京地裁昭和三八年九月一八日判決**（例集一四巻九号一六六六頁）のように、自動車運送事業の免許申請の許否を決定する手続について「道路運送法は特定の場合に聴聞手続を実施すべきことを要求している（一二二条の二）ほかは、なんらの定めをしていないので、右特定の場合以外は、いかなる手続を採用するかを一応行政庁の裁量に任せているものと解さざるを得ない。しかし、このことは、いかなる方法、手続をとるかについての行政庁の裁量権になんらの限界ないし制限がないことを意味するものではない。かえって、極めて抽象的な表現により免許の要件を定めた同法第六条の下で、具体的、個別的事実認定に基づき特定の免許適格者を選定するについては、行政庁は不公正な事実の認定につき行政庁の独断を疑うことが客観的にもっともと認められるような手続を採用する裁量の自由を有するものでなく、その手続は、公正な、事実の認定につき行政庁の独断を疑うことがいわれがないと認められるようなものでなければならない。」と判示し、当該事案に対する公正手続がどのようなものでなければならないかを明らかにしているのや、【28】**同裁判所同年一二月二五日判決**（例集一四巻一二号二二五五頁）が、右の判決の考え方を一層敷衍して述べているのが、問題解決の一つの方向を示していると考える。とくに後者は、問題の所在を明らかにして余りあるであろう。すなわち、「行政庁が処分の要件事実の認定、処分内容の選択、処分をするかどうかの決定を下すにあたって、その専門技術的知識、経験ないし公益上の裁量判断によることが必要とされるような行政処分については、行政処分の適否が原則としてすべて司法審査に服すべきものとされている我憲法下においても、裁判所は、処分が適正な手続によって行われたと認められるかぎり、行政庁のかような知識、経験に基づく判断を尊重せざるを得ずその限りにおいては、司法審査が及び得ないこととなり、それだけに、この種の処分は、その手続過程において、行政庁の恣意、独断、他事考慮が介入しやすいものであり、しかも、国民の側から証拠をもってこれらの介入を断定的に証明することが極めて困難なものである、従って、この種の処分について、裁判所が処分の手続過程の適否の審査を放棄する場合はもとより、手続過程の適否につき審査の目を及ぼす場合においても、処分を受けた原告側において恣意、独断ないし他事考慮の介入を断定的に主張立証すべきものとする方式により司法審査を行うときは、国民は、結局、恣意、独断ないし他事考慮の介入を疑うのがもっともと認められるにかかわらず、これらの介入を断定する決め手を持たないような行政庁の裁量判断の結果を裁量権行使の名の下に、受忍すべきことを強いられる結果とならざるを得ない。従ってこの種の処分については、処分の手続過程の司法審査ということが重視されなければならないと同時に、その審査の方法は、処分を行った被告行政庁の側において、処分の手続過程が恣意、独断ないし他事考慮の介入を疑うことがいわれがないと認められるような手続により行われたものであることを主張、立証すべきものとする方式により行わるべきものであって、司法審査の対象は、処分庁が現実に行った手続過程が裁判所の客観的判断に照らして、恣意、独断ないし他事考慮の介入を疑うことが客観的にいわれがないと認められるようなものであるかどうかということにあるものと解さねばならない。」と判示している。ここでは、行政庁の裁量判断の適正を担保すべき手続過程の公正を単に処分の一般要件とみることなく、具体的処分の処分要件そのものとみているわけである。行政処分の事前手続が完備している場合には、処分を受ける国民としては、この手続に関与し、手続内部において自己の権利利益を擁護するため、裁量判断の基礎となる事実の認定についても、また、これに対する要件の当てはめについても、証拠を提出したり、意見を述べたりする機会があると同時に、手続自体が適正に履践されることを監視することが可能である。しかし、事前手続が不完全であったり、全く法の規制のない場合は、国民の側として裁量判断が公正に行なわれたことは、手続過程の適正公平を示されて、はじめて納得させられるにすぎないのである。右【28】の東京地裁の判決の考え方の背後には、実定法の背後にあって、実定法を支えている一般法原理ともいうべきものに対する洞察と、民事事件においてはきわめて普通である実定法の間隙を埋めるための、裁判官の法創造への意欲がみられないであろうか。これに対しどのような概念法学的な批判も精彩にとぼしいものである。(29)

しかし、【27】【28】の判決について、行政における公正手続の観念の稀薄なわが国において、これを生成発展させ、判例法としての行政手続法の形成を期待するには、なお相当の時間を要するように思われる。(30) 一方、昭和三九年九月二九日に臨時行政調査会が内閣総理大臣にした答申中の「行政の公正確保のための手続の改革に関する意見」が果たして何時実を結ぶか分らないような現状においては、僅かな期待であっても判例法の形成を望まざるをえないのではないだろうか。

(28)　本文に掲記したほか、最高裁昭和三三年九月一〇日大法廷判決（民集一二巻一三号）は、旅券発給拒否処分に外務大臣の政治的裁量を認めているし、昭和三五年七月二〇日大法廷の公安条例合憲判決（刑集一四巻九号一一九七頁、一二四三頁）は「公共の安寧を保持する上に直接危険を及ぼすと明らかに認められる場合」に該当するかどうかの判断に公安委員会の裁量を認めている。

(29)　この二つの判決に対する時の法令四八二号、五〇二号の批評は、伝統的な行政法学というより、固定的な概念法学的思考から一歩も出ていないものである。この批評は、判決が行政庁の裁量の問題と裁判所の審査権の範囲を混同しているし、行政手続法ともいうべき実定法がない現在では、問題はすべて不妥当、不適当というに過ぎないといっているが、果して論者が判決を読んだ上で右のようなことを書いているのかどうか疑わしい。同誌の判例紹介は、すべて行政官庁筋のもののように思われるが、思考の停止を伴った概念法学がそこに生きているように感じられるのはわたくしだけであろうか。行政官庁の内部においては、現行憲法の下における司法の地位について、戦前と何ら変りない考え方をしている者も少なくないように思われる（林修三「法律的な物の考え方について」一二・法学セミナー一一一号八六頁参照)。

右【27】【28】の判決に対し、比較法的見地をまじえて、すぐれた批評が奥平康弘教授によってされている(名古屋大学法政論集二九号六六頁以下)。わたくしは判例の紹介批評としてもこのようなすぐれた論文は、是非行政訴訟の実務に携わる裁判官に目を通してもらいたいと思う。なお、同論文に重要な関係文献はすべて掲載されている。

(30)　臨時行政調査会第三専門部会第二分科会「行政手続に関する報告」二二頁参照。

右【27】の奥平論文(九二頁)も、【27】【28】の判決が強調する「公正手続」要件の充足に対しては、それは要するに立法政策の問題だとする反論が、おそらくは支配的であろうと予想されると述べている。

わたくしは、【27】【28】の判決のうち、本文に掲記した一般要件について述べている点は、そのまま受け容れられて当然だと思っている。【27】の判決の控訴審、東京高裁昭和四〇年九月一六日判決(例集一六巻九号一五八五頁)は、右の点を認めて、原判決を維持している。もっとも、【28】の判決は控訴審において取り消された(東京高裁昭和四二年七月二五日判決、判例時報四九二号三頁)。

五　む　す　び

裁量問題を扱った過去の裁判例をみていくと、伝統的な行政法学の枠から一歩も抜けでていないものもあるが、以上述べてきたように最近に至る傾向としては、裁量事項を裁判所の審判権のあるものと(法規裁量)、ないものに峻別することなく、当該事項の内部に行政庁の専門技術的考慮に委ねる部分とそうでない部分のあることを承認し、これに対し、裁量権行使の過程そのものを司法統制の対象とするようそれぞれ苦心のあとがみえる。このような傾向については、伝統的な行政法学の立場において、事実の側面、裁判所の機能の点からでなく、観念の上から批判する学説もあるが、最近はむしろ、この傾向をそのまま是認し、裁量濫用論を実体面でなく、手続面からみようとする考え方も少なくない[31]。ところで最高裁が最近、【12】の判決で述べている裁量論は、再び伝統的な行政法学的思考への逆行をうかがわせる。そこで説かれているところからは、冒頭に述べた給付行政に対する司法統制への一片の希望をもみいだすことはできない（奥平康弘「朝日訴訟判決の実体論について」判例時報四八六号一四〇頁参照）。今後はせめて侵害行政の分野についてだけでも、適正手続の要請を充足することができるよう希望すること切である[32]。

（31）　前掲註(29)奥平論文、杉村敏正『行政法講義(中)』二八頁以下、同教授「行政裁量」『現代の行政』所収五九頁以下。

なお、田村悦一教授の一連の論文「要件裁量と効果裁量」法経学会雑誌三四号四七頁、「西独行政判例よりみた自由裁量論の推移」立命館法学四五号六三三頁、「裁量限界に関する若干の考察」（一）ないし（四）同誌四九号、五二号五七・五八号、六二号などは本問題に関する貴重な文献である。

（32）　戦後の行政訴訟史を顧みると、行政訴訟理論については、実務界が絶えず学界より進んでいたことを承認せざるをえない。そればかりでなく、時と場合によっては学説が実務に対してブレーキをかけていることもまれではない。しかし、最近に至ってはすぐれた研究も少なくないし、本稿で問題とした点についても実務に有効な理論の提供が、ますます多くなると思う。このことを希望してやまない。

（初出、北海道駒澤大学研究紀要二号、一九六七年）

第二章　行政訴訟の一般的手続

1　行政事件訴訟の方向

一　行政訴訟制度の目的

行政訴訟制度の目的は、行政処分の司法審査を通じて行政権によって違法に侵害された国民の権利利益を救済するとともに、法治国家における行政の法適合性を保障することにあるといわれる。もとより行政作用のすべてが法の根拠をもつわけではないけれども、民主的行政は可及的に国民代表である国会の制定した法律にその活動の根拠を求めるのが普通である。ことに、行政が国民の権利利益を侵害し、国民に義務を負担させるような場合には、法律に基づかなければならないとされている。したがって、このような法律に適合した行政は原則として国民の権利利益を違法に侵害することはありえないから、行政の法適合性の保障は、結局、行政権の行使に対して国民の権利利益を保護するものであるというべきで、この点で両者は全く裏腹の関係にある。行政の法適合性の保障、いいかえれば法治主義を実質的に確保することは、司法審査における国民の権利利益を救済することに対する単なる副次的な効果ということはできない（東京地裁昭四六・四・二七判決、判例時報六二六号三六頁参照）。

このようにして、法治主義は行政機関に主観的に法に従って活動することを要求するだけでなく、客観的にもそれが第三者機関である司法権の法的批判に耐えるものでなければならないことを要求している。

裁判所が行政の活動に対する法的批判の権能を有するということは、個別的事件における私人の権利利益の救済を通じてではあっても、右のように民主国家における法治主義を実質的に確保するもので、行政運営のうえにおいて国民全般に対する合法性を保障するものであるから、行政訴訟制度の運用いかんは、一方においては国民の権利利益に関して、他方では行政活動に関し重大な影響を及ぼさずにはおかない。ことに、行政活動が多様化し、国民の政治・経済・社会・文化的各生活分野に行政の介入がみられる今日、行政上の紛争は増加することはあっても減少することは望めないし、行政活動をめぐる法的紛争のすべてが訴訟の形態をとって現われるとは思われないけれども、事件の漸増とその内容の複雑化は行政事件訴訟の将来の傾向として否定できないのであるから、事件処理の結果の与える影響は民事事件の比ではないといわなければならない（例えば、法曹時報二三巻二号「昭和四四年度行政事件の概況」添付の表によると、行政事件訴訟法施行後事件は増加の傾向に転じ、昭和四四年度には昭和三七年度の倍を超えるまでになった。また事件の種別も順次多様化の傾向にある）。

二　行政の法的統制

行政の法的統制は、原則として行政処分に対する事後審査の形をとっている。行政処分は行政庁が自ら事実を認定し、かつ、これに対して法令の解釈・適用という法律判断をするとともに、法令の粋内で公益判断をも加えたうえで行なわれるものであるから、このような行政処分の事後審査は論理的にいって行政庁のした事実の認定および法律判断の適否をめぐってされるのが通常である。

民事事件における私法上の権利または法律関係の存在の争いは、弁論主義にもとづいて当事者の提出した証拠により裁判所が第一次的に事実を認定し、これに対して法令の解釈適用をすることにより処理される。そこでは裁判所が独自の立場において、論理法則・経験法則に従い事実を認定し、この事実認定と密接不可分の関係にある法令の解釈適用をすることにより権利関係の存否の判断がされるわけである。裁判以前に法的な意味の事実はなく、法令は単に紛争解決の基準として存在しているにすぎない。

これに反し、行政事件訴訟の中心である行政処分の司法審査においては、行政庁が過去において認定した事実とこれにもとづく法律判断の適否が直接に訴訟の対象となるのが原則である。行政目的を実現するための行政活動において、法律が当該行政機関の活動の細部にわたって対象、範囲、態様等を定めていることはまれであって、法律の枠内における委任立法が認められ、これら法令の枠内で多かれ少なかれ裁量の認められているのが普通である。より端的に行政過程といわれるものを眺めると、法律の委任にもとづく政令・省令等の制定においても、また、行政機関がこれらの法令にもとづく事実判断、法律判断等を経て行政活動をする場合、ときには事実判断にも、法令の解釈適用についても、公益実現のため、あるいは専門技術的見地からの裁量の余地が認められていることは否定できない。もちろん、これらの裁量が伝統的な行政法学のいう自由裁量に当たるか、はたまた法規裁量と呼ばれるものであるかの点は別としても、行政処分の行なわれる過程の各段階の多くに行政機関の裁量権の認められていることは明らかである。例えば、法律に全く羈束されており、裁量の余地がないといわれる課税処分においてすら、「宅地・耕地周辺等当該果樹の植栽を目的とする土地以外の果樹については成木三本以下、鶏・あひる等の家きんについては成きん三羽以下、山羊については成羊一頭等の収入から生ずる所得について、しいて更正または決定を行なわない。」とするような通達が出されている点をみれば、行政処分と裁量がいかに密接な関係をもっているか理解ができる。

そして、行政機関の有するこのような裁量権は行政機関の権限の中心というべきであり、このような権限の行使によってなされるものが行政処分であるから、行政処分の司法審査は一言でいえば、行政庁の裁量権を中心とした権限行使の過程の法的審査であるということができる。しかしながら、法規裁量といわれるものを除き、行政機関が法の枠内で許された裁量権を行使する場合においては、裁量判断の誤りは法との関係において適法・違法の問題を生じないのが通常であり、行政処分の司法審査において裁判所は自己の判断をもって行政庁の判断に代置してはならないとされているから、行政機関の裁量の幅が広ければ広いほど裁判所の審査の範囲は狭くなり、行政処分に対する法的統制の弛緩ということになりかねない。この辺に行政事件訴訟における難問が横たわっているように思われる。

三　裁量の審査

戦後の行政事件訴訟における裁量問題の扱い方は、伝統的な手法に従い、処分を自由裁量の処分と法規裁量の処分に分け、前者について裁量の踰越・濫用の有無を問う方法でなされてきた。行政事件訴訟法三〇条は、行政庁の裁量処分については裁量権の範囲をこえ、または、その濫用があった場合に限り裁判所は、その処分を取り消すことができる旨規定し、右のような裁量統制の方法に実定法上の根拠を与えた。行政処分がその判断の基礎となる事実の根拠を欠く場合、恣意独断であることが明らかである場合、比例原則、平等原則に反する場合など、裁量の瑕疵が実体面において明らかである場合には、恐らく右のような裁量統制の方法をもって有効に裁量を法の枠内にとどめることが可能であろう。そして多くの裁判所が、個々の事件を通じて右のような裁量統制の方法により違法裁量に対する法的統制をし、国民の権利利益の救済を図ってきたことは周知のとおりである。現在そして将来においても、長い間培われてきたこのような裁量統制の方法が実務において用いられるであろうことは、容易に推測できるし、行政事件訴訟法三〇条の明文の規定のおかれている今日、あえてこの方向に異をはさむまでもないであろう。

しかし、裁量の行使がその基礎となる事実の根拠を欠く場合のように裁量権の踰越・濫用が明白な場合を除いて、その他の違法裁量を具体的訴訟の場において立証することの困難は、司法審査が事後審査であることから一層顕著である。

そこでひるがえって、別の方向から事後審査の方法による行政機関の権限の行使に対する有効な法的統制の手段を検討してみることもまた行政訴訟の新しい方向として有意義ではないであろうか。先に述べたように行政機関が有する処分権限は、事実判断および公益判断を含む法律判断を経て行使されるのが普通である。裁量と恣意の区別は、前者が後者と異なり適正な事実認定のうえに立って行なわれる公益目的の見地からする合理的な判断である点に求められる。そこで行政処分に対する司法審査においては、このような裁量権行使の過程そのものに焦点を当てることにより国民の側から容易に違法裁量を指摘することが可能となるように思われる。事実認定がたとえ専門・技術的見地からなされるにしても、事実認定の過程が公正に行なわれることが担保されるならば、当該事実認定は一応信頼できるものとされてよいであろう。事実認定と密接な関係のある裁量を含む法律判断についても、その判断過程が行政目的に照して合理的であるならば判断自体の信頼性もまた確保できると思われる。

このようないわば行政過程の手続的側面に対する裁判所の審査権能の行使が、事後審査を原則とする行政処分の法的統制にとって有効な手段・方法として検討されるべきではないだろうか。とはいっても、このような見地から新しい裁量統制の方法を打ち出した裁判例の出たのはそう最近のことではない（東京地裁昭三八・九・一八判決、行裁例集一四・九・一六六六頁、同昭三八・一二・二五判決、行裁例集一四・一二・二二五五頁参照）。裁量権概念が相対化し、法規裁量と自由裁量の区別が明確でなくなった現在、これに対する司法審査機能の低下について強い批判があるけれども（今村成和「行政に対する司法統制」ジュリスト四六九号六九頁以下）、行政事件訴訟の中心である裁量統制の方向としては右のような行政過程全般に対するきめの細かい審査が必要とされるのではないであろうか。

（初出、判例時報六三二号一二頁）

2　訴訟手続上の若干の問題点

一　本稿の目的

行政事件訴訟法（以下、行訴法という）が施行され、昨年秋をもって満一〇年を経過した。この間行訴法制定当時議論となった論点のいくつかのうち、その後の実務においてはさして深刻な問題とならなかった義務づけ訴訟の許否や無効確認訴訟の範囲のような訴訟型態の問題と、当初予想されたより一層深刻な問題となった行政処分の執行停止に対する内閣総理大臣の異議のようなものに至るまで、判例・学説のうえでは一応議論は出尽したかの感がある。(1)

いずれにしても行訴法は行政権の違法な行使に対し国民の権利利益の救済を図り、これを通じて行政における法治主義を実質的に確保することを目的とする行政訴訟制度のための法であり、それが手続法であるため、制度の目的に奉仕するについて、手続の適正・公平かつ迅速・経済の面から解釈・運用されなければならないことは、民事手続法と異なるものではない。ただ、行政事件訴訟の特質から行訴法の制定施行にもかかわらず、旧行政事件訴訟特例法（以下、行特法という）時代より引き続いて手続上の問題点としては、訴訟の対象となる資格としての処分性、さらには訴えの利益・原告適格等が中心であり、これらについての論議は一向におとろえていない。のみならず行政機能の拡大と行政手段の多様化、行政法関係の複雑化等の原因によるものと思われるが、実務上は訴訟の対象の処分性、訴えの利益等が絶えず問題となり、違法な行政作用の是正を目的として司法権による救済を求める者に対する厚い壁となっていることは周知のとおりである。

しかし、右の訴訟利益等については別稿においてとりあげられるので、本稿は、訴訟手続上の技術的な問題点として、訴訟の対象の特定、被告の変更・訴えの変更、関連請求の併合について若干ふれてみたいと思う。もとより、これら手続上の問題点の一つ一つは優に一編の論文として研究するに値するだけのものをもっているけれども、本稿は、問題の学問的な研究ではなく、実務上の技術的な見地から論点の検討をするにすぎないものである。

二　訴訟の対象の特定

不作為の違法確認の訴えを除いて、抗告訴訟を提起するには訴訟の対象となる行政庁の処分もしくは裁決がなければならない。行政庁の何らかの処分（原処分）があり、かつ、これに対する異議申立もしくは審査請求等についての決定・裁決があった場合、これらの全部がいずれも独立して訴訟の対象としての資格をもつものであることは疑問の余地がないけれども、それぞれの取消しもしくは無効等確認訴訟における違法事由が原処分の違法である場合、異議決定・審査裁決等の取消しもしくは無効等確認訴訟においては原処分の違法を主張することができない（行訴法一〇条二項、三八条二項）。したがって、原処分の違法を攻撃するについては、原処分のみを訴訟の対象として特定し、異議決定・審査裁決等を争うにはこれらの固有の瑕疵を理由としなければならないとするのが、いわゆる原処分主義である。

この制度は、行訴法において新たにとり入れられたものであるが、現在においても十分に理解されず、本人訴訟の場合はもとより、訴訟代理人がついている場合においてすら、原処分とともに異議決定・審査裁決等の取消しもしくは無効等確認訴訟を提起し、それぞれの違法事由として原処分の違法を攻撃するという例が絶えないといわれる。もっとも、行訴法（一二条一項）は行特法（四条）と異なり抗告訴訟について被告行政庁所在地の裁判所の専属管轄とはされていないから、裁決固有の瑕疵は見当たらないが、原処分を争う管轄裁判所を裁決庁所在地の裁判所とする目的をもって、原処分と同時に裁決を訴訟の対象とし、ともに原処分の違法を攻撃するという、もっぱら管轄裁判所を動かすための裁決取消しもしくは無効等確認訴訟も技術的には可能であるから、一概に行訴法における原処分主義の無理解から原処分と審査裁決のそれぞれの取消しもしくは無効等確認訴訟において、原処分の違法のみを理由として処分の取消しもしくは無効等確認を求めているとまでは断定できないかも知れない。

原処分主義は原処分の違法を争うには原処分のみを訴訟の対象とすれば必要にして十分であり、裁決の取消しもしくは無効等確認訴訟においても重ねてこれを争わせることは、訴訟利益の点からしても、また、別訴となった場合には判断の抵触の点からも問題である等を制度の理由とするものと思われる。(2) しかし、ここで何が原処分の違法理由であり、何が裁決固有の瑕疵であるかはしかく単純に割り切れる場合ばかりでないから、訴えの提起をする原告・国民の側からは理論的な面よりむしろ実務の扱いの統一が望まれるわけである。

裁決機関構成の瑕疵、裁決手続の瑕疵が裁決固有の瑕疵であることは疑問がないが、問題となるのは裁決庁が職権探知により原処分を審査し、これを適法かつ正当として維持した積極的な判断である原処分の承認（国公法九二条一項、地公法五〇条三項）、原処分と異なる理由で原処分を維持する裁決、一部取消一部棄却の裁決、原処分を修正する裁決等である。これらについて、承認の裁決は裁決庁の積極的な判断であって単なる消極的な棄却とは異なること、原処分と異なる理由の棄却裁決は別個の新たな処分と考えるべき場合があること、一部取消の裁決は裁決庁が原処分の当否を審査し、独自の判断と責任において到達した結論であること、修正裁決は裁決庁が処分庁と異なる事実を認定し、異なる理由から異なる法規を適用した結果であること等を理由に、訴訟においても裁決庁を被告とすること、すなわち、裁決を訴訟の対象とすべきであるとする見解がある。(3) しかし、右のような場合にすべて裁決を争わせるとすると、行訴法が原処分主義を採用した制度の趣旨の大半を失わせることは明らかで、ことに、裁決庁の審査の程度、範囲によって裁決を争わせるか、原処分を争わせるかを問題とすることは、多分に訴訟追行上の便宜という面をもつ原処分主義本来の意義を失わせることになり、いたずらに手続を紛糾させるにすぎないものと思われる。前記のうちでいちばん問題となるのは原処分の修正である。例えば、人事委員会において、教育委員会のした「停職二月」の懲戒処分を「減給六月の十分の二と修正した場合、(4) これがすべて裁決庁において異なる事実を認定し、異なる理由から異なる法規を適用した新たな処分といえないことは明らかであるばかりでなく、原処分の懲戒権の行使自体を是認している点から考えれば原処分と同一性をもつ、その一部取消にすぎず、懲戒権の行使の違法を争うものは原処分庁のみを被告として、原処分の違法理由のみを争わせるほうが手続上はるかに明快であるともいえるわけである。(5)

ともあれ、修正裁決が一部取消が新たな処分とみられるかのような争いによって、事件の本体を離れ手続上の問題で審理を渋滞させるということになるならば、裁決取消もしくは無効等確認の訴えでは裁決固有の裁決機関構成の瑕疵、裁決手続の瑕疵のみを争わせ、裁決によって原処分が変更された場合にもその変更が実質的に新たな処分であるかどうかを議論する前に、処分の実体的違法性を争う場合は原処分の取消しもしくは無効等確認の訴えによるとする見解(6)のほうがはるかにすぐれていると思われる。

処分庁として関知しない裁決庁による処分の一部取消、修正等があった場合、処分庁が被告庁となるのは不合理であるとする見解も無視できないが、どの機関が被告庁となるかは、処分の取消しもしくは無効等確認訴訟における本質的な問題ではなく、むしろ便宜の問題である。裁決庁の集めた資料により原処分庁が訴訟を維持することは別におかしくはないと思われる。

三　被告の変更、訴えの変更等

前記のように行訴法は、原処分とこれについての不服申立てに対する裁決・決定等のいずれもが訴訟の対象となることを前提に、これらの取消しもしくは無効等確認訴訟においては原処分の違法を理由として裁決等の違法を争うことができないとしているから、もし、審査庁を相手に審査請求を棄却した裁決・決定等の取消しもしくは無効等確認請求をするについて、原処分の違法のみを理由とした場合は、主張自体理由がないこととなって請求が棄却されることは明らかである。しかし、前記のように裁決固有の瑕疵が何かについては争いのあるところであるから、訴えの提起をする原告側としては、それが取消訴訟である場合には制限された出訴期間内において、ある程度の見込みによって被告を特定せざるをえない。もっとも、訴訟技術的には原処分庁と裁決庁の両者を被告として訴えを提起し、訴訟追行の過程において、主張する違法事由に合わせてそのいずれか一方に対する訴えの取下げをするという方法も十分可能なわけであるが、一たん裁決庁を相手に裁決等の取消しもしくは無効等確認訴訟を提起し、その主張した違法事由が原処分の違法であると判定され請求を棄却された場合には、無効等確認訴訟においては出訴期間の制限がないから、再び原処分庁を被告として、原処分についての無効等確認の訴えを提起することにより不利益を免れることができるけれども、取消訴訟においては、請求棄却によりあらためて原処分庁を被告として訴えを提起する際には出訴期間を徒過している危険性がきわめて大である。そのため、行訴法一九条が、原告は取消訴訟の口頭弁論の終結に至るまで関連請求（同法一三条）に係る訴えをこれに併合して提起することができるとしているのに加え、同法二〇条において、処分の取消しの訴えをその処分についての審査請求を棄却した裁決の取消しの訴えに併合して提起する場合には、取消訴訟の第一審裁判所が高等裁判所であるときでも処分の取消しの訴えの被告の同意を得ることを要せず、また、その提起があったときは、出訴期間の遵守については、処分の取消しの訴えは裁決の取消しの訴えを提起した時に提起されたものとみなす、として原処分主義の採用により原告に生じることのある不利益に対する救済規定をおいている。

右の規定によって、審査請求を棄却した裁決の取消訴訟において原処分の違法を主張した場合のほとんどは救済できるであろうが、右のような方法をとらなければ原処分を訴訟の対象とすることができないかどうかは若干の問題である。例えば、裁決庁を被告として裁決の取消しとともに原処分の取消しを求めている場合あるいは訴訟の過程において裁決の取消請求を原処分の取消請求に変更（民訴法二三二条）した場合等において、前者については裁決庁に対する原処分の取消しの訴えを取下げ、あらためて原処分庁を被告として原処分の取消訴訟を併合提起するという方法をとりうることは当然としても、両者とも直ちに、前者においては原処分の取消しを求める部分についてだけ、後者においては全部の請求について、被告を変更（行訴法一五条）するという方法の可否、あるいはより端的に被告である裁決庁を原処分庁に変更し、同時に訴えの変更をすることが可能かどうかである。行訴法一九条二項によると原告による関連請求に係る訴えの追加的併合のほかに、民訴法二三二条の訴えの変更が可能であるから、原告が被告裁決庁に対する裁決の取消請求を原処分の取消請求に変更した結果、結局被告を誤ったこととなる場合には、行訴法一五条による被告の変更が可能と思われるし、また、これを徹底すれば、裁決の取消請求を原処分の取消請求に変更すると同時に、被告の変更の申立をすることも許されると解して妨げないように思われる。もっとも、行訴法一五条の被告の変更の要件について、従前の被告が訴訟の対象との関係で客観的に誤っており、原告が変更を申し立てている被告が正当な当事者である場合に限るとすると、右の訴えの変更と同時に被告の変更をする場合は不適法であるし、訴えの変更によって被告の変更を要する場合も、被告とすべき者を誤ったとはいえないということになると思われるが、(7) 行特法七条に関する最高裁の判決（昭和三六年一一月二一日第三小法廷、民集一五巻一〇号二八八一頁）の趣旨からすると、行訴法においても、訴訟のある段階において従前の被告が正当であり、変更申立てによる被告が誤っている場合でもなお、被告の変更は許されると解すべきであるから、右のような取扱いも可能といえるわけである。このような方法によって原処分主義にともなう原告の不利益を救済したとしても、手続の安定を害したり、被告庁に特段の不利益をもたらすものでないことを考えると、変則ではあってもとくにこれを不適法とまでいうには当たらないと思われる。

四　関連請求の併合

行訴法においても民事訴訟におけると同様、請求を併合して審理の重複、裁判の矛盾抵触を避け、経済的に事件処理を図るため一三条において関連請求の範囲を定め、一六条においては請求の客観的併合、一七条においては共同訴訟についてそれぞれ規定している。ところで前記のような原処分とこれに対する審査裁決のように関連請求に当たることが明白なものについては、その併合の可否を問題とするまでもないが、行訴法一三条が一号から五号まで関連請求の範囲を明確にしているのに対し、同条の六号が単に「その他当該処分又は裁決の取消しの請求と関連する請求」と規定しているにすぎないため、この六号により関連請求とされるものの範囲について、行訴法施行以来今日まで実務上大きな問題となっている。例えば、同一税務署長のした原告ら数名に対する各入場税の決定処分、原告一名に対する月別の入場税の決定処分、各年度別の課税処分、同一原告に対し異なる税務署長のした各入場税の決定処分、数名の原告が共同してした違反行為に対する各任免権者のなした懲戒処分等が果たして関連請求に当たるかどうかの問題である。

以上のような訴えは行特法のもとにおいては、同法六条一項、民訴法五九条、二二七条によりすべて併合審理されることができたのであるが、行訴法においても関連請求とされるならば、これらについて同法一六条一項にもとづき同一原告に対する同一税務署長の各月別、各年別の課税処分はそれぞれ請求の客観的併合ができるわけであり、同一原告に対する異なる税務署長のした課税処分、同一税務署長のした異なる原告に対する課税処分、共同してした違法行為に対する各原告宛の懲戒処分等も同法一七条により共同訴訟として訴え、訴えられるはずである。

しかし、行政事件訴訟においては係争の処分等の効力をながく不確定の状態におくことを特に嫌う見地から、みだりに請求を併合して事件の審理範囲を拡大したり、複雑化させることを抑止し、審判の迅速を企図するために、行訴法において併合審理を関連請求の範囲に限定したと解されたため、行訴法施行の初期においては、一三条六号は同条一号ないし五号に準じる程度に請求相互の間に密接な関係のあるものを指すと解し、一号に準じるものとしては処分の取消請求とその処分に原因した不当利得返還請求、二号に準じるものとしては先行行為の取消請求に対する後行処分の無効または不存在確認請求、甲乙競願関係にある場合における甲に対する免許処分の取消請求と乙に対する免許拒否処分の取消請求のように請求の内容が表裏の関係にあるもの等が考えられるが、旧自創法による農地買収処分の取消請求や、所得税法による課税処分の取消請求のように同一行政目的をもって同時に多数人に対してなされるものであっても、民訴法五九条に定める程度のものは関連請求とは認められないと解されていた。(8) このように行訴法一三条六号を厳格に解する限り、右にあげたすべての例はいずれも関連請求には当たらないこととなり、したがって、これらが一つの訴えとして併合の形式をもって提起された場合において、裁判所はこれを個々の処分に対する取消（無効等確認）請求に分離したうえ、個別に審理判決しなければならないということになる。現に東京地方裁判所の行政事件専門部である民事二部、三部においては、労音に対する入場税の決定処分の取消請求事件について、同一原告に対する数個の異なる課税庁（税務署長）のした課税処分の各取消請求事件を税務署長ごとに分離し、分離された一件についてのみ審理を進めるという方法がとられているといわれるし（分離の扱いとしては裁判所において複写器を用い記録の写しを事件ごとに作り、これにより爾後の手続を進めることになるため、はんさな手数を要している）、このような裁判所の扱いを受ける原告側としては、以来、それぞれの課税庁を相手に各入場税の決定処分の取消訴訟を提起した結果、現に民事二部においては六三件、三部においては七一件の大量の同種事件が係属中といわれる。もっとも、裁判所が右のように分離して一件だけを審理することができたのは、総ての事件について争点が、原告労音のような権利能力なき社団が入場税法三条の定める納税義務者たりうるか、労音の公演が同法二条に定める催物に当たるか等の共通の法律問題であるため、どれか一件について判決があれば、当該受訴裁判所の判断は他の事件についても同一ということになるから、この総てを動かす必要がないことによる。ただし、右の民事三部における事件の分離の仕方も課税庁ごとであって、同一原告に対する月別の課税処分（入場税は毎月申告することになっている、入場税法一三条）にまでは及んでおらず、同一被告課税庁の同一原告に対する複数の月分の課税処分を含んで一件として処理されているといわれる。

このように、行訴法一三条が、行特法時代の民事訴訟法の適用による請求の主観的・客観的併合にしぼりをかける結果となったため、行訴法施行以来今日に至るまでこの点に関し実務上多くの議論がされてきた。しかし、扱いを統一して当事者の側の利便を図るというところまでは至っていないのが現状のようである。ともあれ、先にあげた例のように訴訟における争点が同一の法律の解釈のみである事件、同一人に対する各月別もしくは各年別の課税処分、共同してなした違法行為を原因とする処分等、法律上、事実上の争点が共通している事件を手続上分離して扱うことは、関連請求の範囲内で事件の主観的・客観的併合により審理の重複、判断の矛盾抵触をさけ、紛争を一挙に解決しようとした制度の趣旨には必ずしもそわないばかりでなく、裁判所、当事者に対し不経済な手続の繰り返しを行なわせ、その結果は、単に行訴法を厳格に遵守したとする以外に何の実りもないといわざるをえない（裁判所において事件を分離する手数だけならばともかく、分離後総ての事件を進行させるとすれば、同種事件として同一の手続を事件数だけ行なわなければならないし、原・被告も同一内容の準備書面、証拠の提出を余儀なくされ、全体の記録はこうかんとなり、訴訟経済に反することは著しいと思われる。前記のように争点が同一の法律問題に尽きる場合は分離した一件についてのみ審理を進め、残りの事件は期日未指定のまま当該一件が最終的に落着するまでまつという方法のとられることは可能で、これは行特法の時代からやってきたことである。しかし、数名の者が共同してした違法行為について、各人に対し処分のあった事件などについては、一件だけ分離して訴訟の促進をはかるということのできないのは明らかであり、分離すれば結局それぞれについて進行しなければならず、証人尋問の結果などは他事件においては書証の形式で提出できても、全体として手続が複雑、煩瑣となることは否定できない）。

そこで最近に至っては実務上若干の反省がされ、同一人に対する同一処分庁の各別の処分は、行訴法一三条六号の関連請求に当たるという考えと、さらにこれには当たらないけれども民訴法二二七条により客観的併合が可能であるという見解がとられるようになり、少なくともこの限度では請求の客観的併合も行訴法一六条に限るとする見解より一歩進んだものと思われるけれども、なお、主観的併合についてはまかなえないので、これについても、行訴法は民訴法五九条の適用を否定しているものではないとする見解と、端的に、事実上、法律上の争点が共通である場合には行訴法一三条六号の関連請求に当たると解する見解も生じている。

元来、手続法は実体法の実現に奉仕するものであり、裁判所・訴訟関係者の遵守すべき法であるが、裁判所およびすべての関係者に対し当該手続法の解釈が不利益、不経済をもたらすとするならば、すべての関係者の利益のために法の定める範囲を逸脱しない限度で扱いを改めたとしても、これを不適法というほどのこともないと思われる。ことに事件の併合・分離は審理の促進、訴訟経済、判断の抵触の回避等の見地から裁判所の訴訟指揮の範囲内にあるものである。仮に併合したまま手続を進行させることが審理の範囲を拡大し、複雑化をきたすとすれば、裁判所において、いつでも分離の手続をとり、手続を整序することにより弊害をさけることができるはずである。問題は関係者が訴訟の進行に応じて裁判所の訴訟指揮にどの程度協力するかの点にすぎないように思われる。

五　結　語

行政事件訴訟の訴訟手続上の問題点で裁判例に取り上げられないものは少なくない。これらのものはそれが裁判所や関係当事者の間で議論されたり、問題とされたりすることはあっても、必ずしも学問的な研究の対象とはされない場合が多い。ことに行訴法については、東京・大阪のような専門部を有するところ以外の裁判所はいわば素人である。東京・大阪においても蓄積された実務上の力がそのまま裁判官の異動の際に承継されているとは限らない。その意味で実務家の実務から得られた貴重な経験が何らかの方法により残されることが、行訴法本来の目的である国民の権利利益の保障につながるものであることは否定できないように思われる。ただ、現在訴訟手続上の問題点を知るには各年別の行政事件担当裁判官会同概要がきわめて有益な資料であることを指摘しておきたい。

（1）『続行政事件十年史』が好個の文献である。
（2）裁決主義をとらなかった理由については、杉本『行訴法の解説』四三頁。
（3）南「取消訴訟の対象」民訴法講座８二四頁以下。
（4）佐賀地裁昭和四一年九月二九日判決、行裁例集一七巻九号一一三八頁。
（5）拙稿「行政事件訴訟法施行後における行政裁判例の傾向２」判例時報五一九号一〇四頁以下。本書九七頁原処分主義と裁決主義参照。
（6）浦部法穂・自治研究四五巻六号二一七頁。
（7）渡部吉隆「行政訴訟における被告適格、被告の変更」民訴法講座８六〇頁以下参照。
（8）杉本・前掲解説五二頁。

なお、関連請求の併合につき、最高裁平一七・三・二九民集五九・二・四七七がある（許可抗告の代理人は筆者）。

（初出、ジュリスト五二七号六〇頁）

3　原処分主義と裁決主義

一　意　義

原処分主義とは、原処分の違法は原処分の取消訴訟においてのみ主張することを許し、裁決取消しの訴えにおいてはこれを主張することを許さないとする制度をいい、裁決主義というのは、原処分については出訴を許さず、裁決についてのみ出訴を認めることをいう。

もともと原処分とこれに対する裁決がある場合に、原処分の違法を裁決取消訴訟において主張することも可能であり、旧行特法の時代には、このような扱いがされていた。しかし、裁決取消訴訟において原処分の違法を併せて争わせる場合の審理判断の順序、判決の拘束力の範囲、原処分取消訴訟が別個に提起された場合の判断の矛盾、抵触のおそれ等の問題から行訴法においては原則的に原処分主義を採用することとなった。

ところで、行訴法一〇条二項は、原処分主義を「処分の取消しの訴えとその処分についての審査請求を棄却した裁決の取消しの訴えとを提起することができる場合には、裁決の取消しの訴えにおいては、処分の違法を理由として取消しを求めることができない。」と主張の制限の面から規定した。そこでこの主張の制限に違反して提起された訴えの取扱いと、審査請求を棄却した裁決の意義、原処分の取消訴訟と裁決取消訴訟が併合提起された場合の扱い、裁決主義が採られている場合の問題点等がとりあげられなければならないわけである。

二　裁決取消訴訟

行訴法一〇条二項が原処分主義をとったからといって、裁決取消訴訟が許されないわけではない。ただ裁決取消訴訟においては裁決固有の瑕疵を主張することが許されるだけであって、原処分の違法は主張することができない。この主張の制限に違反し、裁決取消しの訴えにおいて裁決固有の瑕疵を主張することなく原処分の違法のみを主張した場合の訴訟上の扱いについては若干の争いがあった。

裁決取消訴訟において原処分の違法の主張を許さないのは前記のようにもっぱら技術的見地からの制限であり、訴訟要件を定めたものとは認められない。したがって裁判例の多くは主張制限に違反した裁決取消しの訴えを主張自体理由がないものとして棄却している（佐賀地判昭和三九・四・九行集一五巻四号七一一頁、札幌地判昭和四一・一一・一四判時四七〇号一八頁、東京高判昭和四二・三・三〇訟月一三巻六号七一一頁、岡山地判昭和四三・一〇・九訟月一五巻三号三四六頁、東京地判昭和四七・五・二四行集二三巻五号三一五頁、静岡地判昭和五〇・五・八行集二六巻五号七〇四頁、東京高判昭和五三・一・三〇行集二九巻一号二二頁、東京地判昭和五六・二・二六行集三二巻二号二九九頁、大阪高判昭和五九・四・一三行集三五巻四号五〇四頁等）。そして学説もこれに賛成している（中平健吉「裁決取消しの訴えにおける違法事由」実務民事訴訟講座8二一四頁、鈴木庸夫「原処分主義」『演習行政法(下)』六七頁、同裁判実務大系Ⅰ一四四頁、三輪和雄「裁決取消の訴において主張し得る違法事由」別冊判例タイムズ2一五五頁、園部逸夫編『注解行政事件訴訟法』一八一頁)。しかし行訴法施行初期の裁判例の一部には、主張制限に違反した訴えを不適法とするものも少なくなかった(浦和地判昭和三九・一・二九行集一五巻一号一〇五頁、札幌地判昭和三九・四・二一行集一五巻四号七三四頁、札幌高判昭和四〇・九・三〇訟月一一巻一号一六三七頁、神戸地判昭和四一・三・一五訟月一二巻九号一三一九頁、東京地判昭和四四・九・三〇訟月一六巻三号二八七頁、横浜地判昭和四四・一〇・二四行集二〇巻一〇号一二八一頁、広島地判昭和四六・三・三〇訟月一七巻七号一一七四頁)。

三　裁決固有の瑕疵

審査請求を棄却した裁決(ここで裁決というのは、審査請求・異議申立てその他の不服申立てに対する決定・裁決等をいう)とはどのようなものをいうのか、必ずしも明確ではない。

審査請求が不適法として却下された場合は、裁決固有の瑕疵が問題となるからこれに入らないことは明らかである。しかし、却下の実質が棄却であればこれも該当する(杉本良吉『行政事件訴訟法の解説』四二頁、中平・前掲二一二頁、鈴木・前掲演習六七頁、同大系一四六頁、三輪・前掲一五四頁、名古屋高判昭和四二・三・一六訟月一三巻五号五五一頁)。

全部棄却裁決がここでいう審査請求を棄却した裁決に当たることは当然と思われるが(いわゆる承認裁決も同じ)、若干の反対説がある。現行の不服申立て、審査請求制度は、適法性の審査のみではなく、合目的性の審査をしたうえ、原処分を維持したときはこれに当たるが、原処分の適法性は審査したものの合目的性の審査をしていない場合には、裁決固有の瑕疵があり、審査請求を棄却した裁決に当たらないというのである（市原昌三郎「抗告訴訟の類型」行政法講座三巻一五〇頁、鈴木・前掲演習六九頁、同大系一四七頁）。原処分と異なる理由により原処分を維持した裁決も同様に解する説がある（南博方「取消訴訟の対象」実務民事訴訟講座8二五頁）。しかしながら、行政処分には必ずしも全部理由附記が要求されているわけではないし、裁決の理由が異なっていたとしても結局原処分は維持されているのであるから、判断の牴触を避けようとする制度の趣旨よりすれば、これらを審査請求を棄却した裁決の例外として扱うのは、原処分主義を採用した制度の趣旨を没却することとなるであろう（杉本・前掲四三頁、中平・前掲二一四頁、三輪・前掲一五四頁）。

原処分の一部を取り消し、残余について審査請求を棄却した裁決（一部棄却裁決）の場合も、棄却によって維持された一部取消し後の原処分はそのまま存続しているから、この違法を理由として裁決の取消しを求めることはできない（福岡高判昭和四一・七・三〇判時四五八号二六頁、東京地判昭和四七・五・二四行集二三巻五号三一五頁、反対・南・前掲二五頁、反対説は、一部取消裁決は裁決庁が原処分の当否を審査し、独自の判断と責任において到達した結論であり、処分庁の関知しないところであるから、原処分庁が被告として攻撃防禦をしなければならないのは不合理であるとする）。

いわゆる修正裁決については、実質的に原処分の一部取消しとなる場合（地公法五〇条三項）は、一部取消後の原処分を争うべきことは、右述のとおりである。これに反し、処分庁の上級庁である裁決庁が自己の権限（取消権、一般的監督権）にもとづいて原処分の全部を取り消したうえ、新たな処分をした場合には、原処分はすでに消滅しているから、行訴法一〇条二項の制限はなく、当該裁決に付着する瑕疵は裁決固有の瑕疵であると解する説が有力であった（南・前掲二五頁、杉本・前掲四三頁、市原・前掲一四九頁、鈴木・前掲演習六八頁、三輪・前掲一五四頁）。

しかし、最高判昭和六二年四月二一日（民集四一巻三号三〇九頁）は、懲戒処分につき人事院の修正裁決があった場合に、それにより懲戒権者の行った懲戒処分（原処分）が一体として取り消されて消滅し、人事院において新たな内容の懲戒処分をしたものと解するのは相当でなく、修正裁決は、原処分を行った懲戒権者の懲戒処分に関する意思決定を承認し、これに基づく原処分の存在を前提としたうえで原処分の法律効果の内容を一定限度のものに変更する効果を生ぜしめるにすぎないものであり、これにより原処分は、当初から修正裁決による修正どおりの法律効果を伴う懲戒処分として存在していたものとみなされることになるものと解すべきであるとした。この最高判によって、裁決固有の瑕疵は純粋に裁決の手続的瑕疵（裁決主体に関する瑕疵、裁決の方式に関する瑕疵を含む、南編・条解行政事件訴訟法四二九頁）に限定され、実務上は、長い論争に終止符がうたれたというべきであろう（この判決についての後掲論文参照）。

四　原処分の取消訴訟と裁決取消訴訟の併合

原処分の取消しの訴えとこれを維持した裁決取消しの訴えが併合された場合、原処分が違法として取り消されるときは、裁決取消しの訴えを維持する訴訟利益のないことは明らかである。これに反し、原処分が適法として請求が棄却されても、裁決が取り消されるときは、原告は原処分の違法についてのみならず、当不当についてもあらためて審査を受ける利益があるから、裁決取消しの訴えの利益は失われない（大阪高判昭和五〇・九・三〇行集二六巻九号一一五八頁、鈴木・前掲演習七一頁、三輪・前掲一五五頁）。

もっとも、最高判昭和三七年一二月二六日（民集一六巻一二号二五五七頁）、福岡地判昭和四二年三月三一日（行集一八巻三号三七〇頁）は、ともに、原処分と原処分を維持した審査決定の取消しを同時に求める訴えにおいて、原処分の取消請求を棄却すべき場合には、審査決定の理由附記に不備の違法があっても、審査決定を取り消すことはできないとしている。

五　裁決主義の問題点

行訴法の規定する原処分主義の例外として、いくつかの実定法規が裁決主義を採用している。例えば、農産物検査法一九条、土地改良法八七条一〇項、船舶安全法一一条、鉱業等に係る土地利用の調整手続等に関する法律五〇条、優生保護法九条、地方税法四三四条、電波法九六条の二、特許法一七八条六項等である。これら裁決主義のとられている原処分は、多様であって、一定の基準にもとづき、裁決主義がとられているとは認められない。しかし、裁決主義を採用したことが、原処分により不利益を受けた者の権利救済について著しい不備の認められるものもないではない。例えば、電波法九六条の二は、「この法律又はこの法律に基づく命令の規定による郵政大臣の処分に不服がある者は、当該処分についての異議申立てに対する決定に対してのみ、取消しの訴えを提起することができる。」としている。郵政大臣の処分はいろいろ規定されているが、形式的な処分、命令的な処分である場合（無線局の運用停止、免許取消しなど）、この原処分により著しい損害を避けるため緊急の必要があっても（行訴法八条二項二号）異議申立てをするほか、いまだ決定がないからこれに対する抗告訴訟を提起することはできず、被処分者は異議申立てによる原処分の効力停止を求めるほか、救済されないこととなる。

裁決主義がとられている場合には、行訴法一〇条二項の制限はないから、原告は裁決取消しの訴えにおいて、裁決固有の瑕疵はもとより、原処分の瑕疵も当然主張することができるわけである。裁決が違法として取り消された場合の原処分の運命であるが、同時に原処分も取り消されることになると解すべきであろう（旧法時代の判例として、最判昭和五〇・一一・二八民集二九巻一〇号一七九七頁）。

〔参考文献〕

本文掲記のもののほか
山村恒年＝阿部泰隆編『判例コンメンタール行政事件訴訟法』
阿部泰隆「公務員に対する不利益処分の修正裁決と訴訟の対象」判例タイムズ六二七号二四頁
石川善則「時の判例」ジュリスト八九三号七六頁
森田寛二「行訴法一〇条二項の消極的趣旨と、そして人事院等の修正裁決」判例タイムズ六五三号二二頁
鈴木庸夫「原処分主義」ジュリスト九二五号一五〇頁

（初出、ジュリスト、行政法の争点（新版）二一二頁）

4　行政訴訟に対する仮処分の排除

一　行政処分と仮処分

行政事件訴訟法（以下、行訴法という）四四条は「行政庁の処分その他公権力の行使に当たる行為については、民事訴訟法に規定する仮処分をすることができない。」と規定している。これが沿革的には行政事件訴訟特例法（以下、行特法という）一〇条七項において「行政庁の処分については、仮処分に関する民事訴訟法の規定は、これを適用しない。」と規定していたのに由来することは周知のとおりである。もっとも、行特法のこの規定がおかれたのは同法一条が行政事件訴訟について同法によるほか、民事訴訟法の定めるところによるとしていたのに対し、同法一〇条二項本文に行政処分の執行停止の規定を設けた関係で、執行停止により本案判決前の仮の措置をとることのできるものについて仮処分の適用除外を規定したもののように解されるが、行訴法の右規定は、仮処分の適用のある訴訟、たとえば、争点訴訟（行訴四五）等についての仮処分権の制限に関する規定で、行特法の右の規定の趣旨がその位置からして、右のように解されたので、その疑義をなからしめるため行訴法においては補則にこれをおいたものとされている(1)。

行特法の成立前において、行政庁の処分その他公権力の行使に当たる行為について仮処分をすることができるかどうかについては、片山内閣時代における平野力三氏の公職追放処分に対し(2)、東京地方裁判所でした仮の地位を定める仮処分をめぐって大いに論議されたところである。戦後行政裁判所の廃止と同時に行政事件についても司法裁判所が管轄することになったのであるが、行政事件に関しては、日本国憲法の施行に伴う民事訴訟法の応急的措置に関する法律（昭和二二・四・一八法律七五号）八条が出訴期間について特別の定めをしたほか、何らの規定もおかなかったため、実務の大勢は行政庁の処分についても当然に民事訴訟法に定める仮処分の規定が適用されるものとして扱っていた。右の平野事件をはじめ税法、選挙、農地事件等についていくつかの裁判例がみられ(3)、最高裁もこの扱いを是認した（昭和二四年六月一五日（大法廷）民集三巻七号二六五頁）。しかし、裁判所の右のような扱いについては、当時から三権分立の原則を根拠に有力な反対論があった。

すなわち、司法の本質は具体的事件に法を適用して適法違法や権利関係を確定する冷静な判断作用であって、行政のように公共目的や政策実現のために結果を意欲する意思活動とは異なる。行政裁判所が行政処分の執行停止を命じたり、行政権を自ら行使して処分することは行政裁判所の行政監督権の作用として本来できることであった。したがって、行政事件について本案の終局判決前に執行停止または仮の地位を定める仮処分をするのは司法の範囲を逸脱するものである。仮の地位を定める仮処分は民事の場合においても裁判権の当然の効力ではなく、非訟事件が性質上行政事件であるにかかわらず、法律により裁判所の権限とされたと同様にとくに裁判所に与えられたものである。もちろん行政処分に対する司法的措置を認める以上、ある程度この種の処分を裁判所に任せるのが合理的であるが、それは立法措置にまつべきであって司法権から当然でてくる作用ではない(4)。

あるいは、行政事件に関する裁判が裁判所の管轄に属することになったということは、私人間の争いについて私人の権利の保全を目的とする仮処分の制度を当然に行政処分にまで適用すべきものと解すべき理由とはなし難い。裁判所は具体的事件について法適用の保障的任務を有するに止まり、行政処分が違法なりや否やの判断をなしうるとはいえ、その判断に先立って直ちに行政処分の執行を停止せしむべき仮処分の措置をとることは、権限の限界を超えるものである、[5]とする見解である。[6]

右のような見解からは、行特法一〇条七項、行訴法四四条は当然の事理を明らかにした注意的規定にすぎないということができよう。[7]ところで行政処分に民訴法の仮処分の規定の適用されないことは行特法で右のように規定し、かつ、行訴法も前記のとおりの規定を設けたのであるから、行政処分の効力等を阻止する仮処分が許されるかどうかの問題は、すでに立法的に解決されたものといえる。しかしながら、右のような仮処分の排除が、本来司法固有の作用に属しない行政庁の処分その他公権力の行使を阻止する作用の排除についての注意的規定であるか、あるいは司法の作用として本来は国民の権利救済の目的から仮定的・暫定的にも行政作用を阻止する仮の措置の認められることを前提に、とくに執行停止の制度を設けることにより仮処分の制限を目的とした規定であると解するかにより、仮処分排除規定の適用範囲について解釈上の差異の生じることは後述のとおりであるから、なおこの点について明確にしておく必要がある。

司法の作用が法適用に関する判断作用であり、行政が結果を意欲する作用であるというのは論理的にそれぞれの作用の性質に着目した説明と思われるが、歴史的に形成された司法と行政は必ずしも右のように概念的・範疇的に区別できるものとは考えられない。行政といわれる多くの作用は法適用に関する判断作用と無縁でないばかりでなく、裁量を内容とする場合が多いとはいえ、それは法適用に関する判断作用の一態様にすぎない。現に行政の自己統制作用といわれる行政不服審査制度が、その目的として行政の適正な運営の確保を挙げている点からみても（行政不服審査法一条一項参照）、右のような作用の性質から理論的に司法の本質を確定することの困難であることが理解できよう。司法作用の実質的概念は権力分立の結果、国家作用に機関的または形式的分化が生じたために生れたものであり、これが理論的に構成されるものでないことは、すでに戦前から指摘されてきたところである。[8] そして、どのような内容の作用を機関的または形式的意味において司法作用に属せしめるかは立法政策によって定まるものであるから、行政作用を仮の措置によって阻止することが固有の司法の作用に属するかどうかは、全く実定憲法の解釈問題といわなければならない。したがって、司法作用の本質がアプリオリに定まっていることを前提に、裁判所の権限をこの本質から演繹的に導き出すというようなことが実定憲法の解釈として果して有益かどうかきわめて疑問である。[9][10]

ところで、現行憲法の定める司法の作用が民事・刑事の訴訟のみならず行政訴訟を含むことは現在の通説といって差支えないであろう。そして今日において行政訴訟が違法な行政に対する国民の権利利益の救済を目的とし、かつ、これを通じて行政の法適合性の保障、すなわち、法治主義の確保を企図していることは争いがないのである。[11] このような行政訴訟がわが国の憲法解釈上司法権の範囲に入ることを当然とするならば、違法な行政が正に執行されようとしているとき、これに対する訴えの提起があり、本案の終局判決によって当該処分を排除できることは明らかであるとしても、処分の執行等により本案の終局判決までまっては救済の目的を達成することのできない場合を生じることを、理論的にもまた実際的にも否定できないのであるから、これに対して何らかの仮の措置を講じて権利の救済を図ることは、憲法上司法の権限の範囲に委ねられているものと解さざるをえない。[12][13] 終局判決前の仮の措置が当事者間の利益の比較衡量を含む裁量的処分であることを理由に、これを司法の作用から排除することは、一面で国民の権利救済のため行政訴訟の手段を認めながら、場合によっては、それを単なる画餅にすぎないものとすることになろう。憲法三二条は基本権の一つとして裁判を受ける権利を認めているが、ここでいう裁判を受ける権利は行政事件については、右のような司法の権限に属する作用の発動を求める権利として構成されることはいうまでもない。

（１）　杉本良吉『行政事件訴訟法の解説』一三八頁。行特法についても同様の見解は、岡本元夫「行政事件訴訟特例法について」自治研究二四巻一二号四五頁。

（２）　平野事件はすでに二十数年昔のことで歴史の彼方にすぎ去ってしまったが、敗戦後の行政事件訴訟史を振り返って、行政処分の執行停止に対する内閣総理大臣の異議、行政事件における仮処分の排除の制度を考えるとき、ときの社会党片山内閣において農相の平野力三氏の罷免（昭和二二年一一月三日）のあと、翌二三年一月一四日同氏に対する公職追放処分があったため、同氏の申請による東京地裁のした公職追放の効力停止の仮処分決定、これに対する裁判所の措置を司法権による行政権のさん奪であり効力をもたないとする政府声明、ついで連合国最高司令官の介入による仮処分決定の取消し等一連の事件を無視することはできない。この経過は、田中二郎「平野問題と裁判権」日本管理法令研究二二号七五頁以下、同・判例研究一巻九八頁、新村義廣「平野追放停止仮処分事件の概要」法曹時報一巻一号三三頁。なお、行特法における内閣総理大臣の異議、仮処分の排除が平野事件に根元のあることは、田中二郎ほか編『行政事件訴訟特例法逐条研究』三三八頁以下、三五二頁の小沢判事の発言、田中二郎「行政処分の執行停止と内閣総理大臣の異議」『行政争訟の法理』一九四頁注1参照。

（３）　例えば、行政裁判月報二号一九頁、三号一四頁、四号三四頁、五号五一頁。

（４）　兼子一「行政事件の特質」法律タイムズ一五号一六頁、同「新行政訴訟の基礎理論」民事法研究二巻七九頁、同「司法権の本質と限界」上掲一五七頁、同『増補強制執行法』三二二頁。

（５）　田中二郎「行政事件に関する司法裁判所の権限」『行政争訟の法理』一三一頁、同「行政処分の執行停止と内閣総理大臣の異議」同上二〇〇頁、同『行政法』（有斐閣全書）上三一〇頁、同『行政法』（弘文堂法律学講座）二二三頁等は、いずれも同趣旨であるが、同『新版行政法（全訂）』三二〇頁以下は若干上記の見解と異なるようにみえる。なお、兼子、田中両博士とも裁判官の研究会において終始司法の本質について本文のような見解を示していた。裁判

官特別研究叢書一二号、三三号、三八号等。

(6) 雄川教授もまた同一見解のように思われる。雄川一郎「行政事件訴訟特例法」国家学会雑誌六二巻八号五九頁、同『行政争訟法』二〇七頁。

(7) 前掲兼子、田中両博士、雄川教授の各文献参照。

(8) 宮沢俊義「司法作用の概念」『憲法と裁判』二九頁以下、同博士は司法の実質的概念を理論的に構成することの可能性を否定される。

(9) 今村成和「行政訴訟」日本国憲法体系六巻三一頁。同教授は、「判断作用ということは裁判の作用の論理的な性格をいい当てているだけで、このことからは、何も生れでて来る筈がないのである。これは司法を法適用作用だといってみても同じことで、たかだかそれは、行政機関の自由裁量権に立ち入ることができないことの理由となるに過ぎないであろう。司法の本質は、もっと実質的な所に求めなくてはならぬ、私の考えでは、それは、個人の権利を保障するために設けられた権力装置たることにあると思う。言葉の表現に矛盾感はあるが、それも司法の本質を示すものであろう。」とされる（九六頁）。なお、同「行政処分の執行停止」法学セミナー四〇号二七頁。

(10) 具体的問題解決の基準として、権力分立のみを決め手にする解釈論についての批判は、小島和司「権力分立」日本国憲法体系三巻一二三頁。

(11) もっとも反対説はある。町田顕「抗告訴訟の性質」判タ一五七号一八頁。

(12) 兼子仁「行政事件訴訟特例法の実態」鵜飼信成編『行政手続法の研究』三一九頁は、執行停止は本案判決による紛争解決・権利救済を無益なものにしないためにする措置なのだとすれば、かような紛争の裁判的解決に現実的に不可欠な執行停止決定は、当然日本国憲法上の司法裁判権および国民の「裁判を受ける権利」の一環とみるべきなのではなかろうか、といわれる。なお、岡垣学『特殊保全処分の研究』（司法研究報告書）二一三頁以下、同「行政処分と仮処分」司法研修所創立七周年記念論文集一頁以下。

(13) 上記の点について、最近の興味のある裁判例として東京地判昭和四四年九月二六日（民事二三部）行裁例集二〇巻八・九号二一三頁がある。事案は都公安条例にもとづくデモ行進の不許可処分の効力停止に内閣総理大臣の異議の述べられたことによる国家賠償請求であるが、そこでは執行停止の制度が司法権固有の作用であるかどうかが争われており、裁判所は、ほぼ前記兼子・田中説に従って、行政処分の執行停止の権限は行政権の作用であり、司法権に委譲されたにすぎないとしている。

二　執行停止制度と仮処分の排除

右に述べたように司法作用に属する行政訴訟の目的が第一に違法の行政に対する国民の権利救済にあることから、本案の終局判決前にこれを無意味にしないために、仮定的・暫定的にも行政処分の効力等を阻止する仮の措置をとることもまた司法の権限に属する事項であり、かつ、行政処分に対し、このような仮の措置を求める権利も、国民の裁判を受ける権利の内容として構成されるものとしても、本案の終局判決前の仮の措置は、将来の終局判決による勝訴、すなわち、行政処分の違法であることを予定し、しかも、本案訴訟の完結をまっては権利者に何らかの危険ないし損害の生じる虞れのあることを防止するためのものであるから、他方、仮の措置のいかんによっては、行政処分の効力等の阻止による公共の利益の侵害を生じる虞れのあることも当然に考慮しなければならない。したがって、どのような仮の措置を、どの範囲において認めるかは、仮の措置によって生じる虞れのある公共の利益の侵害と、仮の措置のとられないことによってもたらされる権利者の危険ないし不利益を比較衡量して決しなければならない事柄であろう。行政訴訟の手続から処分の効力等を事前に阻止する仮の措置を全く排除してしまうことは、前記のように憲法が司法権を裁判所に委ね、国民に対し裁判を受ける権利を保障したことにもとり、違憲の疑いを生じるけれども、本案の終局判決前に行政処分の効力等を阻止する仮の措置を、処分により権利利益の侵害を被る国民の不利益と処分の効力等の阻止されることによる公益の侵害の衡量のうえに、いかなる要件のもとに、いかなる手続をもって、どのような態様のものとして認めるかは、それが仮の措置としての実質を全く失わせるような不合理のものでない限り、立法の裁量によって決せられるといって差支えないであろう。(1)

行特法一〇条一項が取消訴訟の提起による処分の執行不停止の原則を規定しつつ、同条二項本文において「処分の執行に因り生ずべき償うことのできない損害を避けるため緊急の必要があると認めるときは、裁判所は申立に因り又は職権で、決定を以て、処分の執行を停止すべきことを命ずることができる。」と規定し、行訴法二五条が行特法の規定の要件を一層整備した形で執行停止を規定したのは、立案者の意図はともかくも、司法作用の内容として本案の終局判決前に、行政処分の効力等を阻止する仮の措置の必要であることを前提に、民訴法の定める仮処分が、私人間の法律関係に関する争い、とくに財産権上の争いを前提に、その保全措置を定めている関係上、非常にゆるやかな要件、たとえば保証を立てることによっても仮の処分をすることが可能であるというように、裁判所に大幅な裁量を認めているため、直ちに行政訴訟における仮の措置として、これを借用するのが不適当であるところから、とくに厳重な要件を定めてこの制度を設けたものと解することができる。(2)

右のように執行停止の制度は、行政処分の適否を争う訴えの提起のあった場合に、本案の終局判決前にその効力等を暫定的に阻止するために認められた、民訴法の仮処分に代る制度であるから、この執行停止制度によって、終局判決までの危険ないし損害の発生を防止することが可能な事件について、民訴法の定める仮処分が排除されることは当然であって、すでにこのような制度を設けた以上、あえて行訴法四四条の規定をもち出すまでもないであろう。すなわち、執行停止は処分の取消しの訴え（行訴三条二項）について規定され（同法二五条二項）、裁決の取消しの訴え（同法三条三項・二九条）、行特法が何らの規定をおかなかった無効等確認の訴え（同法三条四項・三八条三項)、ならびに、民衆訴訟または機関訴訟(同法五条・六条)で処分または裁決の取消しを求めるもの(同法四三条一項)、処分または裁決の無効の確認を求めるもの(同法四三条二項)について、それぞれ準用されているから、これらを本案訴訟とする事件については、いずれも執行停止の方法により、本案の終局判決前に、仮定的・暫定的に処分または裁決の効力、処分または裁決の執行、手続の続行のそれぞれ全部または一部を停止する仮の措置を求めることができる。その反面、これらの事件を本案として、民訴法の定める仮処分をすることは許されないわけである。そして、右の限度において、当該事件に仮処分が排除されるかどうかは、もっぱら、本案が抗告訴訟(あるいは、その内容において取消しまたは無効確認を求める民衆訴訟および機関訴訟)の方法によってのみ争うことのできる行政庁の処分その他公権力の行使に当たる行為に関するものであるかどうかによって決せられるといえる。[3] 当該行為が行政庁の処分その他公権力の行使に関するものである以上、当該行為の効力等を阻止するについて、民訴法の仮処分が排除される反面、執行停止の方法により仮の措置を求めることができるわけであるから、仮の措置を求める対象となる行為の性質が、行政庁の処分その他公権力の行使であるかどうかが、仮処分排除の標準となるわけである。

右に述べた限りでは、行訴法の定める執行停止と民訴法の仮処分とは裏腹の関係にあり、仮処分の排除は本案訴訟の性質によって定まるもので、仮処分の排除を規定した行訴法四四条は単なる注意的規定にすぎないということになろう。

(1)　中村治朗「執行停止」行政判例百選二一六頁、平峯隆「行政処分の執行停止」吉川還暦『保全処分の体系下巻』九六五頁、なお、田上穣治＝市原昌三郎『行政法上』二四四頁。

(2)　行訴法の立案者の一人である杉本判事は、執行停止制度について、次のように説明している(杉本・前掲解説八六頁)。この制度は、その目的において民事訴訟における仮処分の制度に類似するものであるが、それが行政庁の公権力の行使に当たる行為の効果を停止あるいは阻止するという行政権の作用に強い影響を与えるものである関係上、特殊の配慮を必要とし、民事訴訟法の仮処分の制度には親しまないので、右の目的を達するために、特に別個の制度として設けたものであり……この執行停止は、本来行政作用に属し、法律によって特に裁判所に付与された権限にすぎないものである。

（3）　最判昭和二九年九月一五日（大法廷）民集八巻九号三四頁。この種の裁判例は多い。最近では仙台高判昭和四四年四月七日行裁例集二〇巻五・六号一頁。なお、大阪地判昭和三九年一一月一二日労民集一五巻六号六頁は、日本国有鉄道法三一条にもとづく懲戒免職を行政庁の処分に該当しないとして、仮の地位を定める仮処分申請を認容している。ここでいう公権力の行使に当たる行為が事実行為を含むものであることには争いがない。

三　争点訴訟における仮処分

右のように行政処分の執行停止は、取消訴訟について規定され、無効等確認訴訟についてもこれが準用されているから、行特法時代における無効確認訴訟に対する執行停止の規定の準用の有無の問題は立法的に解決された[1]けれども、行訴法は無効等確認訴訟の原告適格を著しく制限し、当該処分もしくは裁決の存否または効力の有無を前提とする現在の法律関係に関する訴え、すなわち、いわゆる争点訴訟（行訴四五条）によって目的を達することができないものに限り、無効等確認訴訟を提起できることとしたが（同法三六条）、一方、争点訴訟については執行停止の規定を準用していない関係で問題が生じた。もちろん、このような争点訴訟について、執行停止の規定が準用されない反面、民訴法の仮処分が適用されるものと解する限り[2]、平仄が合い、行政庁の処分により権利利益の侵害を受けた国民の本案の終局判決に至るまでの損害ないし危険を防止することは可能である。しかし、行訴法四四条の立法趣旨は仮処分の適用ある争点訴訟における行政庁の処分その他公権力の行使に当たる行為に対する仮処分権の制限規定であると解され、(3)文理上も争点訴訟において先決問題となる行政庁の処分その他公権力の行使に当たる行為に対する仮処分を除外しているとはすぐには解されない。したがって、国立大学の学生を除籍する処分が無効である場合であっても、学生としての身分確認訴訟が可能である以上、無効確認訴訟は許されないとすると、(4)本案の終局判決前に処分の執行停止を求めることのできないのはもちろん、学生としての仮の地位を定める仮処分も許されないこととなるし、公務員の免職処分についても、身分確認の現在の法律関係に関する訴えを提起できる以上、執行停止を求めることも仮処分申請をすることも許されない。知事を相手方とする農地の買収処分無効確認訴訟が国を相手方とする所有権確認訴訟(5)によって目的を達する以上、売渡処分の執行停止も処分禁止の仮処分も許されないこととなる。修正申告、更正処分が無効であれば租税債務不存在確認訴訟ないし過払金返還訴訟によって目的を達するから、右の無効確認の訴えは不適法であり、(6)したがって、右処分を前提とする滞納処分の続行停止を求めることはできないし、仮処分によってこれを阻止することもできない。

このような不都合も、行政争訟制度が完備し行政処分の無効がきわめて例外的に認められるにすぎないうえ、前記のように行政処分の効力等を阻止する作用が司法固有の作用に属しないもので、国民の裁判を受ける権利は本案の終局判決前の仮の措置を求める権利までも含む趣旨でないとすれば、あるいはやむをえないことかもしれない。(7)しかしながら、前記のように、わが国の憲法上裁判を受ける権利として、本案判決前の仮の措置を求める権利をも含むものと解される以上、執行停止の方法によって仮の措置を求めることのできるものと、仮処分によって仮の措置をとることのできるものとの間に、どちらによっても救済できないような間隙を作らないように、行訴法四四条の規定の適用の限界を考えなければならない。(8)

この問題について、無効等確認訴訟の原告適格を定めた行訴法三六条との関係で次の各説がある。(9)すなわち、

第一説は、同条前段の「処分又は裁決に続く処分により損害を受けるおそれのある者」については、同条後段の「現在の法律関係に関する訴えによって目的を達することができないものに限り」の制約がないと解することにより、続行処分の予想される無効の行政処分に対しては無効等確認訴訟を提起することができ、[(10)]執行停止により本案の終局判決前の仮の措置を求めることができるとするのである。そして、仮処分の排除が、無効処分自体をとめる仮処分でなく、当該処分に続く次の段階の処分を阻止する仮処分を許さないとする趣旨であるとするならば、[(11)]続行処分の予想されない国立大学の学生に対する退学処分や、公務員の免職処分が無効である場合には、学生あるいは公務員としての身分を仮に定める仮処分は排除されないし、また、土地収用における権利取得裁決・明渡裁決、農地法における農地の買収・売渡処分が無効である場合、土地所有者からする起業者あるいは買受人に対する処分禁止の仮処分、現状変更禁止の仮処分等も当然許されるということになるであろう。この限りで争点訴訟における仮処分の排除は不都合を生じないこととなる。しかし、行政処分によって生じた効果を否定するような仮処分もまた行訴法四四条によって排除されるとすると、国立大学の学生の退学処分や、公務員の免職処分については本案訴訟の結果をまつほかないこととなる。

そこで第二説は、仮処分の排除の結果、執行停止の方法によらなければ本案の終局判決前に仮の措置を求められないものについては、執行停止制度が前記のように民訴法の仮処分に代わるべき措置として設けられたものであることにかんがみ、なお現在の法律関係に関する訴えによって目的を達することができないものに該当すると解するのである。[(12)]すなわち、執行停止そのものは無効等確認訴訟提起の効果ではないが、執行停止制度の利用の可能性の発生は、訴えの提起によって生じるので、このような執行停止制度の利用をすることのできる無効等確認訴訟を附随手続と一体のものと観念して、現在の法律関係に関する訴訟によってはカバーしきれないものを、執行停止制度の利用をすることのできる無効等確認訴訟によって救済しうるという場合には、無効等確認訴訟を提起することができるとする。この見解によるときは、争点訴訟の範囲はごく限られたものになり、当該事件に仮処分が排除されることが明らかであれば、争点となる行政処分について、すべて無効等確認訴訟の提起と執行停止によって、本案の終局判決前に原告に生じるおそれのある危険ないし損害を防ぐことができるわけである。すなわち、国立大学の学生の退学処分、公務員の免職処分が無効である場合には、無効等確認訴訟を提起し、執行（処分の効力）停止の方法により本案の終局判決前の仮の措置を求めることができるばかりでなく、行訴法四四条によって排除される仮処分は、行政処分の効力等を直接阻止するものだけでなく、行政処分によって生じた効果を間接に阻害するもの、たとえば、前記の土地収用における権利取得裁決・明渡裁決が無効である場合、あるいは、農地の買収・売渡処分が無効である場合、土地所有者から起業者あるいは買受人に対してする処分禁止・現状変更禁止等の仮処分も間接的には右裁決、買収・売渡処分にもとづく所有権取得の効果を阻止するもの[13]として、これをも含むものとするならば、これに対しても無効等確認訴訟を提起し、処分の効力停止を求めることができるわけである（もっとも、この場合処分の効力停止を求める相手方は、収用委員会あるいは知事であって、起業者や買受人ではないから、土地所有者は効力停止を求めると同時に、起業者あるいは買受人を相手方として処分禁止、現状変更禁止等の仮処分を求めなければ目的を達しないであろう。そして、このように先決問題となる行政処分について効力停止決定がある以上、私人を相手方とする仮処分が妨げられる理由はない）。

この説については、実体的には逆の論理であるという批判があるが[14]、実務上争点訴訟における仮処分の排除を回避するために生じた苦肉の策であって、立法の欠陥を埋めようとする実務家の努力の現れであろう。

第三説は、より端的に、争点訴訟においては仮処分が排除・制限されないことを前提に、行訴法が行政庁の処分その他公権力の行使に当たる行為について仮処分を排除した前記のような趣旨から、仮処分によって阻止することが、処分の公益性に反し不都合であるような行政処分については、無効確認訴訟によってのみ争うことができ、執行停止による救済を求めることができる反面、処分の公益性を無視できるような無効の行政処分については、争点訴訟によって争うことができ、[15]仮処分により、本案の終局判決前の仮の措置をとることができるとするのである。すなわち、行政処分の瑕疵が重大かつ明白で、処分庁も処分の無効であることを争わない程度のものである場合には、仮処分の適用を排除する必要性も合理性もないけれども、処分の瑕疵が重大であっても客観的に明白といえないため、なお処分庁と処分の効力を受ける者との間に効力の有無について争いのある場合には、すべて無効確認訴訟によってのみ効力を否定することができ、したがって、執行停止の方法によってのみ仮の措置を求めることができるとする。[16]この見解によるときも、第二説と同様争点訴訟はごく制限されたものとなる。この説に対しては実定法が右のように瑕疵類型によって訴訟類型を区別していないとの批判があるであろう。

以上の三説のほかに、おそらく訴訟の実質に着目し、争点訴訟においても行政処分の効力を実質的に阻止する必要がある場合には、執行停止の準用があるとする説も考えられる。

しかしながら、いずれの説もいくつかの問題点を含み、どれかの説によってすべての事件を割り切ってしまうことは困難のように思われる。ただ具体的事件における救済の必要を無視することはできないのであるから、今後は判例の集積によって扱いを固めていくほかはあるまい。行特法時代の無効確認訴訟に対する実務の態度からいうと、第二説あたりを中心に動いていくのではないかと予測されるだけである。

(1) 最判昭和二八年六月二六日民集七巻六号一四一頁参照。なお、『行政事件訴訟十年史』一七五頁以下。

(2) 当時法制審議会行政訴訟部会の委員であった田中二郎博士は、争点訴訟に仮処分の適用があることを肯定される。研究会「行政事件訴訟法・(2)」ジュリ二六〇号二六頁。

(3) 杉本・前掲解説一三八頁。

(4) 秋田地判昭和三八年二月二五日行裁例集一四巻二号一九八頁。

（5）青森地判昭和三九年一二月二八日行裁例集一五巻一二号六〇頁。
（6）新潟地判昭和三八年一二月一七日訟務月報一〇巻二号八四頁。
（7）この点の非難は多い。今村成和「執行停止と仮処分」行政法講座三巻三二三頁、南博方「無効確認訴訟と争点訴訟」『行政訴訟の制度と理論』五八頁。
（8）立案の段階でもこの点については問題があったようであるが、明確な結論がでないまま立法されたとのことである。行政裁判資料二九号一四三頁、一八八頁の当時法制審議会行政訴訟部会小委員会幹事であった最高裁中村行政局長の発言。
（9）この辺の問題点は拙稿「行政事件訴訟法施行後における行政裁判例の傾向・4」判時五二八号一一頁参照。
（10）熊本地判昭和四一年七月一日行裁例集一七巻七・八号一三頁、東京地判昭和四三年一〇月五日行裁例集一九巻一〇号五五頁、杉本・前掲解説一二〇頁、田中『新版行政法』三三八頁。
（11）立案の過程ではこのような議論もあったようである。
（12）甲府地判昭和三八年一一月二八日行裁例集一四巻一一号一六七頁。なお、行政裁判資料二八号一四二頁。
（13）成田頼明ほか『現代行政法』三三一頁は、公権力の行使を直接阻止する仮処分でなければ許されるとするが、行訴法四四条の解釈としては、行政処分によって生じた効果を阻止する仮処分をも排除されるとしなければ一貫しないであろう。高松高判昭和三六年一月一七日行裁例集一二巻一号一六九頁、長崎地判昭和三五年二月二三日行裁例集一一巻二号二九九頁。なお、最判昭和二七年五月六日民集六巻五号一四頁参照。
（14）雄川一郎「行政行為の無効確認訴訟に関する若干の問題」菊井献呈『裁判と法上』二三三頁。ただし、同教授は執行停止と仮処分排除の間隙にあるものについての手当は示されない。
（15）もっともここでは争点訴訟として構成できるものに限る。争点訴訟として構成できない場合は、無効確認訴訟によるほかないであろう。この場合仮処分を利用しうる余地が少ない。次注兼子論文参照。
（16）前掲行裁資料二九号一四五頁の白石判事の発言、今村・前掲講座三二三頁、兼子仁「無効等確認訴訟の範囲」公

法研究二六号一六九頁以下参照。兼子説は本文と若干の相違がある。

四　無名抗告訴訟における仮処分

行訴法において、どのような無名抗告訴訟が許されるかについては争いがあるが、無名抗告訴訟が行政庁の処分その他公権力の行使に当たる行為に関するものである以上、これに対して、取消あるいは無効等確認訴訟におけると同様、仮処分によって本案の終局判決前の仮の措置を求めることは、許されないであろう。したがって、戦傷病者戦没者等援護法にもとづき厚生大臣を相手方として、遺族年金および弔慰金を受ける権利を有する旨の裁定を請求する義務づけ訴訟が許されるとしても、[1]本案の終局判決前に権利者としての仮の地位を定める仮処分は許されないであろうし、知事に対し厚生年金保険の被保険者資格の確認をすべき義務づけ訴訟が許されるとしても、[2]仮処分によって仮に確認のあった地位を定める仮処分をすることも許されないというべきであろう。反復する行政庁の事実行為の差止請求が許されるとしても、[3]仮処分で差止めをすることは許されない。このうち事実行為の差止め訴訟（不作為命令訴訟）については、行政庁の行為の発動を事前に阻止するものであるから、一層要件を厳重に絞って執行停止の規定を準用することができるであろう。しかし、前二者については、行政庁に行為の発動を求めるものであるから、執行停止の規定を準用することができない。この点で執行停止の規定でまかなうことのできない不備の点が生じることを認めなければならないと思われる。[4]

（1）東京地判昭和三七年一一月二九日行裁例集一三巻一一号二一二七頁。

（2）東京地判昭和三九年五月二八日行裁例集一五巻五号一三八頁。ただ、これらの処分の公権力性の本質については問題があり、仮処分排除の妥当性はかなり問題である。

（3）　東京地判昭和三八年七月二九日行裁例集一四巻七号七〇頁。

（4）　成田頼明ほか編・行政法講義上二六九頁。西独の行政裁判所法は民訴法上の仮処分（einstweilige verfügung）と類似した仮命令（einstweilige Anordnung）の制度を設けているが（§123）、この詳細については、広岡隆「行政事件における仮処分」渡辺古稀・行政救済の請問題一六五頁以下、南博方「西独の行政裁判の改革」前掲書二一一頁。

後記　　与えられた紙数の関係で、排除されない仮処分―仮処分の許容範囲―の点にはふれることができなかったが、執行停止の効力との関係で論点となることだけを指摘しておく。

（初出、実務民事訴訟講座8、三二五頁）

5　無名抗告（法定外抗告）訴訟

一　行政事件訴訟特例法改正前の動向

㈠　抗告訴訟の用語は、旧行特法、さらには遡って行政裁判所時代において、違法な行政処分、訴願裁決の取消訴訟を意味していた。ところが行訴法三条一項は、「抗告訴訟」とは、行政庁の公権力の行使に関する不服の訴訟をいうとして、二項から五項において、処分、裁決の取消訴訟、無効等確認訴訟、不作為の違法確認訴訟の四種の典型的な訴訟形態を規定した。これらの行訴法の定める抗告訴訟を法定抗告訴訟と称し、行政庁の公権力の行使に関する不服の訴訟として考えられるものであっても、右の法定外のものについては、無名抗告訴訟と呼んで今日に至っていることは、周知のとおりである。行訴法は、昭和二三年七月から施行された行特法が、民事訴訟法の特例として、わずか一二箇条を設けたにすぎず、訴訟法として不備・不十分であったため全面的に改正され、行政事件訴訟に関する一般法として制定されたものであるが、行訴法が無名抗告訴訟と呼んでいる各種の訴訟形態については、行特法時代から、その許否に関し多くの論争があった。

行訴法が法定した三条二項以下に規定する四つの訴訟類型のほかに抗告訴訟に属するものとして考えられたのは、主として行政庁に対し、行政上の作為または不作為を命じる裁判を求める訴え、いわゆる義務づけ訴訟とか、作為または不作為義務の確認を求める訴え、いわゆる義務確認訴訟である（杉本良吉『行政事件訴訟法の解説』一〇頁は、この他に行政処分の違法確認を求める訴え、行政処分の変更を求める訴え、処分権の不存在確認を求める訴え、違法宣言の訴えを挙げている。なお、市原昌三郎「抗告訴訟の類型」行政法講座三巻一五六頁、塩野宏「無名抗告訴訟の問題点」新実務民訴講座九巻一一五頁）。しかし、義務づけ訴訟、義務確認訴訟といっても、前者について強制執行の方法がないと考えられるから、これらの間に実質的相違がないので（もっとも、裁判所が行政庁に作為を命じたり、行政庁の作為義務を確認したりするのと、逆に、不作為を命じたり不作為義務ないし権限の不存在を確認するのとは、前者が申請に対する行政権の不行為を違法とする点で行政権の作用の事後審査的性格をもつのに対し、後者は行政権の発動のない状態において行政権の不行為を訴求する点で異なる旨の指摘がされていた。雄川一郎『行政争訟法』九八頁）、当時は、両者とも義務づけ訴訟、義務確認訴訟の許否という問題で一括して議論がされていた。

(二)　初期の裁判例は、右のような義務づけ訴訟、義務確認訴訟について、有力な学説（田中二郎「行政事件に関する司法裁判所の権限——司法権の限界について——」行政争訟の法理一三二頁以下、兼子一「新行政訴訟の基礎理論」民事法研究二巻七九頁以下）の影響を受け、これらの訴訟形態に対し若干の例外を除いて消極的であった。このような訴えを許せば裁判所が行政庁に代わって行政権を行使し、あるいは行政監督を行う結果となり、三権分立の原則をみだすことになるというのである（『行政事件訴訟十年史』五八頁以下）。しかし、その後昭和二七年の行政裁判官会同においてこの問題がとり上げられ（行政裁判資料一四号一一頁以下。なお、昭和二五年度行政訴訟年鑑一三頁参照）、最高裁行政局の見解として行政庁の作為・不作為義務が法律的に覊束されていて、そこになんらの裁量の余地がなく、行政庁に第一次的判断権を留保する必要性がそれ程ないときには、行政庁においてなんらかの処分をする前にかかる作為・不作為義務のあることを裁判所が確認しても、それは裁判所が行政庁に代わって行政権を行使する意味をもたず、あくまで法的判断作用の領域を超えるものではないからなんら司法権の限界を超えるものではないとする見解が出され、その後これにそう学説（白石健三「公法上の義務確認訴訟について」公法研究一一号四六頁）も現れるようになり、裁判実務においても、この問題について積極的な裁判例がみられるようになった。

昭和三〇年五月二六日東京地裁の、相続税等の納付義務不存在確認訴訟を適法とする、「公法上の権利関係に関する訴訟は、その存否につき法律的紛争があり、かつ、その確認を求める利益がある以上許されるものであり、たとえその訴えが、行政処分のなされる前に右法律関係を確定することによって行政庁を拘束する結果を生ずるようなものであっても、かかる拘束が裁判所として当然なしうる法律判断に基づくものである以上、三権分立の原則に反するとはいいえないから、このことのゆえをもって右訴えを不適法とすることはできない」旨の中間判決（行集六巻五号一一九三頁）があった後、同年九月二二日横浜地裁において、収用委員会が原告所有の土地使用に関する審理および採決をする権限を有しないことの確認を求める訴えについて、右東京地裁の判決と同じ理由から、「行政権の発動前にこのような権限の存否の確認の裁判をすることは三権分立の原則に反するものでない」旨の判決があり（行集六巻九号二一九三頁）、その後、昭和三一年一一月二六日神戸地裁は、自己の債権の市税債権に対する優先弁済権の確認を求める訴えを（行集七巻一一号二七九五頁）、昭和三二年四月一九日大阪高裁は、訴願庁に対し訴願裁決をすべき公法上の義務確認を求める訴えを（行集八巻四号六五〇頁）、それぞれ適法と判示し、昭和三三年八月二〇日には大阪地裁において、公法上の権利関係の存否について裁判所が確定するに適する法律的紛争が存在し、その紛争が裁判所の解決するに適する程度に成熟している場合、ことに裁判所の事後審査による救済が明らかに無意義かつ不合理で、事前審査のみがよく救済に適合する場合には、裁判所はかかる権利関係の存否を確定することができる旨の判決があり（行集九巻八号一六六二頁）、昭和三五年九月二八日東京地裁は死刑受執行義務不存在確認訴訟について、このような訴えも許される旨判示した（行集一一巻九号二七五三頁）。さらに、昭和三六年八月二四日同地裁において、農地法八〇条につき、行政庁が申請者に対しなんらかの処分をすべき義務（行訴法下の不作為の違法確認と実質は同じ）の確認訴訟が許される旨の判決があった（行集一二巻八号一五八九頁。この判決理由は、行政庁に対して作為・不作為義務の存在確認訴訟を求めることのできる要件についてきわめて詳細な判示をした）。このように行特法の後期には、従来の判例・通説とは異なった裁判例が順次現れてきた。この間、法制審議会行政訴訟部会では小委員会を設けて審議を重ね、昭和三五年七月一日には行特法改正要綱試案が発表され、各方面の論議を呼んだが、これらの裁判例の動きは立法の背後にひそんだまま四種の訴えが設けられたほか、行政庁の作為・不作為を求める義務づけ訴訟、作為義務、不作為義務の確認を求める訴訟等については何の手当てもされないまま現行法のような形となったことは、周知のとおりである。右の要綱試案が発表された当時、義務づけ訴訟等についての小委員会の考え方としては、四種類の典型的な抗告訴訟以外のものを認めないという趣旨ではなく、行政権に対する司法権の限界という角度から色々議論があったので、この点については裁判例の発展をまとうということのようであった。しかし、法律成立後においては、立案関係者から裁判権の限界というような角度から、不作為の違法確認という程度の訴訟形態のものは法律上の紛争に当たるけれども、それをこえて義務づけ訴訟を求めることになると法律上の紛争に果たして当たるかどうか問題となるし、ある特定の行政処分をすべき義務のあることの確認あるいは給付訴訟というようなものは裁判権の限界から疑義があるという意見がだされ、立法の背後には、なお根強い従前の有力説への志向があるようにみられた

（田中二郎『新版行政法上』（昭三九）二九二頁は、違法処分が正に行われようとする明白かつ差し迫った危険があるような場合に、いわゆる宣言判決を求める訴訟は許容されるとしながらも、義務づけ訴訟については消極に解している）。この点については、他方では、義務づけ訴訟を認めないことがこれに対する否定的態度ともとられるおそれがあり、国民の権利救済を阻むおそれがある旨の強い批判もあった。

二　行訴法下での動向

行訴法が、抗告訴訟について三条二項ないし五項の四種類を法定したことは、公権力の公使に関する訴訟類型を法定のものに限定してしまう趣旨ではなく、法定外の抗告訴訟、無名抗告訴訟ともいうべき訴訟形態の成立する余地を認め、これを学説の展開と判例の推移に委ねたものであるとする点については、多くの争いはない。ただ、法定の抗告訴訟の他に無名抗告訴訟が考えられる場合に、いかなる形態の無名抗告訴訟が許容されるか、例えば義務づけ訴訟は認められるかどうかの問題と、許容されるとした無名抗告訴訟は、法定抗告訴訟と併存し、原告の選択により何れを提起するも自由といえるかどうか（独立説）、あるいは、無名抗告訴訟は法定抗告訴訟によっては救済を求めることができないときに補充的に認められるにすぎないものか（補充説）の点について、まず問題が生じた。

(一)　行訴法施行初期

昭和三八年一月と同年一一月に最高裁において、行訴事件担当裁判官会同が開催された。義務づけ訴訟（義務確認訴訟を含め）の許容性について、最高裁行政局見解として、(イ)行政庁の作為・不作為義務が裁量の余地がないほど明白であり、(ロ)性質上、裁判所の判断に適する事項であり行政庁の第一次的な判断権を留保する必要がそれ程ないような事柄に関する場合であって、(ハ)他方、出訴を認めないことで損害がきわめて大きく、まず救済の必要性が顕著であることなどが要件として述べられており（行政裁判資料二八号四八頁以下）、差止請求、事前の救済の訴えについては、この訴えは法定抗告訴訟によりえない場合に限って補充的に認められるものであるとし、その要件として、(イ)行政庁に第一次的判断を留保する必要がない場合、(ロ)個人の救済の必要性が顕著であること、処分によって回復し難い損害を被ること、(ハ)他に救済方法がないことが述べられている（行政裁判資料二九号八五頁以下）。行訴法下の裁判例の多くは、義務づけ訴訟、差止訴訟（予防的不作為訴訟）に関しては、この行政局見解（前者の(イ)・(ロ)の要件は、後者の(イ)で統一され、三要件として）に従って動いているかのような傾向が看取される。

ところで、次の東京地裁の判決は、行訴法施行初期におけるこの問題に関するものである。

東京地判昭和三七・一一・二九（行集一三巻一一号二一二七頁）は、戦傷病者戦没者遺族等援護法にもとづく遺族年金および弔慰金の請求却下処分を維持し、不服申立てを棄却した裁決を取り消すと同時に、次のとおり判示して、被告厚生大臣に対し、主文で、原告が右の権利を有する旨の裁定をしなければならない旨の宣言をした。すなわち、

およそ、法令に基づく申請に対する行政庁の拒否処分が違法として取り消さるべき場合に、取消しの結果、申請に対し行政庁があらためてなすべき行為の内容を一義的に確定することが不可能であって、この点につきあらためて行政庁の裁量、判断を経ることが必要である場合は格別、本件のように、拒否処分の違法が、行政庁に一定の作為義務があるにかかわらず行政庁がこの義務を履行しないことに基づくものであり、従って拒否

処分が取り消された結果、申請に対し行政庁のなすべき行為の内容が一義的に明白であるという場合には、取消しの結果いかなる行為がなさるべきかの点について、あらためて行政庁の判断を経る必要性も合理性もないことは明らかであるから、かような場合には、裁判所は、行政庁の第一次的判断をまつまでもなく、ただちに、行政庁に一定の作為義務がある旨を判断し得るものといわねばならない。そして、かような場合に裁判所が、法の適用による判断作用の結果として、行政庁に一定の行為をなすべき義務があることを判断することが許され、しかも、この判断の結果に行政庁が拘束されるものと解する以上、行政庁に一定の作為義務がある旨を判決理由中に判示し得るのはもとより、主文においてその旨を宣言し得ることも当然であり、主文に宣言されたところに従って行政庁が一定の行政行為をしなければならないこととなっても、それは、ひっきょう、行政作用の適否が裁判所の判断に服すべきことの当然の結果にほかならず、これをもって、裁判所が行政行為をしたのと同じ結果になるというのはあたらないものというべきである。そして、さらに、行政庁に一定の作為義務がある旨を判決主文に表現する方法として、行政庁に一定の作為を命ずる形式がとられたとしても、この給付命令が、行政庁に一定の作為義務があることの判断に基づき、この判断の結果を実現すべきことを要求する意思表示であるかぎりにおいて、判断作用と無関連な、単純な監督命令とはその性質を異にする。

原告の確認請求に対し却下処分があった後にこの却下処分の取消しを求めるという方式で訴が提起された場合とし、さらに、東京地判昭和三九・五・二八（行集一五巻五号八七八頁）は、知事に対し厚生年金保険の被保険者資格の確認請求をしたところ却下されたので、この取消訴訟を提起することなく、直ちに、右の被保険者資格の確認をしなければならない旨の訴えを提起したのに対して、

合においても、実質的に訴訟の対象となるのは、被告に原告の求めるような確認をすべき義務があるかどうかの問題にほかならないから、かような訴訟の対象について、行政庁が第一次的判断を下す事前の段階において裁判所の判断を求めることが一般的に許されることについては三権分立の原則上、疑問があるとしても、すでにこの点につき行政庁の第一次的判断が下された後に出訴するについて確認義務の存否それ自体を訴訟の対象としてとらえることが許されないと解すべき本質的な理由は存在しないものといわねばならない。ただ、現行法は、却下処分に対し出訴するについては、所定の行政上の不服手段を経由し、かつ出訴期間を遵守しなければならないこととしているので、直接、確認義務の存否それ自体を訴訟の対象としてとらえる方式により訴えを提起することによって却下処分をとらえて出訴する場合について現行法が課している出訴の要件を潜脱することができるものとすれば、かような方式による出訴を是認することは、現行法の建前を乱すものとして疑問とせざるをえないが、かような方式による出訴についても、却下処分に対する出訴につき現行法の定める前記の要件に従うべきものと解するならば、右の疑問はもはや存在しないこととなる。

とした。この間、東京地判昭和三八・七・二九（行集一四巻七号一三一六頁）は、受刑者たる原告の頭髪の翦剃（いわゆる丸坊主刈りにすること）を強制することが、基本的人権の保障に関する憲法の規定に違反するとして、その行為の差止めを求めたのに対し、

この原告の主張が正当であるとすれば、被告は原告に対し頭髪の翦剃を強制する権限を有せず、かような違法な権限行使のおそれがあるかぎり、原告は被告に対しその不作為を要求する権利があることは当然であって、かような具体的権限の存否ないし不作為請求権（或いは不作為義務）の存否に関する争いが個別的具体的権利

関係に関する争いであることは明らかである。

しかも、行政行為の実行が基本的人権の保障に関する憲法の規定に違反するかどうかというような問題は、本来、裁判所が第一次的に判断すべきことがらであって、かような問題についての行政庁の第一次的判断権は重視するに値しないものであるのみならず、本件において当事者間に争いのない事実によれば、被告は、監獄法第三六条、同法施行規則第一〇三条に基づき、原告の入監以来約二〇日間に一回の割合で原告の意に反して翦剃を実施して来ているというのであって、将来もこれを継続する意思であることは本件口頭弁論の全趣旨に徴し明らかであるから、将来強制翦剃を実施すべきかどうかについて改めて被告の判断を経由するまでもなく、この点についての被告の第一次的判断権はすでに行使されたに等しい状況にあるものということができる。

他面、頭髪の翦剃は、いったん実施されれば、原状に回復することは不可能であり、その意味において、事前の差止めを認めないことによる損害は回復すべからざるものであり、現行法上、事前の差止めを訴求する方法以外に他に適切な救済方法も存在しない。

と、相次いで三件の法定外の抗告訴訟を認めた。前二者は義務づけ訴訟であることが明らかであるが、判旨は、その許容性について法定抗告訴訟との関係を説くことなく、法定抗告訴訟と併存し、また独立して許容されることを当然として判示している（もっとも、右の昭和三七年判決の控訴審である東京高判昭和三九・一一・二六行集一五巻一一号二一九二頁は、裁決の取消判決が確定すれば行政庁は拘束力によって判決の趣旨によって行動すべき義務を生ぜしめられるから、裁定をなすべき義務を裁判上請求する利益を有しないとして、この部分の原判決を取り消した）。

右の昭和三八年判決は、差止訴訟（予防的不作為訴訟）を認めたもので、他に救済方法のないことを要件としている点では補充説にたっているといえる。これらの東京地裁の判決は、前記の行政局見解とは明らかに異なり、以降同種の裁判例はみられない。そして、次の各判決は、義務づけ訴訟、予防的不作為訴訟のいずれについても、行政局見解に従っている。

すなわち、東京地判昭和四〇・四・二二（行集一六巻四号五七〇頁）、東京地判昭和四〇・一〇・三〇（訟月一一巻一二号一七七六頁）は、いずれも農地法八〇条による土地の売払いをすべき義務のあることの確認を求める訴えにつき、福岡地判昭和四〇・一一・一九（行集一六巻一一号一頁）は、農業委員会に対し農地法八条所定の公示および通知をなすべき義務のあることを求めた訴えにつき、前記の要件を要求し、いずれも訴えを不適法としている。なお、東京地判昭和四二・一二・七（行集一八巻一二号六三三頁、この控訴審である東京高判昭和四三・一二・二八高民集二一巻一号一三三頁）は、収用委員会に対し土地収用裁決事件の審理・裁決をする権限を有しないことの確認を求めた訴えにつき、東京地判昭和四二・四・一一（行集一八巻四号四五二頁）は、課税庁に対し法人税の課税権限を有しないことの確認を求める訴えについて、同様の要件を要求し、いずれも訴えを不適法としている。

(二)　昭和四〇年代から現在まで

右にみたように、初期の裁判例は、東京地裁の例外的な判決を除いて、義務づけ訴訟、処分権限不存在確認訴訟について、前記のような要件を要求し、訴えを不適法としているが（全くの否定的な見解をとった裁判例は、労働基準監督署長に対する障害補償給付額の増額を求めた訴えを無条件に不適法とした東京高判昭和五〇・一〇・三一訟月二一巻一二号二五四〇頁がみられるだけである）、この傾向は、その後約二〇年近くに亘って一貫しているものといえる。ただ、初期の裁判例が義務づけ訴訟等の適法要件について詳細に判示していたのと異なり、裁判例の多くは訴えの適法要件として紋切型の判示をして却下しているのが目につく（続々行政事件訴訟十年史四一頁以下参照。もっとも例外がないわけではなく、不作為義務が一義的に明白であるかどうかを判断することなく在監者に対する懲罰処分執行権限不存在確認訴訟を適法とした名古屋地判昭和五一・一二・一七訟月二三巻一三号二九五九頁、受刑者が刑務所長に対し定期健康診断を行うことを求める訴えを適法とした神戸地判昭和四八・九・四行集二四巻八・九号八七七頁がある)。

ただ、最判昭和四七・一一・三〇（民集二六巻九号一七四六頁）は、いわゆる勤評長野方式における、自己観察の結果を表示することを命ぜられた教職員が、その表示義務の不履行に対して懲戒その他の不利益処分を受けるのを防止するため、あらかじめ右義務を負わないことの確認を求める訴えにつき、当該行政庁の義務（不作為義務）の性質について論じることなく、「不利益処分を受けた後、これに関する訴訟において義務の存否を争うことによっては回復し難い重大な損害を被るおそれがあるなど事前の救済をみとめないことを著しく不相当とする特段の事情がない限り訴えの利益を欠き不適法である」として、下級審の裁判例の流れと異なった判示をしている点で注目される。

しかし、最近においても、予防的不作為訴訟の要件として、前記要件を明示して、京都市古都保存協力税条例を施行してはならない、右条例に基づく特別徴収義務者の指定処分をしてはならない旨の差止訴訟を不適法とした京都地判昭和五九・三・三〇（行集三五巻三号三五三頁）、教育委員会に対し、入学期日の通知、就学校指定をする義務の確認を求めた訴えを前記要件を欠くとして不適法とした佐賀地判昭和六〇・一二・一一（行集三六巻一一＝一二号一九二二頁）などがある。

㈢　総　括

行訴法施行二五年間の裁判例を概観すると、義務づけ訴訟、予防的不作為訴訟などの無名抗告訴訟については、法定抗告訴訟によっては救済できない場合の補充的な訴訟形式であることが、判例のうえでほぼ定着したものとみて誤りはないと思われる。のみならず、裁判例の大きな流れとしては、補充性（他に適切な救済方法がない）のほかに、行政庁の権限・義務の存否が一義的に明白であって、一次的判断権を行使させる必要がないか、必要がきわめて少ないこと、事前審査を認めないことによる回復し難い重大な損害を被るおそれがあることの要件をきびしく要求しているものといえる。

以上のような裁判例の動向の中にあって、行訴法施行後学説は順次論点を整理し、問題点を浮彫りにしてきた。田中博士の「抗告訴訟の本質」（司法権の限界（昭四二）七三頁）は、初期のものであるが、そこに説かれる行政庁の第一次判断権留保の原則は、その後の判例・学説に大きな影響を及ぼし、右に述べた義務づけ訴訟ないし予防的不作為訴訟の許容の要件としての裁判例の大きな流れは、有力学説によって肯定的に評価され（原田尚彦・訴えの利益六一頁、初出：民商六五巻六号（昭四七））、無名抗告訴訟としての事前訴訟の可否とその範囲をめぐる問題は、現在ではすでに訴訟法の次元では理念的には一応解決ずみとなったといってよいとまでいわれた（七三頁。なお、文献の詳細は同所に掲載されている）。ただ、裁判例の挙げる「行政庁の作為・不作為義務が一義的に明白である」とする要件については、本案の要件であるとの指摘がされている（この点は、雄川一郎「行政行為の予防訴訟」『行政訴訟の理論』二八〇頁、初出『公法学研究上』（昭四九）、阿部泰隆「義務づけ訴訟」『公法の理論下Ⅱ』（昭五二）二一六五頁）（行政庁の作為・不作為義務の存否の問題としてみれば、取消訴訟において自由裁量の処分かどうかが本案の問題であるのと同様、本案の問題とするのが正しいように思われ、意識的にこれを要件としていない東京地判昭和五四・七・二〇訟月二五巻一二号二九九三頁もある。しかし、訴訟要件とする裁判例は訴訟の対象性の問題とみているようでもある。塩野・前掲論文一三四頁参照）。

これに対し、いわば義務づけ訴訟、予防的不作為訴訟のいずれについても、制限的肯定説の立場にたっているものとみられる裁判例を批判し、全面肯定説（もっとも、差止訴訟については、取消訴訟との関係では補充的とする）をもって「義務づけ訴訟」「差止訴訟」（予防的不作為訴訟）必要論を意欲的に展開されたのが、阿部教授である（前掲書および「公権力の行使と差止訴訟」判タ五三四号一三頁、五三五号九頁、五三七号二〇頁。なお、同教授より前の段階では兼子仁『行政争訟法』〔昭四八〕三五〇頁以下、川上宏二郎「差止訴訟」山田＝市原＝阿部『演習行政法』三八頁が全面肯定説）。そして、これらを含めて塩野教授は（前掲論文一一三二頁以下）、従来の判例・学説を理論的に分類整理されつつも、行訴法が公権力の行使に対する救済方法につき取消訴訟中心主義をとっていることを理由として、義務づけ訴訟、予防的不作為訴訟のいずれについても補充説をとり、従来の裁判例の動向については肯定的な評価をされている（阿部教授が「義務づけ訴訟論再考」『公法の課題』〔昭六〇〕一頁以下において、精力的に塩野教授の見解に批判を加えている点が注目される）。若干疑問に思うのは、前掲の勤評長野方式事件で最高裁判決は、差止訴訟の要件を訴えの利益の中に解消しているかのようにみられるのに（この点は、かなり重要と思われるが）、これに対する特別の見解がみられない（佐藤繁・最高裁判例解説昭和四七年度三五八頁、前掲東京地判昭和五四・七・二〇は、この最高裁判決と同じ方式で差止訴訟の適否を判断している）ことである。

三　今後の展望

行訴法施行後、義務づけ訴訟、予防的不作為訴訟で適法とされたものはまれであり、本案請求を認容されたものは前記東京地裁の一件を除いて見当たらない。恐らく、行政事件訴訟の中で不毛の分野といえるのであろう（もっとも、わが国の抗告訴訟の大部分が、訴訟の対象の処分性、訴えの利益で争われ、実体で救済が認められるものがまれである点を考えれば、無名抗告訴訟の門戸の狭いことは不思議でないかも知れない）。義務づけ訴訟でなければ救済が本当に困難というケースが数少ないので裁判所も従来の判例に反してまで敢えて適法判決を下さないこと、当事者も代理人も窓口論争で時間を空費することを好まないこと、この現状を反映して学説も進展しないことという三すくみ状態にあると思われるとの見解（阿部・前掲「義務づけ訴訟論再考」四八頁）は、予防的不作為訴訟を含めての無名抗告訴訟全般にいえるのかもしれない。もっとも、現在のわが国の裁判官の多くが、行特法後期の裁判官が行政権力から国民の権利・自由を救済するために新たな訴訟類型を工夫するという積極的な意欲をもっていたのと比べて、実定法と先例、最高裁行政局見解に忠実であるとみられる傾向から考えると、学説がいくら進展してもこの問題の将来は決して明るいものではないことをうかがわせる。より実証的に無名抗告訴訟の必要性が認められる場合には、立法によって解決するほかはないと考えられるが、なお、学説においてはすでに克服されたといわれる素朴な三権分立論が依然として判決理由の中に散見される実務界の現状から、これも容易でないことと思われる。

（初出、ジュリスト九二五号一一四頁）

6　行政処分の取消訴訟と無効確認訴訟の関係

一　序　説

旧行政事件訴訟特例法（以下、行特法という）は、抗告訴訟として、行政庁の違法な処分の取消又は変更を求める訴えのみを認め（同法一条）、行政処分が無効である場合にこれに対する無効確認訴訟が許されるかどうかについては、何らの規定もおいていなかった。

しかしながら、下級裁判所の裁判例は、(1) 早くからこの訴訟形態を当然のことと肯定し、また、学説も(2) 一部を除いて、(3) 附着する瑕疵の重大かつ明白な行政処分について、訴願前置（同法二条）、出訴期間（同法五条）の制限を受けない救済の形式としての行政処分の無効確認訴訟を認めてきたものであり、最高裁判所もこの種の訴訟の許容性について明確に判示するに至った（最高裁第二小法廷昭二九・一・二二判決・民集八巻一号一七二頁）。これは行政処分に附着する瑕疵が単に処分の取消しうべき原因となるにとどまるものに限らず、その瑕疵が重要な法規に違反する重大な瑕疵であり、かつ、当該瑕疵の存在が外観上ないし客観的に明白なものがあるため、処分の実体的効果の発生が全く否定されるもののあることを前提に、これについて民事訴訟の先決問題として主張を許すだけでなく、端的にその無効の確認をすべき訴訟形式を肯定すべきであるという理論上の問題があったほか、第二次世界大戦下に国籍回復許可によって日本国籍を回復した日系米国市民が、戦後これによって喪失した米国籍を回復しようとして、右国籍の回復が自己の意思にもとづかない申請によってなされたことを理由として救済を求める必要手段として提起されたこと(4)および戦後の占領軍による占領政策の一環として行われた旧地主階級の追放、自作農創設のための急激な措置が全国的に大量になされた結果、行政実務に全くの素人が占領政策の実施ということのみのため、ともすれば法令を無視して行った農地の買収計画の樹立、買収処分について、訴願前置を経由せず、また、きわめて短い出訴期間を徒過し、一応争えなくなった行政処分を、無効確認訴訟という訴訟形式を用いることによって救済しようとしたところにこの訴訟形態の肯定される必然的な運命があったというべきである。(5)

ともあれ、このような無効確認訴訟が承認される一方、これと取消訴訟との関係、とりわけ取消訴訟と対比して無効確認訴訟の法的性格がどのようなものであり、訴訟理論のうえでこれをいかように扱うべきかの問題が生じたのも、この訴訟形態が認められるに至った経緯から考えて当然なことであったといえよう。ところで行政事件訴訟法（以下、行訴法という）は、従来の、いわば判例の所産であった行政処分無効確認訴訟を、その存否等の確認訴訟とともに併せて無効等確認訴訟として認知し、抗告訴訟の一類型として規定し（同法三条四項）(6)、一方においてこの訴訟の原告適格を行特法時代における有力学説に従って著しく制限した形で規定した(7)（行訴法三六条）。しかし、現在においてもなお取消訴訟と無効確認訴訟の関係については、必ずしも十分に理論的に割切った形で実務上処理されているとは限らず、場合によっては両者の関係が行特法時代より一層不明確となり、理論的な不統一を生じさせている点もないではない。本稿は、このような取消訴訟と無効確認訴訟の間に生じる問題点を行訴法に則して掘り起し、一応の整理をしようとするものである。もとより、立法は必ずしも特定の理論で一貫しているわけではなく、妥協の産物であるがために、解釈上、実務の取扱上問題となる諸点について、整合した結論を出しにくいことは後述のとおりであるが、これも一つの問題提起として指摘しておきたい。

（1）『行政事件訴訟十年史』〈以下、本稿において単に『十年史』として引用する〉八四頁以下参照。なお、兼子仁「行政事件訴訟特例法の実態」『行政手続の研究』二九九頁以下。

（2）田中二郎「行政処分の取消訴訟と無効確認訴訟」判例時報三〇号一頁、同「行政争訟との関連より見た行政行為の無効と取消の区別」（一）法学協会雑誌七二巻一号一頁、雄川一郎『行政争訟法』法律学全集八六頁、なお、園部敏「行政処分の無効確認訴訟」『続行政法の諸問題』一二五頁。

（3）滝川叡一「行政訴訟の請求原因、立証責任及び判決の効力」民事訴訟法講座五巻一四三六頁以下は、元来確認訴訟は現在の権利又は法律関係の存否についてのみ許され過去の権利又は法律関係については許されないから、過去になされた行政処分が無効であることの確認訴訟は許されないと解すべきである。行政処分無効確認の訴を当該行政処分によって生ずる現在の権利又は法律関係一般の無効確認訴訟であると解するとしても、確認訴訟の対象としては具体的な権利又は法律関係、例えば買収された農地の所有権を選ぶべきであるから、やはり不適法である、とする。なお、『行特法逐条研究』一二六頁以下参照。

（4）『十年史』八五頁。

（5）戦後の行政訴訟の大多数は農地関係の事件で占められており、公刊された判例集に登載されている無効確認訴訟の圧倒的多数は、その認容、棄却例を問わず農地事件である。

（6）行訴法の定める無効等確認訴訟は、行政処分の無効確認訴訟のほか失効確認訴訟、有効確認訴訟、不存在確認訴訟、存在確認訴訟の四種の訴訟形式を含むものと解されているが（杉本良吉『行政事件訴訟法の解説』一四頁、南博方編『注釈行政事件訴訟法』四八頁）、これらと取消訴訟とはとくにその関係を論じなければならない程の問題も生じないものと考えられるので、本稿ではこれらを一応度外視しておくこととする。

（7）　雄川・前掲八八頁、杉本良吉「行政処分の無効確認訴訟」判例タイムズ八七号六頁参照。行訴法がこれらの学説の強い影響のもとで立案されたことは明らかである。

二　行特法の下における両訴訟の関係

㈠　行特法の下において、行政処分無効確認訴訟の性格については、およそ四通りの見解があった。第一に、無効確認訴訟を行特法の規定する「行政庁の違法な処分の取消又は変更に係る訴訟」の一種と解する説である。すなわちここにいう処分の取消しの中には本来の取消しのほかに無効宣言の意味においての取消しを含むというのである。行政実体法においては、その瑕疵が比較的軽微なために一応完全に効力を生じた行政処分について、その効力を消滅させる取消しと、瑕疵が重大かつ明白なために効力を生じない行政処分の無効との区別が理論上認められるけれども、両者の実際上の区別は困難である。ことに客観的に有効か無効かがはっきりしない状態で出訴して処分の有効無効を争う段階において、行政処分の無効確認を求めることは、行政処分の取消しを求めることに対して、その訴訟手続上の取扱いを別にしなければならない程重大な区別が認められないばかりでなく、むしろこれを同様に扱うのが訴訟経済のうえから妥当であるとする。この説によると無効確認訴訟の独自性を訴訟手続上全く認めないのであるから、訴願前置、出訴期間等はすべて取消訴訟と同一に取扱うこととなる。(8)

しかしながら、右の説には次のような批判が生じた。すなわち、従来行政処分の無効と取消しを区別してきた理由は、普通行政処分にともないがちな軽微な瑕疵が存する場合には訴願とか行政訴訟の手続によって一定期間に限りその効力を争い、処分の取消しを求めることができるものとし、これらの手続によって争わないままその期間を経過した場合には、処分は有効に確定するとしている一方、このような手続によって処分を争う機会さえ与えられなかった場合とか、権限ある行政機関の判断をまつまでもなく、客観的に明白かつ重大な瑕疵の存在する場合には必ずしも訴願とか行政訴訟とかの手続を経ることを要せず、直接司法裁判所にその処分の無効を前提とする本案訴訟の提起を認めることによって救済の目的を達せしめようとする見地からである。したがって、具体的にどういう場合に重大かつ明白な瑕疵がある行政処分といいうるかは、必ずしも明瞭でなく、現実には裁判所の判断をまってはじめて明らかにされることが多いことは事実であろうが、行政処分の無効を理由として不当利得の返還を求めるとか、所有権にもとづく返還を主張するとか、さらに行政処分の無効確認そのものを求めた場合に、裁判所が行政庁の判断をまつまでもなく重大かつ明白な瑕疵があると認定する場合には、仮に、処分について訴願を経由せず、出訴期間を経過した後に提起された訴えであっても、行政処分の無効を認定できると解するのが当然である。以上のような田中二郎博士の強い批判(9)によって右の説は、追随者のないまま終っている。

第二は、右のように行政処分の無効と取消しを区別する実益が訴願手続を経由しなかったり、出訴期間を徒過してしまった後の行政処分であっても、なおかつこれに救済手段を認める点にあることを前提に、取消訴訟とは区別した無効確認訴訟は認めるものの、これを当該行政処分が無効であることを先決問題とする現在の権利または法律関係の存否に関する確認訴訟にほかならないものとする説である。すなわち、確認訴訟の対象となるのは現在における権利または法律関係の存否であって、過去の権利または法律関係の存否については許されないのみならず、行政処分はそれ自体単に法律事実にすぎず権利または法律関係ではないし、また過去になされたものであるから、確認訴訟の対象とならないというのである(10)。したがって、行政処分無効確認訴訟は、処分の無効確認を目的とするのではなく、もっぱら当該行政処分によって形成または確認された法律関係の存否を訴訟物とする確認訴訟であり、当事者訴訟の一種とする見解である(11)。

第三は、無効確認訴訟を取消訴訟と同様、当該行政処分の効力を直接訴訟の対象とするものであるとするが、取消訴訟が行政処分の違法性を有権的に確定し、当該処分の効力を消滅させることを目的とする形成訴訟であるのに対し、無効確認訴訟は、行政処分の無効自体を確定する確認訴訟であるとする見解である。[12] すなわち、行政処分が外形上有効な処分であるかのような外観をもって存在し、行政庁自身も処分の有効であることを主張しているような場合には、その処分の執行を受け、もしくはその処分を前提として、さらに他の措置をなされる虞もあるわけであり、このような不利益は、前記のように処分の無効を前提とする現在の法律関係について確認を求めるだけでは十分に救済しきれないものがある、そこで処分が存在すること自体により生じるこのような法律上の不利益を除去する意味において、取消しに代えて無効宣言が認められるべきであるというのである。行政処分により権利侵害が生じた場合に、その侵害を除去する方法として取消訴訟が認められるのと同様に、取消しということの考えられない無効な行政処分については、無効確認訴訟が認められるというのであり、行政処分による違法な権利侵害の除去を目的とする訴訟として取消訴訟と同列的なものとみるのである。[13]

第四の見解としては、取消訴訟が実体法上の訴えであるのに対し、無効確認訴訟を手続法上の訴えと解し、たがいに次元を異にする存在であるとする見解である。すなわち、取消訴訟は、行政庁の何が具体的・個別的法であるかの認定に通用力（公定力）を付与することに対応して設けられた処分の実体的違法を争うための原則的・通常の不服手段にほかならない。これに対し無効確認訴訟は、第一段階において行政処分に対する出訴期間徒過等により公定力が一応最終化された後において、公定力の取消原因である重大違法を主張してその取消しを求める訴訟であり、その取消原因が認められる場合には、進んで、処分の実体的違法について審判を求める訴訟であって、民訴法上の再審の訴えに類する性格をもつ訴訟であるというのである。換言すれば、無効確認訴訟は、行政処分の公定力が一応最終化された後において、その取消原因を主張して一旦失われた取消訴訟の提起・追行の機会を回復することにその存在目的があるとするものである。[14]

(二)　以上の行政処分無効確認訴訟の性格に関する各説のうち、この訴訟を取消訴訟の一種とみる見解は、前記のとおり無効確認訴訟という訴訟形態を認める必要性、実益を全く無視するもので、両者が性格を異にし、従って訴訟物も異ることを前提に生じる訴訟上のいくつかの問題点は、ほとんど論じる余地がない。すなわち、行政実体法における無効の行政処分も行特法にいう「行政庁の違法な処分の取消」訴訟によって「無効宣書の意味においての取消」を求めるべきであるというのであって、実体法上の無効と取消は手続法上取消訴訟によってのみ救済を求めることができるとするのである。(15) したがって、ここでは同一処分について取消訴訟と無効確認訴訟が提起された場合は、後訴は二重起訴として不適法として却下を免れないというべきであるし（民訴法二三一条）、取消訴訟について請求棄却の確定判決があれば処分の適法性が確定されるから、後訴として無効確認訴訟が提起されても不適法となる。これらの点は民事訴訟における一般原理であって、とくに論じるまでもないであろう。

第二の無効確認訴訟は、無効の行政処分を先決問題とする現在の権利または法律関係に関する当事者訴訟ないし民事訴訟であるとする見解からみた取消訴訟と無効確認訴訟の関係は、およそ次のようなことになるであろう。すなわち、取消訴訟は、瑕疵ある行政処分の違法性を確定することによって処分の効力を遡って消滅させることを目的とするのに対し、無効確認訴訟は、行政処分が実体的効果を発生していないことを理由に、現在の権利またはその法律関係の存否を確定することを目的とするものであるから、(16) 両者は全く別個の訴訟であり、取消訴訟の係属中に当該取消訴訟で争われている行政処分の無効であることを理由に右の意味の無効確認訴訟を提起することも、無効確認訴訟の係属中にここで争われている行政処分の取消訴訟を提起することも自由であるということになるであろう。そして、取消訴訟の確定判決の効力も、無効確認訴訟の確定判決の効力も一応は何らの関係がないことになる。

しかし、取消訴訟における請求棄却の判決の効力は、処分の適法性を確定するものとすると、(17) 当該処分に無効の瑕疵が附着していることを理由に右確定判決の事実審の口頭弁論終結後に処分の無効確認訴訟を提起することは許されるであろうか。処分の取消事由となる瑕疵は、軽微なありふれた瑕疵にすぎず、処分の無効を惹起する瑕疵は、重大かつ明白な瑕疵であるから、取消訴訟の請求棄却の確定判決は、たかだか処分に附着する軽微なありふれた瑕疵のない意味での適法性を確定するにすぎないことを理由に、[18]取消訴訟の請求棄却の確定判決に関する事実審の口頭弁論終結後においても、なお、当該処分に重大かつ明白な瑕疵の附着することを主張して、これを争うことができるとするならば、原告の請求を棄却した取消判決の既判力は、処分の取消事由となる個々の瑕疵について生ずると解する[19]ほかはない。取消訴訟が処分の違法性の確定を目的とするならば、その訴訟における原告の請求を棄却する判決は、処分の適法性を確定することとなり、当該訴訟の事実審の口頭弁論終結時後は、紛争の蒸し返しを禁ずる趣旨からいっても、問題となった行政処分に無効の瑕疵があることも主張できないとするのが正当であろう。このように解しても、なお、取消訴訟と右の無効確認訴訟が同時に係属する場合には、判決の矛盾抵触は免れない。そして、同一の問題が行訴法においても解決されないまま持ち越されていることは後に論じるとおりである。

第三の無効確認訴訟を取消訴訟に準じる行政処分の効力を争う訴訟とする見解は、行特法のもとにおけるほとんどの裁判例のとるところであり通説でもあった。この立場における取消訴訟と無効確認訴訟は、まず取消請求の中には当然無効確認の請求を含むかという問題と逆に無効確認の中には当然取消請求が含まれるかという問題を中心に議論がされてきたものであり、実務の関心も右の点にあったということができる。

純理論的にいうと行政処分の取消訴訟もまた無効確認訴訟も、いずれも行政処分に疵があることを理由としてその効力のないことの確定を求める訴訟である。ただ、無効確認訴訟は、行政処分にひどい疵（致命傷）があるということを理由として処分の無効確認を求めるものであるから、ひどい疵（致命傷）があるかどうかの審判を求める訴訟であるのに対し、取消訴訟は、ひどい疵（致命傷）であるかどうかということではなく、単に疵があるかどうかの審判を求める訴訟である。したがって、ただ疵があるかどうかの審査を求める取消訴訟において裁判所がそれ以上進んでひどい疵（致命傷）があるという必要はないし、理論的にいうとそういうことはできないと解すべきである。裁判所は、審理の結果致命傷があると認めた場合でも、当事者の申立どおりの疵があるとして取消判決をすべきである。このような純理論を徹底すると、原告が当該処分の取消しを求めてきた場合には、たとえ無効の瑕疵があっても、出訴期間経過後であったり、訴願を経由していないときには、そのことだけで訴えを却下することとなる。逆に、無効確認訴訟の中には取消請求を含むかどうかの問題も理論的には結論が同様である。すなわち、無効確認訴訟は、行政処分に致命傷があるかどうかということの審判を求めている訴訟であるから、その中には理論上当然それより軽い普通の疵があるかどうかということの審判を求める請求を含んでいると考えるのは行きすぎである。無効確認訴訟では、致命傷の点だけを審判すれば足りる。そこで取消訴訟において請求棄却の判決が確定すれば、処分に瑕疵がないということが確定し、別に無効確認訴訟を提起することは許されないのに対し、無効確認訴訟における請求棄却の判決が確定したとしても、それは致命傷がないということだけが確定するにとどまり普通の疵があったかどうかは確定していないから、出訴期間内ならば取消訴訟の提起が許される。行特法の初期には、およそ以上のような議論がされていたものであり[20]、その背後には、行政処分の瑕疵が無効原因となるかはたまた取消原因となるかが判別するのに非常に困難である反面、取消訴訟のほかに出訴期間を徒過しても提起の許される無効確認訴訟を認める以上、両者の関係は、当事者の主張にまつほかないとする考えがあったことは明らかである。仮に、取消訴訟において常に裁判所が無効の瑕疵の有無を判断しなければならないとすると、出訴期間が徒過していても、それだけで訴えを不適法とすることはできず、無効原因があるかどうかを調べて、これがないときには請求を棄却しなければならないこととなり、出訴期間の徒過により

訴えを不適法として却下することは起りえないことになるからである。(21)

もっとも、裁判例のほとんどが無効確認訴訟を取消訴訟に準じて行政処分の効力それ自体を争うことを目的とするものであるとしていたものの、取消訴訟と無効確認訴訟の関係について、右のような見解で統一されていたわけではない。(22)無効の行政処分は、当初から全く効力を生じないものであるのに対し、取消しうべき瑕疵のあるにすぎない行政処分は、ともかく有効なものとして通用しており、両者は厳然と区別される。したがって、無効の瑕疵を有する行政処分について、その効力を遡って消滅させる取消判決をするのは矛盾であるとする見解も有力で行政事件裁判例集に登載されている裁判例のうち処分の取消しとともに無効確認を求めた申立の形態をみるとその大部分が行政処分の無効確認請求を主たる申立とし、(23)予備的に取消しを請求している。このように実体的に処分の無効と取消しを区別し、訴訟の対象としている行政処分について、無効の瑕疵がある無効の処分であるか、仮にそうでないとしても取消事由となる瑕疵をおびる取消しうべき行政処分であると主張しているのは、右の考えを如実に示しているものといえる。そこでは、訴願前置の不経由、出訴期間の徒過により行政処分が形式的に確定し、一応争えなくなった後においても・処分に附着する瑕疵が重大かつ明白であるため、なお、これについて無効確認訴訟を認めて救済を図らなければならなかったという無効確認訴訟の生じた経緯についての配慮はみられない。

同じように無効確認訴訟と取消訴訟が全く別個の請求であることを前提としながらも、処分に附着する瑕疵の程度により、同一処分が無効と評価される場合と取消しうべきものと評価される場合のあることを考え、両請求を単純併合とするまで徹底することなく、択一的併合の形式をもって訴えを提起している事例も若干みられるが、(24)訴訟技術的には問題はないというものの、両訴訟を同列的に扱っている点においては、無効確認訴訟を主たる請求とし、取消訴訟を予備的請求としている例と本質的には異ならない。

同様のことは、取消訴訟を主たる請求とし、無効確認訴訟を予備的請求としている事例についてもいうことができる。[25] この併合形態が仮に、主たる請求である取消訴訟が訴願前置の不経由、出訴期間の徒過により不適法として却下されるおそれのあることを慮り、主たる請求が本案審理を受けることを解除条件として無効確認訴訟を予備的に申し立てたとするならば、これは理論的に一貫した扱いであるということができると思われるけれども、主たる請求が認容されることを解除条件として無効確認請求を求めることは、前記のように取消訴訟において、すべての瑕疵（無効の瑕疵を含めて）を理由として取消判決をすることができると解すると、その予備的請求は主張自体矛盾していて許されないといわざるを得ない。[26] このような予備的請求をする背後には、無効確認訴訟と取消訴訟は訴訟物が全く異なるという考え方と、どちらの訴訟も行政処分の効力を争う点では同列のものであるという考え方が併存していることは明らかである。

㈢　以上のように問題点はあっても、無効確認訴訟と取消訴訟とをいずれか予備的請求とし、あるいは択一的請求とすれば、認定された瑕疵が無効原因となるか、取消事由にとどまるかによって、裁判所のとるべき処置に疑義を容れる余地はない。しかし、右のような併合請求の形態をとらないものについて、取消訴訟において認定された瑕疵が処分の無効原因となるものである場合、無効確認訴訟において認定された瑕疵が取消事由にとどまる場合、それぞれどのような処置をとるべきかが問題となる。

取消訴訟において、処分の無効原因となる瑕疵が認定された場合、これを理由に取消判決をすることができるかについて、「裁判所においてある行政行為を取消すと言うことは、一応有効に存する行政行為が違法と判断せられた結果、その行為に基いて生じて居た権利義務の変動が法律上の効果として消滅せしめられることを言うのであるから、当初よりかかる権利義務の変動の発生することなき当然に無効なる行政行為を取消すということはそれ自体悖理であ」るとする裁判例（東京地裁昭和二八・九・三〇判決・行裁例集四巻九号二二四六頁）があるが、一般には処分が無効である場合にも、無効宣言を求める趣旨において取消訴訟が許されるものと解されていた。[27]最高裁は、このような無効の処分について取消訴訟を提起した場合には、出訴期間の制限がある旨判示した。[28]

これに対して、無効確認訴訟において取消原因が認定された場合について、最高裁はかつて、それが無効確認の訴えであって、取消訴訟でないことを理由に、処分を取消すべきかどうかの判断は無用蛇足であるとしたけれども、[29]その後処分の無効確認の請求には、もしその処分が当然無効でない場合には取消しを求める請求を包含していると認めるべきであるから、その訴えが取消訴訟の法定の出訴期間内に提起されていて理由のあるものであれば、取消判決をすべきであるとする下級審の裁判例がでて、[30]最高裁もこのような扱いを認めるに至った。[31]

右のような経過をもって、取消訴訟と無効確認訴訟が前者が形成の訴え、後者が確認の訴えと解されつつも、ともに行政処分の効力を争うことを目的とする訴訟として、その相互の関係について検討が加えられてきたわけであるが、取消判決と無効確認判決の相互の効力についてはなお十分な説明がされていない。もっとも、甲府地裁昭和三二年八月五日判決（行裁例集八巻八号一四二四頁）は、農地の買収処分および売渡処分が無効であることを理由とする所有権取得登記の抹消登記手続請求事件において、すでに原告が先に買収計画を違法として訴願裁決取消訴訟を提起し、請求棄却の判決を受け、これが確定していることを理由に、右確定判決により買収計画の適法性が確定されたとして、その無効を主張できないとした。これは取消訴訟においては処分の取消事由となる瑕疵のほか無効事由となる瑕疵も一切主張できると同時に、この訴訟で敗訴した原告は、以後当該処分が無効であることについても主張できないとするもので、同一処分をめぐる取消訴訟と無効確認訴訟の関係についての説明に先鞭をつけたものである。

しかしながら、取消訴訟が形成訴訟であり、無効確認訴訟が確認訴訟であるとすると、前者に対する請求認容の判決は形成判決であり、後者に対する請求認容の判決は確認判決のはずである。形成判決の確定により生ずる形成力が違法でありながら有効として通用してきた行政処分の効力を遡って消滅させるものとすると、本来無効でありながら外形上有効な処分であるかのような外観をもって存在している行政処分について、その表見的存在を除去する必要から認められた無効確認訴訟における請求認容の判決は、たかだか無効宣言の意味をもつにとどまり、そこに形成さるべき何らの法律状態はないはずである。もちろん、立法上解釈上無効確認訴訟に形成力を認めることは可能であるが、そのような場合には、問題となる行為について無効確認訴訟の手続をもって争うことができるだけで、多くは他の手続、ことに先決問題としてはその無効を争うことができないように手当がされている。(32) しかるに行政処分の場合には、当該行政処分の無効を争うのに無効確認訴訟は唯一の訴訟形式ではなく、現在の権利関係の存否の確定を求める訴訟の先決問題としても、無効の主張をなしうると解されていた。このことは行政処分の無効というときは、形成力をもって排除しなければならない既存の法律関係が存在していないこと、換言すれば形成さるべきものがないことを意味するといわなければならない。

このような形成判決にともなう形成力が第三者に及ぶかどうかの点は、さし当り問題の外におくとしても、(33) 取消訴訟を無効確認訴訟と同列におく、右の実務の扱いからは、行政処分に無効原因があっても、それを取消事由として取消訴訟において主張するときは、取消しの形成判決となり、無効確認訴訟において同一事由をもって勝訴した場合には、確認判決となるということを、そのまま肯定しなければならない。いい換えれば、当事者の主張により、同一の瑕疵を理由として取消訴訟として扱われたり、無効確認訴訟として扱われたりすることになるわけである。そして、訴訟審理の方式についても、取消訴訟については、被告行政庁が当該行政処分の処分要件を構成する事実について、すべて主張立証しなければならないとされていたのに対し、無効確認訴訟においては、原告において、当該処分に附着する瑕疵が処分の無効原因となる重大かつ明白なものであることを主張立証しなければならないものと解されていた。(34) このような点をみてくると、無効確認訴訟の実務上の取扱いについては、理論的に一貫した扱いがそもそも当初から無理であったわけである。その原因は、処分の無効原因と取消原因が実体的には瑕疵の重大かつ明白という標準をもって区別されていたものの、訴訟手続のうえで具体的な瑕疵が右の無効原因に当るかどうか不明瞭であり、取消訴訟が有効な行政処分の効力を遡って消滅させることを目的とするもので、無効確認訴訟は本来無効でありながら外形上有効な処分のように存在している処分の表見的存在を除去することを目的とする訴訟であると割切って理解するには、なおかつ、法律上無効とされる行政処分が現実には有効として通用しており、取消しうべき行政処分との区別が明らかでなかったという事実があったからである。したがって、実体的にみた場合効力のないことはもとより、処分の執行力も生じえない無効の行政処分についても、仮処分に関する民事訴訟法の規定の適用が排除され、執行停止に関する規定により(35)、当該処分の効力を停止したり、執行を停止したりしていたわけである。このことは、実体的にみた場合には大きな矛盾であるといわざるをえないのであろう。

㈣　以上のような無効確認訴訟に対する実務上の取扱いと理論的不統一を問題とし、行特法の末期で、すでにその改正のため法制審議会において要綱試案が作られていた時期に、前記の第四の見解が現れたのである。取消訴訟を実体法上の訴訟とするのに対し、無効確認訴訟を手続法上の訴訟であるとするこの立場は、取消訴訟と無効確認訴訟を同列のものとして考えずに、前者が未確定の処分に対する不服を内容とするのに対し、後者は形式的に確定した処分に対する不服の訴訟として考えるところに特色があり、当然無効の行政処分を先決問題とする現在の権利または法律関係に関する訴訟と出訴期間内に処分の効力の取消しを求めることを目的とする取消訴訟および訴願前置不経由、出訴期間の徒過により有効な行政処分として争えなくなった処分について重大な瑕疵を主張し、一旦形式的に確定した処分を取消訴訟の俎上に載せることを目的とする無効確認訴訟の三者の関係を理論的にきわめて明解に説明する精緻な見解であった。そこでは重大かつ明白な瑕疵を帯びる当然無効の行政処分については、行政の円滑な運営を理由として、その執行を保障する根拠は、もはや成り立ち得ないとして、これに対しては仮処分に関する民事訴訟法の規定の適用があるものといわれる田中博士の見解も素直に受けいれられるはずである。(36)

しかしながら、この見解が現われた時期は前記のようにすでに行特法の改正要綱試案が何回か明らかにされていたときでもあり、それまでに判例が築き上げた無効確認訴訟に関する実務上・理論上の問題点を、右の見解に従って改めていくには、時期的に遅く、結局は単なる理論として実践の場には現われないまま終ってしまったといえる。(37)

(8) 園部敏・前掲『続行政法の諸問題』一二六頁以下。

(9) 田中・前掲「行政処分の取消訴訟と無効確認訴訟」、同「行政争訟との関連より見た行政行為の無効と取消の区別」。

(10) 滝川・前掲民事訴訟法講座五巻一四三七頁、法律実務講座民訴編二巻一七頁以下。

(11) 『十年史』八五頁、なお、田中二郎博士は、行政処分無効確認訴訟を当事者訴訟の一種として存在するものと解しておられる（前掲・法協七二巻一号二二頁、三四頁）が本文でいうような現在の権利または法律関係の存否を訴訟物とする当事者訴訟という意味で述べられているのではないことは、前掲「行政処分の取消訴訟と無効確認訴訟」の説明からも明らかである。博士は無効確認訴訟が行特法の規定する取消訴訟ではなく、訴願前置、出訴期間の制限のない当事者訴訟に当るといっておられるにすぎず、その実質が抗告訴訟の一種であることは認めておられる。

(12) 前掲・雄川全集八八頁、行政裁判資料一八号一五六頁。

(13) 前掲・法律実務講座民訴編一八頁。

(14) 白石健三「行政処分無効確認訴訟について」法曹時報一三巻二号一二頁以下、なお、白石説は、このような公定力が最終化し、不可争力を生じた行政処分に対する無効権認訴訟を認めるほかに、重大かつ明白な瑕疵があるために公定力を認めることが一見不合理である行政処分については、現在の権利関係の存否に関する訴訟の前提問題として、公定力の当然除外の主張を認める。

(15)　園部・前掲『続行政法の諸問題』一二六頁、なお、同一二七頁は、行政実体法における行政処分の取消と無効との理論上の区別、民事訴訟法における基本型としての形成の訴と確認の訴との区別に拘泥することなく、行政事件訴訟の手続法については、行政事件の特自性からする技術的・便宜的見地による立法政策によって、行政処分の無効の確認を求める訴を取消訴訟として取扱い、行政事件訴訟の特例を両者に一様に適用せんとしたものと解さんとするのである、とされる。

(16)　東京地裁昭和二九・一〇・二三判決・行裁例集五巻一〇号二四三〇頁は、過去になされた日本国籍の回復許可が無効であることの確認を求めた事案について、「国籍回復許可は一定の要件を具えた者が所定の申請をなした場合に当該行政庁がその申請者に対し日本国籍を取得せしめるためになすところの行政処分で、これによって日本国籍を取得した者は日本人として国に対する包括的法律関係を有することになる。従ってそれ自体は当該行政庁が申請人に対して日本国籍を取得せしめるという法律効果を伴う公法上の行為であるからそれ自身としては確認の対象とならないことは明らかである。何となれば確認訴訟は特別に規定のある場合を除いては現在における権利義務又は法律関係の存否を目的とする場合に限り許されるものであり、そして国籍回復許可処分の無効確認の訴について特にこれを認めた規定はないからである。されば国籍回復許可処分の無効確認の訴はその訴旨を当該行政処分によって生ずべき国に対する包括的法律関係たる日本国籍の不存在確認を求めるにあると解することによってのみ適法なものといい得るのである。」と判示している。

(17)　取消訴訟の訴訟物が処分の違法性一般であるとすると、この請求棄却の判決は処分の適法性を確定することになる〈滝川・前掲民事訴訟法講座五巻一四五四頁。注釈行政事件訴訟法二九〇頁、行政裁判資料三〇号二六〇頁参照。なお、雄川・前掲全集二二一頁、近藤昭三「判決の効力」行政法講座三巻三三四頁は、請求棄却の判決は、当該行政行為が違法でないことが確定されるとあり、その適法性が確定されるとはされていないが、同趣旨であろうか。もっとも確定判決があっても職権による取消し――撤回ではなく――が許されるとされている点からは若干の疑問が残る〉。

(18)　高根義三郎『行政訴訟の研究』二三頁は、取消訴訟はただ些細なかしがあるということを理由として処分を争う訴訟である。無効確認訴訟は重大且明白なかしあるということを理由として処分を争う訴訟である。取消訴訟で請求棄却の判決が確定すれば、些細なかしを理由とする争いの理由がなかったことが確定するだけであって、更に無効確認の訴を提起することは自由である、とされる。

(19)　盛岡地裁昭和三二・二・二五判決・行裁例集八巻二号二二二頁、同三二・九・二判決・同巻九号一五二五頁は、このような立場をとっている。

(20)　行政裁判資料一二号三四頁以下の行政事件裁判官会同における最高裁行政局の説明。なお、行政裁判資料三〇号三四頁参照。前掲注(18)の見解は、本文の説明より一層取消訴訟と無効確認訴訟を明確に区別するものであろう。

(21)　前掲・行政裁判資料一二号三七頁。

(22)　行政処分の取消原因と無効原因の区別が必ずしも明確でないのに、無効の行政処分と取消しうべき行政処分は、前者が当初から何らの効力を生じていない点において、取消すことによって効力の消滅する後者と厳格に区別されるとすると、無効確認訴訟において認定された瑕疵が取消事由にとどまる場合、取消訴訟において認定された瑕疵が処分の無効事由があった場合、これらをどのように取扱うかが重要な問題となる。本文の最高裁行政局の見解は、一つのみ方ではあろうが、必ずしも実務家の大多数により実践の面で採用されなかった。

(23)　行政事件裁判例集に登載されている下級審の裁判例のうち、請求の趣旨において、処分の取消しおよび無効が求められたものの、併合の形式をみると圧倒的に処分の無効確認を主たる請求とし、取消訴訟を予備的請求としている。例えば、主たる請求として地方議会における常任委員会委員および正副委員長の指名推薦行為の無効確認を求め、予備的請求としてその取消請求をするとか（青森地裁昭和二五・六・一五判決一巻五号七〇九頁）、主たる請求として農地の買収処分の無効確認を求め、予備的請求としてその取消しを求めるとか（大津地裁昭和二六・八・八判決二巻九号一四四三頁）、主たる請求として屠畜税追徴金の賦課処分の無効確認を求め、予備的請求としてその取消しを請求するとか（浦和地裁昭和二七・九・二四判決三巻九号一七七三頁）、主たる請求として買収計画および売渡計画を取消す旨の決定の無効確認を求め、予備的請求としてその取消しを求めるとか（青森地裁昭和二九・二・一二判決五巻二号二〇六頁）、主たる請求として公売処分の無効確認を求め、予備的請求としてその取消しを求めるとか（福岡地裁昭和二九・四・一四判決五巻四号八四七頁）、主たる請求として換地予定地指定処分の無効確認を求め、予備的請求としてその取消しを求めるとか（同地裁昭和二九・五・一二判決五巻五号一一三四頁）、主たる請求として免職処分の無効確認を求め、予備的請求としてその取消しを求めるとか（松山地裁昭和三二・一・三〇判決八巻一号一七六頁）、主たる請求として道路位置指定処分の無効確認を求め、予備的請求としてその取消しを求めるとか（東京地裁昭和三四・三・一九判決一〇巻三号六〇六頁）、主たる請求として運転免許取消処分の無効確認を求め、予備的請求としてその取消しを求める（福岡地裁昭和三四・四・三〇判決一〇巻四号八七二頁）等行訴法施行までにこの種の扱いが数十例みられる。請求の態様が原告の申立のみにまかされているのではなく、裁判所の釈明権の行使による関与の認められていることを考えると、行特法施行当時大多数の実務法曹は、無効確認訴訟と取消訴訟を同一平面における瑕疵の大小により区別される同列的な訴訟と考えていたことは明らかである。

(24)　高知地裁昭和二五・六・二一判決・行裁例集一巻七号一〇〇八頁は、買収計画についての承認に、長崎地裁昭和二九・八・六判決・行裁例集五巻八号一七六三頁は農地の売渡処分に、京都地裁昭和二九・一二・二四判決・行裁例集五巻一二号二九一一頁および福島地裁昭和三三・三・二八判決・行裁例集九巻三号四〇六頁はいずれも買収処分について、無効確認訴訟と取消訴訟を択一的に併合提起している事例である。

(25)　奈良地裁昭和二五・九・二〇判決・行裁例集一巻一一号一五一四頁は買収計画・買収処分に、福岡地裁昭和二八・一二・二三判決・行裁例集四巻一二号三一一一頁は固定資産税の賦課処分に、同地裁昭和二九・四・一四判決・行裁例集五巻四号七二〇頁および同地裁昭和三一・六・一八判決・行裁例集七巻六号一二一七頁はいずれも買収処分に、東京地裁昭和三五・一〇・一九判決・行裁例集一一巻一〇号二九二二頁は保護変更決定を不服とする不服申立を却下した決定に対する不服申立についての裁決に、大阪高裁昭和三六・一〇・二判決・行裁例集一二巻一〇号二〇六七頁は外国人登録証明書の国籍欄の記載を変更登録しない処分に、東京地裁昭和三七・五・二判決・行裁例集一三巻五号八二七頁は農地の売渡処分について、それぞれ主たる請求を取消訴訟とし、予備的請求を無効確認訴訟としている例であるが、すべて主たる請求の認容を解除条件とする予備的請求である。

(26)　(25)の裁判例においては、このようには考えられていない。単純に無効確認訴訟と取消訴訟を別個の訴訟とし、瑕疵がないとしたり、瑕疵が無効原因に当るとして予備的請求を認容したりしている。

(27)　神戸地裁昭和二五・二・七判決・行裁例集一巻一号九九頁、名古屋地裁昭和二六・四・二八判決・行裁例集二巻六号九二五頁、なお当然無効の処分について取消訴訟を提起した場合、当該訴訟を無効確認訴訟として取扱うべきものとするのは、神戸地裁昭和二五・一一・八判決・行裁例集一巻一一号一五七三頁、大阪地裁昭和二七・一二・四判決・行裁例集三巻一二号二三九二頁、同昭和二九・二・一判決・行裁例集五巻二号二九九頁。なお『十年史』八八頁参照。

(28)　最高裁第二小法廷昭和二八・一二・一八判決・民集七巻一二号一五〇五頁。

(29)　最高裁第三小法廷昭和二五・一〇・一〇判決・民集四巻一〇号四六五頁。

(30)　松山地裁昭和二五・一二・二五判決・行裁例集一巻一二号一八三五頁、和歌山地裁昭和二七・三・三一判決・行裁例集三巻二号三五一頁、大阪地裁昭和三〇・三・一九判決・行裁例集六巻三号五三三頁、京都地裁昭和三一・五・二二判決・行裁例集七巻五号一一三二頁等。

(31)　最高裁第三小法廷昭和三三・九・九判決・民集一二巻一三号一九四九頁、なお、この後、千葉地裁昭和三七・九・一三判決・行裁例集一三巻九号一四八二頁も同趣旨の判示をしている。

(32)　新堂幸司『民事訴訟法』一四四頁。

(33)　取消判決に対世効があるかどうかについては早くから争われていた。前掲・雄川全集二二二頁、近藤昭三「判決の効力」行政法講座三巻三二五頁、滝川・前掲民事訴訟法講座五巻一四六〇頁は、いずれも積極に解する。雄川教授は、無効確認判決についてもその効果は取消訴訟の形成的効果に準じて考えるべきであるといわれる。行特法下の事件について最高裁第一小法廷昭和四〇・六・二四判決・民集一九巻四号一〇〇一頁は取消判決について、同昭和四二・三・一四判決・民集二一巻二号三二二頁は無効確認判決について、いずれも対世効を認めた。

(34)　拙稿「抗告訴訟における立証責任」法学演習講座・行政法下五八四頁、なお、高林克巳「行政訴訟における立証責任」行政法講座三巻二九四頁、『続行政事件訴訟十年史』二一二頁。

(35)　『十年史』一七五頁、『続十年史』二二九頁。

(36)　田中・前掲法協七二巻一号二九頁。

(37)　この見解からは、立証責任、事情判決、判決の効力等、無効確認訴訟において問題となる事項については、一応一貫した処理ができる〈白石・前掲法曹時報一三巻三号六四頁以下〉。

三　行訴法の下における両訴訟の関係

(一)　行訴法は行特法の下において判例が生み出した無効の行政処分に対する無効確認訴訟を認知し、これを抗告訴訟の一類型として位置づけるとともに、その原告適格を著しく制限した（三六条）。すでにこの立法を示唆するかのように、行特法時代有力学説は、行政行為が無効であっても行政行為としての外観を有するのであるから、その表見的存在を除去するために無効確認を求めることは必要でもあり、また他に適切な手段がないこともありうる。例えば、課税処分を受けた場合に、滞納処分としての差押処分が未だなされていないとき、どの財産について差押処分があるか分らないから、課税処分の無効確認を求めることによってのみ、差押処分を免れることができる。もちろん、それは抗告訴訟（取消訴訟）によって目的を達することができるが、抗告訴訟の提起には出訴期間、訴願前置の厳重な制約があり、これを提起できなくなった場合には無効確認訴訟による外はなく、その限りで確認の利益を認めることができる、といい[38]、訴訟の原則からみれば、例外的な訴訟であるから、(1)現在の権利または法律関係の訴えによって、その目的を達することができない場合および⑵当該無効な行為に続いて行政処分その他の公権力の行使にあたる行為がなされる危険を防止するためにこれを必要とする場合に限って許容される、としていた。[39] 行訴法が右有力学説の影響の下に立案されたもので、抗告訴訟の原則的な訴訟形態としての取消訴訟に対する例外的な訴訟形態として、無効確認訴訟が認められたものであることは明らかである。[40]

ところで無効確認訴訟が取消訴訟に対して例外的な訴訟形態であり、補充的性格ないし予防訴訟的性格を有するとするならば、これに対する取扱いもまた行特法の時代と何らかの相違をみせて当然であると思われるし、実体的には処分の取消原因と無効原因が区別されても手続的には瑕疵がいずれに属するかを問わず出訴期間内ならば（訴願前置を必要とするものについては、その手続を経由のうえ）取消訴訟が提起できるとする行特法下の扱いを変える必要はとりあえず認められないから、取消訴訟の提起の可能なものについてまで無効確認訴訟の提起を認める必要性は原則としてないということになる。ことに後述のように、行訴法は取消判決と無効確認判決との間に大きな相違を設けている。したがって、取消訴訟の提起の許されるものについては、例外的な場合を除いて無効確認を求める利益が否定されるのではないかと思われる。にもかかわらず、実務においてはなおかつ両者の併合提起を認めているのが実情のようである。そして、併合提起の態様としては、両者を予備的請求とするもの、すなわち、処分の無効確認を求めるものを主たる請求とし、予備的に取消請求をするものと、取消請求を主たる請求とし、予備的に無効確認を求めるものと、択一的請求の併合形式のみられることも行特法のもとにおける取扱いと相違はないようである。[41] 無効確認訴訟の原告適格を行訴法のように絞ることについては反対がないわけではなく、[42] 右の扱いは実務法曹の無効確認訴訟に対する認識の一端を知ることにもなるが、なお、行訴法の解釈として右のような扱いが可能であるかどうか、取消訴訟と無効確認訴訟の関係を検討してみる必要があると思われる。

(二)　行訴法は前述のように無効確認訴訟における原告適格をきわめて制限した形で規定した。そのうえ、従来からいわれていた取消訴訟が有効な行政処分の効力を判決によって遡って消滅させることを目的とする形成訴訟であるのに対し、無効確認訴訟は、処分に附着する瑕疵が重大かつ明白であるため、当初から実体的に効力を生じていない行政処分の表見的存在を除去することを目的とする確認訴訟であるという見解[43]を前提に、判決の効力について著しい差を設けた。すなわち、三二条一項は取消判決に対世効を認めたのに対し三八条三項は、右の規定を準用せず、無効確認判決にはこれを認めないこととしている。この結果、原告がその主張する処分の瑕疵をもって、所定の要件を充たしたうえで取消訴訟を提起し、取消判決をえた場合には、その判決の効力は第三者に及び、当該処分に重大かつ明白な瑕疵があるとして無効確認を求め、無効確認判決をえた場合には、その判決の効力は単に当事者に及ぶにとどまり、第三者は無効判決の効力に抵触する主張をすることを何ら妨げられないこととなるし、裁判所もまた第三者との関係では無効判決と矛盾する判決をすることも妨げられないこととなる。例えば、農地の所有者であった者が知事を被告として未墾地買収処分無効確認訴訟を提起して勝訴の確定判決をえた後、右未墾地の売渡しを受けた者およびその土地上に抵当権の設定を受けた者を相手方として、保存登記および抵当権設定登記の抹消登記手続請求をした場合において、被買収未墾地の売渡しを受けた者および抵当権者は、先の未墾地買収無効確認訴訟の請求認容の判決の効力を受けることはないから、当該訴訟で知事のした未墾地買収処分が有効であることを主張でき、裁判所も右未墾地買収処分に無効の瑕疵がなく、処分が有効であった旨の判断をすることができることとなる。[44]もちろん、右の場合未墾地買収処分無効確認訴訟の原告勝訴の確定判決には拘束力があるから（行訴法三八条一項・三三条）、被告であった知事は無効の確定判決の趣旨に従い、右未墾地の売渡しを受けた者に対する売渡処分が無効であることを理由に無効宣言の意味で職権をもって売渡処分の取消しをしなければならないであろう。しかし、未墾地の売渡しを受けた者は、先の未墾地買収処分の無効判決の効力を受けることはないから、知事を相手に売渡処分の有効確認訴訟ないし右職権による未墾地売渡処分の取消処分について取消訴訟を提起し、知事のした未墾地買収処分の有効であったことを主張することも何ら妨げられないといわなければならない。その結果、未墾地の被買収者は、買収無効の確定判決をえながら、被買収地の所有権を回復できないこととなる。(45) また、後願者から提起された先願者に対する鉱業権の設定許可無効確認訴訟において、(46) 当該後願者が原告勝訴の確定判決をえても、その判決の効力は先願者に及ばないから、通商産業局長は判決の拘束力に従い、右許可の職権取消しをしなければならない。しかし、先願者は、自己に対する鉱業権の設定許可の有効確認訴訟ないし右職権取消しの取消訴訟を提起することができ、裁判所も先の無効判決の理由に拘束されることはないから、先願者の提起した右各請求を認容することも可能であり、結局は、後願者の先の訴訟における勝訴判決が全く無意味となる場合を生じる。

このように勝訴判決の効力という面からみたとき、処分の取消訴訟と無効確認訴訟が同一瑕疵を主張して提起できる場合には、原告にとって対世効を有する取消判決を求めた方がはるかに有利であるから、救済手段として取消訴訟の提起を認めれば十分であって、処分に附着した瑕疵が無効原因に当ることを理由に無効確認訴訟を提起する訴えの利益はないというべきであろう。

右のような問題に加えて、判決の効力を離れて考えても、取消訴訟にあっては、当該処分の適法性の立証責任は被告行政庁が負担するとするのが通説であるのに対し、無効確認訴訟にあっては、当該処分に無効の瑕疵が附着していることについて、主張立証責任は原告にあると解されている。したがって、訴訟追行のうえにおいても、無効確認訴訟は取消訴訟より負担が重いというべきであるから、実体的に無効の行政処分について、取消訴訟を提起できる場合、すなわち、出訴期間内（審査前置の必要のあるものについては、これを経由したうえで）に起訴できる場合であれば、無効確認訴訟の提起を許す必要性はないということになる。

もっとも、行訴法は、行特法と同様、取消訴訟について、処分等に瑕疵があり、違法であっても特別の事情により請求を棄却することのできる、いわゆる事情判決の制度を設けた（三一条）。処分に取消原因となるにとどまる瑕疵があるにすぎない場合には、取消されるまで処分は有効として通用しているから、特別の事情によって原告の請求が棄却されれば、処分の有効は確定することになる。これに反し、無効原因があり、実体的に当初から無効な処分については、たとえ、特別の事情があっても原告の請求を棄却することによって維持すべき有効な処分がないことを理由に、(47)行訴法三八条三項は、同法三一条の規定を準用しなかった。事情判決の制度は、法治主義の下においてきわめて問題の制度であり、(48)権利救済を求める原告に大きな不利益を課するものである。(49)仮に、無効原因のある処分について取消訴訟を提起したがために、事情判決を受ける危険にさらされるということになれば、原告として、取消訴訟の出訴期間内であれば当該処分に無効原因のあることを主張する無効確認訴訟を主たる請求とし、予備的に取消請求をするという併合形態をとる必要があり、一概に取消訴訟の提起が可能だからといって、無効確認訴訟の利益が否定されるべきものではないということにもなる。

このようにみてくると、行特法の時代において理論的に統一した取扱いができず、多くの矛盾を含んだまま実務の取扱いがされていた取消訴訟と無効確認訴訟の関係について、行訴法の下においても依然として統一した扱いができないという問題に逢着せざるをえない。

㈢　右のように、取消訴訟と無効確認訴訟の扱いについて理論的な不統一がみられ、一貫した処理のできない原因は、実体的には処分の取消原因となるにとどまる瑕疵と無効原因となる瑕疵が質的な区別をもって存在すると考えられているのに対し、手続的には、当該瑕疵が取消原因となるか無効原因となるか必ずしも明確ではなく、いわばそれは単に量的な相違にすぎないと評価されるところにある。(50)しかるに行訴法は、一方で行政処分の瑕疵の程度により取消されるまで有効な処分として存在するものに対する取消訴訟を規定し、他方では、当初から重大かつ明白な瑕疵があり、実体的に無効である処分の表見的な存在を除去するための無効確認訴訟を設けた。そして前者は形成訴訟とし、後者は確認訴訟として、判決の効力については、形成力について対世効を認め、無効確認の判決については、これを否定した。このような立場で一貫するならば、手続的にも取消原因となる瑕疵と無効原因となる瑕疵を明確に区別し、取消訴訟において主張された瑕疵が処分の無効原因となるものである場合には、取消請求は理由がないとして棄却する一方、さらに無効確認訴訟の提起を認め、無効確認訴訟において主張された瑕疵が処分の取消原因にとどまる場合にも、取消判決をすべきではなく請求棄却の判決をし、出訴期間内ならば改めて取消訴訟の提起を許すべきであろう。(51) このような扱いをすれば取消訴訟と無効確認訴訟を同種の抗告訴訟として同列に扱い、判決の効力、事情判決などで異った処理のされることも問題となることはないと思われる。

しかしながら、行訴法は、取消訴訟と無効確認訴訟を、一方で右のように実体的に取消されるまで有効な処分の効力を遡って消滅させることを目的とするものと、当初から無効の処分についてその表見的な存在を除去することを目的とするものとに区別して規定しながら、実体的に無効な行政処分も、手続的に有効なものとして扱われることを認めた。すなわち、行訴法三八条三項は、同法二五条を準用した結果、無効の行政処分も、無効確認訴訟の提起によって、処分の効力、処分の執行または手続の続行を妨げられないこととなった。このことは、無効原因を有する行政処分は、当初から絶対的に無効であり、何人が何時どこでも主張できるとすることを前提とするならば、大きな矛盾であるというべきであろう。ことに通説は、無効の行政処分について、公定力を否定するのであるから、公定力の実定法上の根拠とも認められるべき行訴法二五条が無効確認訴訟に準用されることは、(52) その前提を否定することになるというべきであるが、このことはしばらくおいて、右のような準用がされたのは、手続上無効と認定されるような処分であっても、事実上効力を有するものとして扱われ、執行されるという現実があるほか、取消原因となる瑕疵と無効原因となる瑕疵が瑕疵として質的に異なるものではなく、量的な相違があるにすぎないこと、換言すれば具体的な瑕疵は、手続の発展や、関係者間における具体的な利益状態を考慮して、取消原因と評価される場合もありうるし、無効原因と評価される場合もあることを前提としてはじめて素直に肯定できるというべきである。

取消訴訟と無効確認訴訟との関係を現行の実定手続法である行訴法の下で理論的に一貫したものとして取扱うには、右のように行政処分の取消原因と無効原因が絶対的な区別をもつものではなく、瑕疵が評価される具体的訴訟の場における利益状態を基礎として、個別的・具体的に関係者の利益をも考慮したうえで判断されるべきことを肯定しなければならないと思われる。しかし、行訴法は、一方で行政処分の無効のうち先決問題となるべきものと、効力の有無それ自体が訴訟の対象となるものの間に全く区別を認めていない。すなわち、三六条は、無効の行政処分について救済を求めるには原則として、現在の権利関係によるべきことを定めているのであるから、現在の権利関係の先決問題となるべき処分の無効は当然無効であって、有効として執行されるようなものは考えられていないといわなければならないし、ここで例外として無効確認訴訟の対象となる無効もまた先決問題とされる無効と異るものというわけにはいかない。しかし、このことを貫く限り、取消訴訟と無効確認訴訟とを統一的に扱うことが困難であることは、すでに先に述べてきたとおりである。

(四)　やや結論を急ぐようであるが、行政処分の取消原因と無効原因が具体的訴訟の場における利益状態を基礎に評価されるべきもので、その区別が相対的なものであるとするならば、取消判決と無効確認判決の効力が異ることは理論的に一貫しないというばかりでなく、実際的にも不都合であることは、先に例を挙げたとおりである。行訴法は無効の行政処分についても二五条の準用を認め、処分の執行の停止等の効力が対世効を有するとしている（三二条二項）。これをさらに進めて、無効確認訴訟における請求認容の確定判決には対世効を認めるべきではないであろうか。さし当り行訴法三八条に書かれていないということのほかは、対世効を認めることによる障害は考えられない。このことはまた、ここでいう処分の無効は形成無効であって、無効判決があるまでは処分は一応有効なものとして通用していることを意味し、そのために、二五条が準用されていることを裏から説明するわけである。このように取消訴訟における取消判決の効力と無効確認訴訟における無効判決の効力を同一のものと解すると、両訴訟の関係を同列のものと考えることはできない。ここで手続上両者を区別する明確な基準として考えられるものは、無効確認訴訟における出訴期間と審査前置の不適用である。行訴法が認めている無効確認訴訟は（行特法下において判例の認めていたものも同じ）、審査前置のとられている処分について、所定の期間内に審査請求等をせず、また、出訴期間を徒過することによって、処分が形式的に確定し、一応争えなくなった状態において、なおかつ、処分に無効原因があるため、形式的確定力が排除され、訴訟提起の許されるものであるから、それは、取消訴訟に対しては、きわめて例外的であり、補充的なものとして認められれば十分であろう。[53]

このように、無効確認訴訟は、取消訴訟によって救済を求める手段が尽きたところに認めれば足りるものであって、行政不服審査制度が格段に完備した現在、例外的な訴訟手段とみるべきで、取消訴訟と本案において相互に予備的請求となることはありえないし、まして択一的請求を認めることは矛盾というほかはない。[54] すなわち、行政処分に附着する瑕疵がたとえ処分の無効原因と考えられても、出訴期間内（審査前置を必要とするものについては、その手続を経由して）であれば取消訴訟一本で足りるはずであり、予備的に無効確認を求める必要はないであろうし、無効確認訴訟を認める合理性も前記の事情判決を回避することのほかに考えられない。そして、無効確認判決に事情判決の規定が準用になる[55]とすると、出訴期間内に処分の効力を争うには取消訴訟だけで十分ということになるであろう。

もっとも、右のように無効確認訴訟における無効判決が形成無効であるとすると、現在の権利関係の先決問題となる無効は、当然無効であって無効確認訴訟の対象となる無効とは性質上異なるものと解さざるをえない。行政処分に附着する取消原因となる瑕疵と無効原因となる瑕疵の区別が相対的であり、訴訟の場において具体的・個別的に判断されるとしても、瑕疵の程度によっては、処分の効力を全く否定しなければならない種類の瑕疵、すなわち、当然無効の原因となる瑕疵の存在することもまた否定しえないから、かような種類の瑕疵の附着する処分については、当然無効を前提として現在の権利関係に関する訴訟により救済を求めれば足りると解すべきであり、[56]行訴法三六条は、右のような当然無効の処分に対する現在の法律関係に関する訴えによって目的を達することのできない、形成無効の原因となる瑕疵の附着した処分について救済を求める者に原告適格を認めたものというべきである。このように解すると瑕疵ある行政処分についての仮の救済措置としては、無効確認訴訟の場合には行訴法二五条による処分の効力停止等の方法が考えられるのに対し、当然無効の処分については、続行処分[57]を阻止する仮処分を除いて、同法四四条の仮処分の排除の規定の適用はないと解さなければ一貫しないであろう。例えば、国公立の大学の学生に対する退学処分や、公務員の免職処分が当然無効である場合、学生あるいは公務員としての身分を仮に定める仮処分は許容されると解すべきであろう。

(五)　右のように処分の無効原因を当然無効の原因と形成無効の原因とに分けた場合、両者の区別をどこでするかという問題が生じる。この点すでにいくつかの学説がいうように、瑕疵が重大かつ明白である場合には、処分の効力は何時どこで誰でも否定できると解して妨げないから、これをもって当然無効の原因というべきであろう。他面、処分の当然無効を惹起するに至らない瑕疵であっても、なお、処分の効力を最終的に争えないものとするには、その瑕疵が重大であり看過できないものについては、出訴期間徒過後においても、処分に附着する瑕疵の重大性を主張して、無効確認訴訟を提起できるものと解すべきである。[58]この無効確認訴訟についての審判は、第一次的に出訴期間（審査前置がとられている場合には、その不経由も併せて）徒過後においてもなお処分の瑕疵について争わせなければならない程重大違法があるかどうかということであり、これが認められた場合には、二次的に処分の効力が審判の対象となるという訴訟構造をとることになると思われる。そして、二次的審判の対象は、取消訴訟における審判の対象と実質的には異ならないということができるであろう。[59]

(38)　前掲・雄川全集八八頁。なお、同教授「行政争訟制度の改革に関する諸問題」公法研究一九号九八頁以下参照。

(39)　杉本・前掲判例タイムズ九頁。

(40)　行訴法三六条は、当初まさにここに述べたような補充的な性格および予防訴訟的性格のものとして立案されたようである。しかし、立案の過程で予防的訴訟もまた現在の法律関係に関する訴えによって目的を達することができないものに限り、訴えの利益が認められるような形に改められた〈塩野宏「無効確認訴訟における訴えの利益」実務民事訴訟講座8九五頁、拙稿「行政事件訴訟法施行後における行政裁判例の傾向(4)」判例時報五二八号一一頁〉。

(41)　鹿児島地裁昭和四〇・四・五判決・行裁例集一六巻五号八二三頁は免職処分について、熊本地裁昭和四〇・一一・四判決同一六巻一一号一八六八頁は建築確認処分について、青森地裁昭和四〇・一一・一六判決同号一八八四頁は消防団長の任命処分について、東京地裁昭和四一・九・二六判決一七巻九号一〇八一頁は買収処分について〈もっともこの事案は一部行特法時代に訴えの提起のあったものである〉、同地裁昭和四二・四・二五判決一八巻四号五九〇頁は一般乗用旅客自動車運送事業の停止命令に、同地裁昭和四二・一一・二九判決一八巻一一号一五一一頁は一般乗用旅客自動車運送事業の免許申請却下処分について、同地裁昭和四四・九・二四判決二〇巻八・九号一〇六三頁は懲戒免職処分について、青森地裁昭和四五・三・三一判決二一巻三号六三〇頁は土地改良区の理事の当選を取消した処分について、名古屋地裁昭和四七・五・二四判決二三巻五号三二二頁は土地改良区の換地計画に対する認可について、東京地裁昭和四八・七・二五判決二四巻六・七号六二六頁は学校法人の理事および評議員に対する解職処分について、この控訴審である東京高裁昭和五〇・二・二七判決二六巻二号三〇一頁も同じ、浦和地裁昭和四九・六・二八判決二五巻六号七九八頁は更正処分および過少申告加算税の賦課決定について、いずれも主たる請求を無効確認とし、予備的に処分の取消しを求めている。大阪地裁昭和四五・一一・二一決定二一巻一一・一二号一三一二頁は集団示威運動の不許可処分について無効確認と取消請求が択一的に併合されている例であり、東京高裁昭和四九・一〇・二三判決二五巻一〇号一二六二頁は差押処分について主たる請求として取消訴訟、予備的請求として無効確認を認め、予備的請求を認容しているめずらしい例である。

(42) 平峯隆「行政事件訴訟法に対する二、三の疑問」法律時報三四巻一〇号二〇頁、今村成和「新しい行政争訟法」法学セミナー八一号一二頁、杉村敏正「新行政訴訟制度について」公法研究二六号一三四頁、南博方・行政訴訟の制度と理論一頁、三三頁。

(43) 杉本・前掲解説一二五頁。

(44) 仙台高裁昭和三七・一二・二四判決・行裁例集一三巻一二号二一八六頁、原審盛岡地裁昭和三三・五・六判決同九巻五号八三七頁がこの例である。もっとも、この仙台高裁の判決は、最高裁第三小法廷昭和四二・三・一四判決・民集二一巻二号三一二頁により破棄された。最高裁は「右行政処分無効確認判決の効力は、行政処分取消判決の効力と同様に、訴訟の当事者のみならず、第三者に対する関係においても、画一的に生ずるものと解しなければならない。もし、行政処分無効確認判決の効力が第三者に及ばないと解すべきものとすれば、特例法のもとで行政処分取消の訴の一変形として肯認されてきた行政処分無効確認の訴は、著しくその機能を損ずることになるのであって、この意味においても、行政処分無効確認判決は、第三者に対しても、その効力を有するものと解するのが相当である。」と判示した。

(45) 所有権を回復できない結果は、国家賠償の問題とするほかないであろう。もっとも、行訴法のもとで農地の買収処分が無効である場合には、後続の売渡処分を予防するため、買収処分の無効確認訴訟を提起できると解されるほかは、国あるいは売渡処分を受けた者を被告とする争点訴訟によって目的を達するということになり、訴えの利益が否定されることになるであろう。また、買収処分の無効確認訴訟が許されるとしても、その効力の停止を求めておかない限り、売渡処分がされてしまえば結局は訴えの利益を欠くこととなる。

(46) 後願者は、自己に対する鉱業権の設定許可申請の拒否処分を争うことができるほか、先願者に対する鉱業権の設定許可をも争うことができる（最高裁第三小法廷昭和四三・一二・二四判決・民集二二巻一三号三二五四頁参照）。

(47)　杉本・前掲解説一二五頁。
(48)　研究会「行政事件訴訟特例法改正要綱試案（小委員会案）をめぐる諸問題」下三〇頁。
(49)　恐らくこの立法の背後には、原告の不利は国家賠償により金銭的に救済されれば足りるという考え方があるのであろう。しかし、有形的な損害の立証はしかく容易ではなく、請求を棄却されたまま泣寝入とならない保障はどこにもない。立法論的には同一手続内で補償額を定め、これの支払を命ずると同時に請求を棄却すべきものとすべきであろう。
(50)　これは厳密には実体法的観察方法と訴訟法的観察方法の相違にもとづくものであろう。なお、藤田宙靖「行政行為の瑕疵論における所謂〝手続法的考察方法について〟」『行政行為と憲法』一二九頁以下参照。
(51)　前掲注(18)の高根義三郎氏の見解はこれである。
(52)　田中二郎『行政法総論』一〇三頁。
(53)　雄川教授は、無効確認訴訟の性質を一種の準取消訴訟、出訴期間経過後の取消訴訟と解される。同教授「行政行為の無効確認訴訟に関する若干の問題」『裁判と法上』二一四頁、なお「行政事件訴訟の五年をふりかえって」ジュリスト三八三号二六頁以下の同教授の発言。
(54)　取消訴訟が適法であることを解除条件とする予備的請求としての無効確認訴訟の併合提起は、当然許される。
(55)　前掲ジュリスト三八三号三六頁以下参照。事情判決は、取消訴訟においてもその瑕疵の程度を考慮してなすべきであろう。それは法治主義の確保と公の利益の考量のうえに適用が考えられるべきであるからである。
(56)　処分の当然無効を前提として、現在の法律関係に関する訴えは、一応どのような処分についても考えられるであろう。例えば、申請に対する拒否処分が当然無効であった場合、義務づけ訴訟、不作為の違法確認訴訟のような形態の訴訟が考えられるが、これもまた現在における法律関係から生じるものであろう。
(57)　拙稿「行政訴訟に対する仮処分の排除」実務民事訴訟講座８三二五頁参照。
(58)　兼子仁「無効確認訴訟の範囲」公法研究二六号一六九頁、前掲・南行政訴訟の制度と理論四〇頁。今村・前掲法

学セミナー八一号一三頁、白石・前掲法曹時報一三巻二号三号。

(59)　審理の方式から逆に訴訟の性格を考えると、無効確認訴訟は手続上の訴訟と解するのが理論的であるというべきであろう（白石・前掲注(58)）。

四　結　語

行訴法が整備したといわれる行政処分の無効確認訴訟は、取消訴訟との関係を検討すると、行特法時代より一層矛盾がみられ、その統一的理解が困難であることは、すでに指摘したとおりである。この取消訴訟と無効確認訴訟の両者の関係を矛盾なく説明し、実務の扱いを統一するには、前項で述べたとおり、無効確認訴訟を形式的に確定した行政処分について、これに重大な瑕疵が附着しているため、第一次的には処分の形式的確定力を排除し、二次的に処分の違法性を審判の対象とする訴訟と解するほかはないものと思われる。しかしながら、行訴法は、行政処分の無効確認訴訟のほかに、不存在確認訴訟、失効確認訴訟等の訴訟形態を無効等確認訴訟として一個の条文に規定した。そして、これらについても原告適格の制限、執行停止の規定の準用が無効確認訴訟と同様に認められている。本来、取消訴訟との関係は、無効確認訴訟と併せてこれらの訴訟についても検討すべきであるかも知れない。しかし、処分が不存在である場合あるいは失効してしまった場合には、これを先決問題として現在の法律関係に関する訴えをもって争わせれば十分であろう。したがって、これらについての仮の救済措置も右の点から考えるべきであると思われる。本稿は、とりあえず、行特法時代からの問題点として、取消訴訟と無効確認訴訟の関係について、その統一的理解のために素描をしたにすぎないものであることをお断りしておく。

（初出、『公法の理論 中』一〇六三頁、田中二郎先生古稀記念、有斐閣一九七六年）

7　無効等確認訴訟の要件

一　問題の所在

行政事件訴訟法をめぐる法律問題の中で、この無効等確認訴訟ほど実定法の解釈が多岐にわたっているものはないように思われる。もともと無効等確認訴訟は旧行政事件訴訟特例法（以下、行特法という）時代にはこれについての規定がなく、その法的性格についての見解の相違から訴訟手続上混乱が生じていたものを行訴法が明文の規定をおいて整理したのであるが、なお、その性質、要件、取扱い等について、不明確な点が少なくない。ここでは取消訴訟との性格の相違、原告適格をめぐる行訴法三六条の解釈等が問題とされなければならないが、無効等確認訴訟の中には、処分の存在確認訴訟、有効確認訴訟、失効確認訴訟など不存在確認訴訟、無効確認訴訟と性質的にも異なると思われるものを含んでおり、一様に要件等を論じることのできない場合も生じてくる。本稿では、無効確認訴訟を中心にその訴訟要件である原告適格、訴えの利益について述べることとする。

二　原告適格

行訴法三六条は「無効等確認の訴えは、当該処分又は裁決に続く処分により損害を受けるおそれのある者その他当該処分又は裁決の無効等の確認を求めるにつき法律上の利益を有する者で、当該処分若しくは裁決の存否又はその効力の有無を前提とする現在の法律関係に関する訴えによつて目的を達することができないものに限り、提起することができる。」としている。

この規定を素直に読めば、「当該処分又は裁決に続く処分により損害を受けるおそれのある者」（積極要件Ⅰ）であっても、また「当該処分又は裁決の無効等の確認を求めるにつき法律上の利益を有する者」（積極要件Ⅱ）（なお、ここでいう法律上の利益は九条一項と同様であろう）であってもともに「……現在の法律関係に関する訴えによつて目的を達することができないものに限り」（消極要件）無効等確認訴訟の原告適格が認められることとなるわけである（これを一元説と呼ぶ。塩野宏「無効確認訴訟における訴えの利益」実務民事訴訟講座８一〇二頁、なお、三六条をこのように読む学説は、上記塩野・一一七頁、今村成和『行政法入門〈新版〉』二一七頁、杉村敏正ほか『行政法の基礎知識』一五二頁、成田頼明ほか『現代行政法』三二九頁等）。

これに対し、右の消極要件は、積極要件Ⅱにのみかかり、「当該処分又は裁決に続く処分により損害を受けるおそれのある者」は絶えず原告適格を有するとする見解がある（これを二元説と呼ぶ。塩野・前掲一〇七頁参照、なお、二元説をとる学説は、田中二郎『新版行政法(上)全訂第二版』三五六頁、和田英夫『行政法』三七〇頁、市原昌三郎＝田上穣治『行政法(上)』二五九頁、市原昌三郎「抗告訴訟の類型」行政法講座三巻一五三頁、原田尚彦『行政法要論』二三九頁等）。

このような解釈は、行訴法三六条の文理から当然には生じない。しかし、行特法改正の過程においては、無効確認訴訟が続行行為を予防するための訴訟と民事訴訟または当事者訴訟によって救済されない場合の補充的訴訟として認められるべきであると議論されてきた。例えば、第二次要綱試案において「無効確認の訴または存否確認の訴は、当該処分の無効または不存在を前提とする現在の法律関係の訴によって、その目的を達することができない者または当該処分に続く処分もしくは公権力の行使にあたる行為を防止するため、これを必要とする者に限り、これを提起することができるものとすること」とされており、第三次要綱試案においても同趣旨の条項がおかれていた。したがって、二元説は立案者の意図にそうものであるといえよう。

この二元説によるときは、当該事件が現在の法律関係に関する訴えとして成立しうる場合であっても、なお、予防的訴訟として無効確認訴訟が認められ、これについて執行停止による仮の措置を求めることも可能となるわけであるが、文理に反するために、この見解を明確にとる判例としては熊本地判昭和四一年七月一日（行裁例集一七巻七・八号七五五頁）が見当たるくらいである（事案は、滞納処分を続行処分とする課税処分の無効確認訴訟である。なお、大阪地判昭和五四・二・二行裁例集三〇巻二号一五八頁も二元説をとるもののようにみえる）。

しかし、一元説によって、予防的確認訴訟の場合にも紛争を現在の法律関係に引き直すことが可能であれば、原告適格を認めないとすると、当事者訴訟もしくは争点訴訟によって争うほかなく、これらの訴訟においては、執行停止の規定が準用されず（四一条、四五条参照）、反面、続行処分の執行を停止するため民事訴訟における仮処分の手段をも用いることができない（四四条）。処分の執行等によって回復の困難な損害が生じる場合にも手をこまねいているほかないという不都合な結果となるわけである。

そこで、行訴法三六条にいう「現在の法律関係に関する訴え」の意義について「実質的意味における当事者訴訟又は民事訴訟」と解し、「公権力の行使自体に不服でその効果を直接に否定することを目的とする訴訟は、その形式が取消訴訟や無効確認訴訟である場合に限らず、形式的には現在の法律関係を争う訴訟の形をとっている場合でも、抗告訴訟の実質を有する……従って、そのような訴訟は、形式的には現在の法律関係に関する訴訟であり、また当事者訴訟であっても、無効確認訴訟を排除する意味での『現在の法律関係に関する訴訟』とはなり得ない」という見解がまず生じた（雄川一郎「行政行為の無効確認訴訟に関する若干の問題」裁判と法二二七頁、これに対する批判としては拙稿「行政事件訴訟法施行後における行政裁判例の傾向4」判例時報五二八号一一頁）。そして、神戸地判昭和四四年九月二四日（行裁例集二〇巻八・九号一〇六三頁）は、この見解に従って、税関職員の懲戒免職処分無効確認請求は、それを前提または理由とする地位確認請求と同一趣旨であり、当事者の意思からみても実質的に地位確認訴訟にほかならないとした（塩野・前掲一一〇頁はこれを実質的無効確認訴訟と呼ぶ）。

これに対し、現在の法律関係に関する訴訟によって「目的を達することができない」かどうかの点を問題とし、これにより無効確認訴訟の許否を決しようとするいくつかの見解がある。

東京地判昭和三九年六月二四日（行裁例集一五巻六号九七六頁）は、農地買収処分の無効確認を求めた事案について、現在の法律関係に関する訴えによって、その目的を達することができない場合とは、買収処分がなされ、売渡処分がなされる以前にこれを阻止する必要がある場合等、処分無効確認の訴えによってのみ目的を達しうる特別の事情のある場合を指すとし、青森地判昭和三九年一二月二八日（行裁例集一五巻一二号二三八八頁）も同趣旨の判示をしている。甲府地判昭和三八年一一月二八日（行裁例集一四巻一一号二〇七七頁）は、処分の執行停止等仮の救済措置を認めなければ救済の実を挙げることができない場合には、現在の法律関係に関する訴えの提起が可能であっても、なお、その訴えによって「目的を達することができない」場合にあたるとし、浦和地判昭和四三年二月二八日（行裁例集一九巻一・二号三四七頁）は、現在の法律関係に関する訴えによって、たとえその前提となる行政処分の効力の有無についての判断を得ても、その判断が処分行政庁およびその他の関係行政庁を拘束する効力がなく、右訴えによっては目的を達することができないときは無効確認訴訟によるべきであるとする。右のように、一元説はその内容において説が岐れているが、最三小判昭和五一年四月二七日（民集三〇巻三号三八四頁）は、課税処分無効確認訴訟について「争いになつている本件入場税および所得税は何れも未納付であることが窺われるので（……）、右各処分の無効を前提とする現在の法律関係に関する訴え（例えば、租税債務不存在確認の訴え）によつてその目的を達することができるものというべきであつて、右無効確認の訴えは不適法というほかない」とした原判決を「納税者が、課税処分を受け、当該課税処分にかかる税金をいまだ納付していないため滞納処分を受けるおそれがある場合において、右課税処分の無効を主張してこれを争おうとするときは、納税者は、行政事件訴訟法三六条により、右課税処分の無効確認を求める訴えを提起することができるものと解するのが、相当である」として破棄差し戻した（なお、最一小判昭和四八・四・二六民集二七巻三号六二九頁も同趣旨）。

この最高判が二元説によるか、あるいは一元説のうち、後続処分を予防することができないときは、現在の法律関係に関する訴えによっては「目的を達することができない」とする説によるのか、必ずしも明らかではないが、どちらにしても続行処分を阻止するための予防的無効権認訴訟はこれによって判例として定着したといえるであろう。

なお、以上のいずれの見解とも異なる処分に重大かつ明白な瑕疵のある場合の「当然無効」と重大な瑕疵があるにとどまる「宣言無効」とを区別し、後者については現在の法律関係に関する訴えによっては目的を達することができないと解する説がある（兼子仁『行政争訟法』二二八頁）。

三　取消訴訟との関係における訴えの利益

以上のように無効確認訴訟は、当事者訴訟、争点訴訟を補完する予防的、補充的訴訟であるところから、行訴法三六条において原告適格がきわめて制限された形で認められているにすぎないが、抗告訴訟としての無効確認訴訟が果たして取消訴訟とどのような関係にあるかについては、従来、学説判例において十分問題とされてきてはいない。ことに実務において無効確認訴訟と取消訴訟は全く同列に扱われ、当事者（原告）の意思により、相互に予備的請求、択一的請求として処理されうるものとしている。しかし、無効の瑕疵と取消事由にとどまる瑕疵の区別は絶対的なものではなく、取消訴訟において無効原因となる瑕疵を主張し、これが認められた場合は、取消判決をするものとしてきた実務の扱いからすると、取消訴訟の要件を充足している場合に何が故に無効確認訴訟を提起しなければならないのか十分に理解できない。無効確認訴訟を追行するより取消訴訟を追行する方が原告にとってはるかに有利なはずである。無効確認訴訟は出訴期間の徒過、審査請求前置の不経由の場合に認められる例外的な訴訟であると解しても一向に差支えはないように思われる（雄川・前掲二一三頁は、無効確認訴訟は、出訴期間経過後の取消訴訟、訴願前置を経ない取消訴訟〈準抗告訴訟〉の意味をもつとしている）。してみれば、無効確認訴訟と取消訴訟が相互に予備的もしくは択一的請求として認められるのは矛盾であろう（取消訴訟の本案判決があることを解除条件とする無効確認訴訟の予備的請求は理論上考えられる）。

このような両者の関係からすると取消訴訟が認められる場合、無効確認訴訟は訴訟利益を欠くというべきである（本書前掲一三四頁「行政処分の取消訴訟と無効確認訴訟の関係」参照）。

〔参考文献〕

本文掲記のもののほか

石井健吾・最高裁判所判例解説民事篇昭和五一年度一八二頁
真砂泰輔「無効確認の訴えと争点訴訟」『法学演習講座行政法(下)』五六九頁
広岡隆「無効確認訴訟と争点訴訟」『演習行政法(下)』一五五頁

（初出、ジュリスト増刊、行政法の争点二二二頁）

8　行政手続の規制

一　事前手続

行政手続の観念は、広く行政庁の行なう行政決定の前後にわたって、第一次行政処分のための事前手続と、第一次処分に対する救済手続としての事後手続の両者を含むものとして用いられるが、ここで問題とする行政手続は、右の意味の事前手続に限定して考えたい。行政の事後手続についても判例理論として検討すべき点がないわけではないけれども、事後救済法として一般法である行政不服審査法が制定・施行され、その手続の法的規制が格段に完備した現在、これを事前手続についての規制の問題と同じ観点からとりあげる必要性も合理性もないと思われるからである。そこで、ここではもっぱら焦点を事前手続に当て、事前手続の規制に関する判例の動向について検討を加えたいと思う。

敗戦後、現行憲法の施行にともない行政事件のすべてが司法裁判所の管轄するところとなり、以来今日までおびただしい数の裁判例が現われ、実体上、手続上の重要な論点について判例を形成してきたものの、行政手続の規制に関する判例、ことに手続の保障を問題とした判例はごく僅か散見されるだけであって、この点からいえば、この分野はまさに不毛の地であったといっても過言ではないであろう。この原因はいくつか考えることができるけれども、後に指摘するとおり、大陸型の法治主義になじみ、行政作用に対する国民の権利・利益の救済をもっぱら実体的側面から法の解釈・適用によってすることになれた法律実務家の資質にその一因があることは否定できないように思われる。

もっとも、判例形成に参画する法律実務家も実定法が行政処分を行なうについての一定の手続方式を定めている場合、それが単なる訓示的なものである場合を除いて、当該手続を履践することなく行なわれた処分については、これが手続の瑕疵として処分の違法事由を構成することにさして疑問をもつことはなく、これを処分手続の瑕疵としてとりあげてきたことは周知のとおりである。しかしながら、右のように実定法に行政処分をするについて履践すべき手続を規定してある場合においても、当該規定のおかれた実質的意味を検討し、そこから当該手続違背が処分の瑕疵となる具体的な理由を示しているものはめずらしい。

例えば、福岡地裁昭和二六年五月一八日判決・行裁例集二巻七号一〇九八頁が、町公安委員会規則に反し、審理期日とその通知との間に所定の期間をおかず、かつ、被審人に対して懲戒申立書の写しを送付しなかった懲戒手続の違背について「懲戒というのは人の身分に重大なる影響を及ぼすところの処罰であるから、懲戒委員会が規律違反の審査を為すについては旧来の如く単に書面審理によるべきではなく、よろしく被審人をして、事前に予め自己が如何なる事実に基ずいて審査に付せられたかを知悉せしめ、相当の期間をおいて、弁解と反証を挙げる準備の機会を与え、被審人を呼出して『フエアプレイ』の法則に従い審理に臨み、以て過誤なきよう万全の措置を講ずべきであつて……」と判示し、右のような手続の欠缺をもって審理手続に重大な手続違背の違法があるとし、この上告審である最高裁昭和三一年七月六日第二小法廷判決・民集一〇巻七号八一九頁もまた「懲戒申立書の写を送付すべきことを定めた趣旨は、これにより被審人に予め自己がいかなる事由により懲戒を申し立てられたかを知らしめ、防禦方法の準備をする機会を与えることにあり……」として、このような手続を経ないで開始された審理手続が違法であることを明らかにし、ついで、建築基準法九条三項所定の公開による聴聞の請求を無視してなされた同条一項の建築物除却命令について「公開による聴聞手続は利害関係人の利益を保護し同条第一項の停止、除却その他の命令内容の正当性を保障する為の重要なる前提手続と解すべきであるから、右聴聞を行うことの請求があつたにもかかわらず、之を経ずしてなされた本件除却命令は違法なものであることは明か……」と判示している横浜地裁昭和三七年一〇月二七日判決・行裁例集一三巻一〇号一八七八頁が見当たるくらいである。

多くの判例は、法が被処分者に対し、聴聞、弁明の機会等を与えなければならないとしている場合に、それらの規定のおかれた実質的理由についてはあまり問題とせず、このような手続方式の違背が処分の違法事由を構成すると判示するにとどまっている。例えば、佐賀地裁昭和三〇年四月二三日判決・行裁例集六巻四号一一〇七頁は、市長のした道路法七一条一項の規定に基づく工作物の除却命令が、被処分者である原告に対する同条三項の聴聞手続を欠いたままなされたことを理由に、右処分を無効としたが、ここでは聴聞が除却命令の要件となっているというだけで、規定のおかれた実質的意義については何らの判示もない。

行政手続として聴聞、弁明の機会等が要求されている場合であっても、右のように、それが単に関係者の利益保護の趣旨から法がとくに認めた手続であり、当該手続に違背することは処分の違法事由を構成すると解する程度であっては、行政手続に関するすぐれた判例理論の生まれる余地はほとんどなかったといえるであろうことは、このような聴聞等の規定がない以上、行政処分の性質がいかに被処分者の権利・利益を侵害する重大な処分である場合であっても、弁解・主張・立証等の機会を与えないことが処分の効力に何らの影響を及ぼさないとしている判例のしばしば見られることから明らかであるように思われる。

京都地裁昭和三〇年一二月二八日判決・行裁例集六巻一二号三〇〇三頁が、国立大学学生の放学処分について、被処分者である原告に何らの弁明の機会を与えずになされた手続上の違法がある旨の主張に対し、「かかる機会を与うべきことの当否はともかく機会を与えなかつたとしてもその一時によつて本件処分を違法とみるべき成法上の根拠は存しない。原告主張の如き『何人もその弁明の機会を与えられないでその不利益な結果を帰せられることはない』との他国の法諺を以て直に我成法上の根拠と為し得るものとは解することはできない。」と判示し、また、県公安委員会規則に「……免許を取消し、又は九十日以上の停止をしようとするときは公開による聴聞を行う」と定められていることを根拠に、原告に対する七〇日間の自動車の運転免許を停止する処分をするについて、公開による聴聞によって弁解の機会を与えなかったからといって処分を違法とすることはできないとした仙台高裁昭和三五年三月二六日判決・行裁例集一一巻二号四五五頁とこの原審山形地裁昭和三三年一二月二二日判決・行裁例集九巻一二号二八九二頁などがそれである。

以上、昭和二〇年代から昭和三七年頃までに現われた行政手続に関する数少ない判例に当たってきたわけであるが、判例の大部分が下級審、ことに第一審のものであり、最高裁の判例は僅か一件にすぎない。したがって、ここに挙げただけの判例をもって、判例の行政手続に対する態度、その理論構成等をさぐることはきわめて危険であるといわなければならない。しかし、大まかな傾向としていえることは、前記の聴聞等の手続違背を処分の違法事由とする判例の説示するところも考慮に入れて、実定法が被処分者に対する弁明の機会の付与、聴聞等の規定をおいていない限り、当該処分の性質いかんにかかわらず、換言すれば、当該処分が被処分者の権利・利益を侵害する不利益処分である場合においても、聴聞等の手続をとるかどうかは全く処分庁の自由であり、この欠缺が処分手続に何らの影響も及ぼさないとしているのではないかと思われる。いわば、右のような聴聞手続の履践の必要は、形式的に実定法にそれを認めた規定があるかどうかによって定まるものであり、実定法規を離れて処分の性質により、条理上、あるいは憲法上の手続保障の規定から右のような手続の必要性を肯定するものではないということである。そして、このことは学説の傾向でもあったことは改めて説明するまでもない。

もっとも、この間にあって、宇都宮地裁昭和三四年一二月二三日判決・行裁例集一〇巻一二号二五九七頁は、教育委員会が教育公務員である原告に対し懲戒免職処分をするに当たって、ほとんど事実調査、資料の収集も行なわず、被処分者である原告に釈明の機会も与えなかった旨の原告の主張に対し、「原告の教育公務員たる身分を奪うような重大な処分をするについては、何等かの方法によつてその弁解をきくべきことは条理上当然に要請される……〔のに、〕弁解も聞かず……早急に懲戒免職処分にしたことは……著しく妥当性を欠き……その取扱は公正を欠くというべきである。」とし、これが、「すべて職員の分限及び懲戒については、公正でなければならない。」と規定している地方公務員法二七条一項に違反する処分で取消の原因となる旨判示した。右の地方公務員法の規定から事実認定の公正のための、手続的要件を導き出している点で、きわめて斬新な判決であると考えられるが、この時点でこれに続く判例は現われなかった。

二　個人タクシー事件と群馬中央バス事件

以上のような判例の動向からみると、行政手続の規制に関する判例法の発展を期待することができないとする意見(1)のでてくるのも当然と思われるが、昭和三八年の後半に相次いで言い渡された東京地裁の次の二つの判決は、従来の判例と全くおもむきを異にし、一応行政手続の在り方に関する問題点のすべてをその中に包含しているものということができる。すなわち、昭和三八年九月一八日判決・行裁例集一四巻九号一六六六頁は、個人タクシー免許申請拒否処分取消請求事件について、次のとおり判示した。

「道路運送法は、免許申請の許否を決定する手続については、特定の場合に聴聞手続を実施すべきことを要求している（第一二二条の二）ほかは、なんらの定めをしていないので、右特定の場合以外は、いかなる手続を採用するかを一応行政庁の裁量に任せているものと解さざるを得ない。しかし、このことは、いかなる方法、手続をとるかについての行政庁の裁量権になんらの限界ないし制限がないことを意味するものではない。かえつて、極めて抽象的な表現により免許の要件を定めた同法第六条の下で、具体的、個別的事実認定に基づき特定の免許適格者を選定するについては、行政庁は、不公正な、事実の認定につき行政庁の独断を疑うことが客観的にもつともと認められるような手続を採用する裁量の自由を有するものではなく、その手続は、公正な、事実の認定につき行政庁の独断を疑うことがいわれがないと認められるようなものでなければならないと解すべきである。……個人タクシーの免許の性質をいわゆる公企業の特許に当るものと解するか、営業の自由に対する一般的禁止の解除……に当るものと解するかは一の問題であるが、〔どちらにしても〕事実上重要な生活手段ないし財産的利益を得る機会を保障される特定の者……を選定する手続である……から、その手続が、すべての申請人に一律、公平に適用される公正なものでなければならないことは、法の下の平等の原則を定めた憲法第一四条の趣旨からいつても当然である。しかも、国民の権利、自由の保障は、これを主張し擁護する手続の保障と相いまつて初めて完全、実質的なものとなり得るのであつて、憲法第一三条、第三一条は、国民の権利、自由が実体的のみならず手続的にも尊重さるべきことを要請する趣旨を含むものと解すべきであるのみならず、そもそも、行政の作用は、国民の政府に対する信託によるものであつて（憲法前文参照）、行政の掌〔衝〕にあたる公務員は、全体の奉仕者として誠実にその事務を処理すべき義務があること（憲法第一五条）から考えても……できるかぎり、事実の認定につき恣意、独断を疑われることのないよう配慮すべきことは当然であつて、行政庁は、何人も事実の認定につき行政庁の恣意、独断を疑うことがもつともと認められるような手続による判定の結果を裁量権の行使の名の下に国民に強いる裁量の自由を有すると解すべきなんらの根拠はない。従つて、方法、手続につきなんらの定めがない場合においても、免許申請者は、公正な、事実の認定につき独断を疑うことがいわれがないと認められるような手続によつて判定を受くべき法的利益の保障を享有するものと認めねばならない。」

「ただ、いかなる手続が公正な、事実の認定につき行政庁の独断を疑うことがいわれがないと認められるような手続に当るかは、当該行政行為の目的、性質、これにより規制を受くべき権利、自由の性質その他一切の具体的事情をしんしやくして、各個の場合につきこれを決定するほかはない」「一般的にいえば、多数の者のうちから少数特定の者を選定するについては、単なる抽せんによる場合は格別、具体的、個別的事実の認定に基づき選定を実施しようとする限り、具体的基準の設定なくしては公正な取り扱いをすることは不可能であるから、かような場合に、具体的基準を設けることなしになされた処分は、それだけで、不公正な手続によりなされた処分として違法性を帯びるものと解さざるを得ない。」そして、「設定された基準の内容が、微妙かつ高度の認定を要するようなもので、その内容を利害関係人に告知し、この点についての主張と証拠を提出する機会を与えるのでなければ、事実認定の独断を避けることが困難と認められるようなものである場合には、もはや、行政庁は、利害関係人に基準の内容を告知し、これにつき主張と証拠を提出する機会を与えることなしに手続を進める裁量の自由を有せず、この場合においては、右の機会を与えることなしに行われた認定手続は、とりもなおさず、事実の認定につき行政庁の独断を疑うことが客観的にもつともと認められる手続にあたる」、以上のように説示し、本件において、審査手続開始前に具体的基準が確立しておらず、それは聴聞手続開始後に係長級以上の少数の者の間で口頭による申合せ事項として了解されていたにすぎず、聴聞担当官自身も基準の存在、内容を知らされていなかったという事実を認定のうえ、免許申請拒否処分を違法であるとした。

この判決は、それまでにみられないいくつかの重要な問題点についてふれている。まず、国民は適正な手続、すなわち、公正な事実の認定について行政庁の独断を疑うことがいわれがないと認められるような手続によって行政処分を受くべき権利ないし法的利益を有すること、憲法三一条、一三条は右のような国民に対する手続保障を要請する趣旨を含むものであること、どのような手続が適正手続に当たるかは当該処分の目的、性質、これにより規制を受くべき権利自由の性質、その他一切の具体的事情をしんしゃくして各個に決すべきこと等である。そして、同地裁同年一二月二五日判決・行裁例集一四巻一二号二二五五頁は、一般乗合旅客自動車運送事業の免許申請却下処分取消請求事件（群馬中央バス事件）について、前記個人タクシー事件と基本的には同じ判示をし、国民が適正手続、すなわち、行政庁の判決について恣意、独断ないし他事考慮を疑うことがいわれがないと認められる手続により行政処分を受くべき権利ないし利益を有することを前提に、次のとおり判示した。

「一般乗合旅客自動車運送事業の免許の許否に関する処分の性質を、憲法の保障する営業の自由の規制に関する処分と解する場合には、これを、本来国家に独占さるべき事業についての特許（ないし恩恵の付与）に関する処分とみる場合に比して、その手続がいつそう公正かつていねいなものでなければならないことは当然である。……当裁判所の見解によれば……一般乗合旅客自動車運送事業の免許は、本質的には憲法第二二条第一項の営業の自由の規制にかかわるものであつて、運輸大臣は、免許の申請が、道路運送法第六条第一項所定の免許の基準に適合しないかぎり免許を付与してはならない拘束を受けると同時に、同項の基準に該当し、同法第六条の二の欠格事由に該当しないかぎり、免許を付与すべき義務を負うものであり、免許申請を違法に却下した場合は、国民の営業の自由を違法に侵害することとなる」「本件却下処分は所轄陸運局長による聴聞手続、運輸審議会による公聴会の手続、その結果に基づく答申を経て、被告大臣によつて最終的に決定された。……運輸審議会は、法形式的には諮問機関にすぎないとしても、事業の免許及びその取消し等の事案に関する限り……、実質上いわゆる参与機関としての役割りを果すべきことが期待されている」「ところで、免許の許否が適正に行われるには、申請が免許基準に適合するかどうかの判断が、正確に把握された具体的な事実に基づいてなされるべきことが当然であり、そのことなくしては、免許制度の公正かつ合理的な運用は不可能である。法が聴聞手続、公聴会手続を採るべきことを定める趣旨も、……この手続が、事実認定のためのもつとも適正な手続であり、これによつて、行政庁の恣意、独断等の介入の虞れを防ぐことができるということにあるのである。……しかるに、前記のような抽象的免許基準の下で、適正な事実認定を目的とする公聴会審理の実をあげるためには、なにが問題点であり、どこに立証と主張を集中すべきかを申請者その他の利害関係人の任意の判断にのみ委ねることによつては不可能である。すなわち、事実認定を正しく行うためには、証明すべき事実を明らかにし、これについて申請人その他の利害関係人が十分の立証と主張をすることが必要であるが、前記のような抽象的な免許基準では、いかなる事実が重要であり、どの点が問題であるかは、申請人や利害関係人の側から抽象的な免許基準だけを手掛りとして的確に認識することは不可能であるから、申請者その他の利害関係人は、任意に、それぞれその好むところに従い証拠を提出し、主張を展開することとなることは避け得ず、かくては、適正な事実の認定は著しく困難であり、公聴会を開催することの実質的な意義は大いに失われることになろう。従つて、公聴会が適正に行われ、事実認定における恣意、独断の介入を排除するためには、公聴会の開催までに、申請者その他の利害関係人に公聴会の審理の対象となるべき問題点が明確に指示され、なにを主張し、どの点を立証すべきかが、了解せしめられていなければならない。」以上のように説示したうえ、本件申請事案に対する公聴会その他の審理手続は、全体として、事実の認定と判断とに関し、恣意、独断ないし他事考慮の介入を疑うことが客観的にもっともと思われるような手続にあたるものといわざるを得ず、その結果、原告のこのような適正な手続によって免許の許否の判断を受くべき法的利益を侵害したものとしている。(2)

以上の東京地裁の二つの判決は、行政手続の規制が行政過程における手続的保障として把握できるとした最初の判例であり、その在るべき方向について一応もれなくふれているものといえるであろう。ただここで、これらの判決のいう適正手続というのは、英米でいう告知と聴聞を要件とするような狭いものではなく、手続全体が公正でなければならないという広い内容のものである点が注目されるべきであり（英米でいうbiasについてはもちろん、Extraneous Considerations〈他事考慮〉までをも内容としている）、かつ、国民の側からこのような適正手続をみた場合、それが権利ないし法的利益、いわば手続的権利として構成されているところに大きな特色があるということができる。

三　右両事件の帰趨

行政過程における手続的保障を認めた右の東京地裁の二つの判決のうち、個人タクシー事件は控訴審である東京高裁昭和四〇年九月一六日判決・行裁例集一六巻九号一五八五頁によって結論とその理由づけの一部が維持された。すなわち、判旨は「免許申請の許否を決定する手続について……一応行政庁の裁量に任せている……が、このことは行政庁の裁量権に何等の限界ないし制限がないことを意味するものではなく、行政庁が不公正な、事実の認定につきその独断を疑うことが客観的にもっともであると認められるような手続をとる自由を有しないことは云うまでもない」とし、一審同様、個人タクシー事業の免許の許否が憲法の保障する職業選択の自由の規制に関するものであること、多数の申請人の中から少数特定人を選択してその許否を決定するについて手続の公正を期するには、審査基準を設け、聴聞をする係官が基準の内容を理解して聴聞を行なわなければならないとしたが、基準の内容を申請人に告知することは申請人がかりに基準の内容を知らなかったとしても、行政庁において基準を適用するについて必要とされる事項を申請人に告知し、それについての主張と立証の機会を付与することによって十分目的を達することができるから、その必要ないし実益はないとした。(3) そして、一審とは若干異なる事実を認定したものの、被申請人の免許申請を却下した処分は、公正な手続によって判定を受けるべき被控訴人の法的利益を侵害したことに帰着し、右処分は違法として取消しを免れないとした。

この控訴判決は、一審判決と比較すると、一審が免許申請人の有する適正手続により申請の許否につき判定を受けるべき法的利益を憲法の諸規定から導き出しているのに対し、控訴審においては、これを道路運送法の聴聞の規定から引き出している点で異なるけれども、この点は行政作用に憲法上の適正手続が要求されるものでないとする通説の立場に立つ限りやむをえないというべきで、むしろ、行政過程において申請人を単なる処分の客体にすぎないとする従来の考え方に反し、これに積極的な地位を認めた点で大きく評価されてよいと思われる。

右の控訴判決は、最高裁昭和四六年一〇月二八日第一小法廷判決・判時六四七号二二頁において裁判官全員一致の意見で維持された。この最高裁判決の判旨はほとんど控訴判決のそれと同一であるが、実定法の解釈から導き出したとはいえ最高裁が公正な手続により処分を受けることのできる法的利益を行政客体の側に認めたことは劃期的であって、今後のこの種の処分について実務上大きな影響を与えずにはおかないと思われる。

ただこの最高裁の判決が、今後の行政手続の規制に関する判例の形成にどのような影響を及ぼしていくかについては必ずしも明るい見通しが立っているわけではない。この種の判例形成が、裁判官・弁護士を含む法律実務家の物の見方・考え方によって大きく左右されるものであることは、個人タクシー事件と群馬中央バス事件の後の下級審裁判例の動きによってよく理解することができる。

個人タクシー事件の控訴判決後、タクシー事業および個人タクシー免許申請却下処分の取消訴訟において、東京地裁昭和四二年一一月二九日判決・行裁例集一八巻一一号一五一一頁と同地裁同年一二月二〇日判決・行裁例集一八巻一二号一七一三頁（両事件とも同一部で裁判長は同じであるが、他の構成員は異なる。そして、どちらも先の東京地裁判決の構成員とは全く異なる）と相次いで言い渡されているが、前者は「免許申請の許否を決定するため審査基準を設けて事案を処理する場合、審査基準の定立又はその適用において、審査基準を設けた趣旨を逸脱し又は審査基準についての事実の誤認や不公正な取扱いなどがあれば、それは免許基準の適合に関する審査において裁量権の行使を誤る措置をしたものとして違法であるが、このような措置を基因として免許申請の拒否処分がなされたときは、かかる審査手続上の瑕疵は、審査基準の正当な適用によつて事業免許の許否につき判定を受けるべき申請人の法的利益を侵害するという点において、当該拒否処分の違法事由となる」と判示しているのに対し、後者は「行政庁がなんらかの審査基準を設けて事案を処理する場合に、その基準の定立や適用において、基準設定の本来の趣旨を逸脱した不公正あるいは不合理があれば、かかる手続によつて行われた処分は、違法たるを免れない」としながらも、「審査基準の適用につき事実を誤認し、ひいて右誤認がなければ当然斟酌すべき事実を斟酌しないで基準を適用したことにより、結局において裁量権の行使を誤つたものとして、違法であるといわなければならない」としている。前者は個人タクシー事件の東京高裁判決（したがって、右最高裁判決）と同じ考え方をとっているとみられるが、後者は明らかに異なっている。そして同地裁昭和四四年一二月二六日判決・判時五八五号三四頁（右後者の判決と構成員は一名同じ）になると同じ個人タクシー事件であっても、手続的アプローチはとられないで、審査基準を処分の実体要件と同一視しているようにみうけられる。この間にあって先の群馬中央バス事件の控訴審である東京高裁昭和四二年七月二五日判決・行裁例集一八巻七号一〇一四頁は、一般乗合旅客自動車運送事業の免許が公企業の特許であること、免許基準が羈束裁量に属すること、運輸審議会は参与機関ではなく単なる諮問機関であり、その審理手続ないし判断内容に違法事由があったとしても、処分自体を違法ならしめるものではないこと等を骨組として、原判決を取り消しているが、この判決の思考方法は典型的な伝統型であり、行政過程において私人に主体的な地位を認め、手続上の利益を保障しようとする手続規制については全く理解がないように思われる。そして、行政庁の裁量を実体面からきびしくしぼった点は高く評価されるが、右と同一系列にあるものとしては、同じく個人タクシーの免許拒否処分を扱った東京地裁昭和四五年三月九日判決・判時五八七号一〇頁があり、東京地裁昭和四五年七月一七日判決・行裁例集二一巻七号別冊（教科書検定処分取消訴訟事件）においては「わが憲法は……三一条において主として刑事手続について法律による適正手続を保障するにとどめ、一般の行政処分ないしその手続に関しては事柄の性質の多様性にかんがみて直接には明文の規定を設けず、むしろいわゆる法治主義（法律に基づく行政）の原則によつて国民の権利、自由を保障しようとしているものと解する」とすら判示している。

右にみた、いくつかの伝統的な大陸型の思考方法をとる下級審判例をみると、前記の劃期的な最高裁判決が言い渡されたとしても行政手続の規制に関する判例の形成は、前途なお多難であるといわざるをえない。

最後に、何人かに不利益処分をする場合にはその者に対し右処分に関し告知、聴聞の機会を与えるということが、そのもっとも基本的要請であるとした松山地裁昭和四三年七月二三日決定・行裁例集一九巻七号一二九五頁があることを明らかにしておきたいと思う。

（1）「行政手続法をめぐる問題」ジュリ二七九号二二頁の橋本教授の発言。

（2）この二つの判決についての検討は、奥平康弘「免許申請許否決定と公正手続」法政論集二九号六六頁が詳細である。

（3）この考え方については、基準を適用するについて必要とされる事項が何かについて行政庁の一方的な判断を申請人に押しつけることにならないか、そしてまた、この考え方の根底には行政過程において申請人の主体的な地位を認めるのではなく、申請人を単に資料の提供者ほどにしかみないという批判がありうることと思う。

（初出、ジュリスト五〇〇号、特集・判例展望、判例理論の再検討八四頁）

9　行政手続法の活用方法と行政訴訟への影響

一　はじめに

行政手続法（以下、本稿において手続法という。括弧内で条文を引用するときは、単に法という）が平成五年一一月五日成立、同月一一日公布された。行政の事前手続の法的規制については、昭和三〇年代以降行政法学界の懸案であり、第一次臨調第三専門部会第二分科会は昭和三九年二月わが国において統一的行政手続法を制定する必要があることを明らかにした「行政手続に関する報告」に行政手続法草案を添付し、公表し、同調査会は、同年九月右報告を含む最終報告を提出して、任務を終了した。以来、昭和五四年九月航空機疑惑問題等防止対策に関する協議会において一般的行政手続法の整備が提言され、行政管理庁に故雄川一郎教授を座長とする行政手続法研究会がおかれ、続いて、第二次臨調も昭和五八年三月「公正で民主的な行政運営を実現し、国民の権利、利益を保護するために行政手続を整備することの必要性が一層高まっている。」と指摘した。昭和六〇年六月には総務庁において塩野宏教授を座長とする第二次行政手続法研究会がもたれ、昭和六〇年一〇月には中間報告が出された。そして、第二次臨時行革審は平成二年四月最終答申において、処分手続に関し、法制の統一的整備に向けて専門的な調査審議機関の設置について提言をし、同年一〇月内閣総理大臣から第三次臨時行革審に対し、行政手続法制の統一的な整備についての諮問があり、結局この第三次行革審に「公正・透明な行政手続部会」が設置され、平成三年一一月部会報告が提出されて同年一二月同部会が取りまとめた行政手続法要綱案を含む報告書がそのまま「公正・透明な行政手続法制の整備に関する答申」として政府に提出された。政府は、この答申にそって立案作業を進め、その後、国会提出となり、衆議院の解散があって、一時は廃案とされたものの、再度臨時国会に提出され、第一次臨調の答申から数えれば三〇年の歳月を経てようやく、統一的な事前手続に関する法律が制定されたということになる。この間学界では、一般行政手続法の必要性について、多くの議論はされてきたものの、これに対して行政実務家は、総論賛成、各論反対の態度で終始し法制定に動く様子はみられなかったし、事前手続の規制や、処分に対する理由付記についての若干の判例はあったものの(1)、これらの判例が一般化する様子はみられなかった。また実務法律家である弁護士の中から積極的に法制定を推進するような動きが出たのは昭和六〇年に至ってからであり、それも、東京の各弁護士会ではなく、名古屋弁護士会の提言によって日弁連が動いたというのが実情であった。今回の行政手続法の成立については、「不公正・不透明」とみられるわが国の行政の実態についての日米構造協議における強い批判があり、この強い外圧が政府を動かし、法成立に消極的な官界も時代の流れに抗しきれなかったというのが真相であろう。ともあれ、申請手続、不利益処分手続、行政指導手続、届出に関し、一般的な通則が出来たことは、官庁主体で動いてきた行政過程に国民の眼が向けられ、その権利・利益を手続面から主張できる手段が与えられたこととなり、言い換えれば行政活動が手続面から民主化されることになったというべきであろう。

手続法の成立の沿革、解説については、別稿で立案に当たった担当者によって書かれることになっているので、私は、与えられた僅かな紙面でこの法律の活用と行政訴訟・抗告訴訟への影響について、気のついた点を独断の誇りを免れないかも知れないがふれてみたいと思う。法制定後、それ程日数が経過していない現在までに、解説書、体系書が少なからず出版されている。[2]本稿は、これらの解説書、体系書に教示を受け、法律実務家、弁護士がいわば職業として、手続法に関係する場合を中心に述べるものであるから、決して学問的なものでないことを、当初からお断りしておかねばならない。

（1）　最高裁第一小法廷昭和四六年一〇月二八日判決・民集二五巻七号一〇三七頁（いわゆる個人タクシー事業免許申請事件）、最高裁第一小法廷昭和五〇年五月二九日判決・民集二九巻五号六六二頁（いわゆる群馬中央バス事件）、最高裁第二小法廷昭和三七年一二月二六日判決・民集一六巻一二号二五五七頁（青色申告承認取消処分取消請求事件）、最高裁第二小法廷昭和三八年五月三一日判決・民集一七巻四号六一七頁（所得税青色審査決定処分等取消請求事件）、最高裁第一小法廷昭和四九年四月二五日判決・民集二八巻三号四〇五頁（青色申告承認取消処分取消請求事件）、最高裁第三小法廷昭和六〇年一月二二日判決・民集三九巻一号一頁（一般旅券発給拒否処分取消等請求事件）。

（2）　青木康『行政手続法の解説』（ぎょうせい一九九三年）、兼子仁『行政手続法』（岩波新書一九九四年）、原田尚彦『行政法要論（全訂第三版）』（学陽書房一九九四年）一三一頁以下、塩野宏『行政法I（第二版）』（有斐閣一九九四年）二一九頁以下、総務庁行政管理局編『逐条解説行政手続法』（二〇〇二年）、ジュリスト一〇三九号「特集行政手続法の制定」（一九九四年二月一五日号）、宇賀克也「行政手続法の成立」法学教室一六〇号（一九九四年一月号）、阿部泰隆『行政の法システム（下）』（有斐閣一九九二年）五四三頁（法成立前のものであるが要綱案についての説明がある）

二　手続法上の私人の諸権利

行政の事前手続は、行政決定前の行政過程における行政目的に向けられた連続した行政の諸作用をいうものと解されるが、この行政の事前手続の中で従来においても私人は、個別法において行政客体として、もろもろの権利を有していた。しかし、手続法の成立によってその根拠、由来を憲法三一条、一三条あるいはその両者、また憲法の認める法治国原理のいずれに求めるにしても、われわれは一般的に手続法によって認められた手続上の諸権利の明文の規定をえたということができよう。換言すれば、行政主体と私人との関係は、手続法に規定されている限りでは、行政の事前手続が一つの法律関係として把握され、私人は、行政主体に対し、適正公平な、かつ透明性を有する手続によって、処分その他の取扱いを受ける手続上の権利を有するものと解されるわけである。

実務のうえで手続法を活用するには、基本的には、私人に右のような手続上の権利のあることを前提に権利行使を行うべきものと考える。そして、あえていうまでもないことかも知れないが、この一般法である手続法が私人に認める手続上の権利は、個別法が一般法と異なる定めをおいている場合においても、十分尊重されるようわれわれ法律実務家としては、行政庁あるいは裁判所に主張していく必要があるであろう。

本稿は、すでに述べたように学問的な論文ではない。一実務家が、この一般行政手続法を前提に、申請代理人、不利益処分の代理人、あるいは利害関係人の代理人となることを仮定し、この法律を弁護士である実務家がどのように受けとめ、理解し、対行政庁と折衝し、法廷において主張すべきかを、若干の独断と偏見の批判のあることを覚悟のうえで明らかにしようとするものである。

三 申請と届出について

申請は、法令に基づき、行政庁の許可、認可、免許その他の自己に対し何らかの利益を付与する処分（以下、許認可等という）を求める行為であって、当該行為に対して行政庁が諾否の応答をすべきこととされているものをいう（法二条三号）。届出は、行政庁に対し一定の事項の通知をする行為（申請に該当するものを除く）であって、法令により直接に当該通知が義務付けられているもの（自己の期待する一定の法律上の効果を発生させるためには当該通知をすべきこととされているものを含む）をいう（法二条七号）。いずれも当該行政手続を開始させる行為であることは疑いがない。そして、申請があったとするには、申請書がその事務所に到達することが必要であるし（法六条、七条）、届出の場合は、当該届出が法令により当該届出の提出先とされている機関の事務所に到達したときに、当該届出をすべき法律上の義務が履行されたことになる（法三七条）。ここで事務所というのは、個別法によって申請、届出の宛先となる行政機関の事務所であり、経由機関が定められているときは、当該経由機関の事務所をいうのであろう(1)。到達したとは、これらの事務所に申請書、届出書が物理的に到達し了知可能な状態に置かれた時点をいい、「受付印」などの押捺等当該事務所が受領した旨の意思の表明されることを要しないと解されている(2)。わが国の行政運営においては、ときに行政指導に相手方が従わない場合に申請の受理を拒否したり、申請書を返戻したりするようなことが行われ、これによって申請の審査が遅らされて相手方が損害を被ったりまた受理の拒否、返戻の法的意味が裁判上の問題になることもある。法六条七条は、かかる行政運営を排除するために確定的に規定されたものといわれ(3)、届出の場合も同様の問題が生じているので右のような規定がおかれたものと説明されている(4)。

従来の行政運営の実際は、右に指摘されているとおりであって、申請書を担当者の机の上にもっていっても（行政機関、ことに地方の行政機関では受付窓口を統一しているところはめずらしい。前掲逐条解説九九頁、二二五頁は、行政庁の事務所を文書受付業務を担当する部局としているが、このような部局が置かれていないで、担当部局が直接受領するところが多い）、受領してくれず、机の上に置いてきても、勝手においていったのであるから、役所としては受けとっていないなどと言われて、困惑して相談を受けた事が一再ならずある。手続法が施行されても下級行政機関において、このような悪弊が急に除去されるとは到底考えられない。新法のもとで行政機関が受付を拒んでも、国民の側で申請書を明瞭に窓口に置いて帰ったり、のちに普通郵便で送りつけたりすれば、申請書の到達に当たることは避けようがない[4]ことは明らかであるが、問題は、窓口に置いてきたかどうか、郵便が到着したかどうかが争われるわけである。申請や届出に対し、反対の住民等が行政機関に押しかけ、座り込むということもめずらしくなく、反対派の陳情により議員が大挙して、担当者に圧力を加えるなどのことがある場合、窓口に置かれた申請書等や、郵便で送達された申請書等が、何故か消滅することもないわけではない。かような場合、申請、届出の到達を立証することは可能かも知れないが、容易なことではない。われわれ弁護士としては事態を正確に把握して、書留配達証明郵便をもって、申請書、届出書を確実に担当行政機関の事務所に送達することにより、手続の開始時についての紛争をさけることができる筈である。この単純な手続をとることができないまま、従来、窓口で無用の紛争が生じていたのである。

（1）　前掲『逐条解説』九九頁、二二五頁

（2）　塩野・前掲Ⅰ二四五頁

（3）　塩野・前掲Ⅰ二六一頁

（4）　兼子・前掲七二頁

四　申請手続

1　審査基準

イ　行政庁は、申請により求められた許認可等をするかどうかをその法令の定めに従って判断するために必要とされる基準（以下、審査基準という）を定めるものとする（法五条一項）。審査基準を定めるに当たっては、当該許認可等の性質に照らしてできる限り具体的なものとしなければならない（同条二項）、とされているのに加え、行政庁は特別の支障のあるときを除き、法令により当該申請の提出先とされている機関の事務所に備付けその他適当な方法により審査基準を公にしておかなければならない（同条三項）として、審査基準の公表が義務づけられている。従来も例えば、農地法においては次官通達をもって、農地転用許可基準が詳細に定あられ、これが公にされていたが、新法のもとでは、許認可等の判断をするに必要で十分な基準が法令で定められている場合を除き、許認可等の要件が多義的で不確定である場合などのときには必ず審査基準が定められなければならない。

この審査基準は、法規ではないことが明らかで、解釈基準である場合もあるし裁量基準である場合もある。(1)いずれの場合であっても申請者は、右の審査基準の適用によって適正な審査を受ける手続上の権利があるわけであるから、仮に審査基準を充足する申請をしたにもかかわらず、何らの合理的な理由も示されず(2)申請が拒否された場合には、当該処分は手続上の瑕疵を帯びるものというべきであろう。(3)重要な点は、申請の審査に当たっては、聴聞、弁明等の規定が用意されていない。(4)申請が職業選択の自由等（憲法二二条）の回復を求めるものである場合、その拒否は、国民の憲法上の自由権に対する不利益処分と同様である。法は拒否処分に対する不服申立て等の機会があるから一律に弁明等の機会を与える必要がないと考えたのであろうが、申請者は、右の場合を含め行政庁に対し、申請書の記載及び添付書類に関する事項その他の申請に必要な情報の提供を求めることができる（法九条二項）のであるから、これらの情報により、自身で上申書等による意見陳述、資料の提出ができるものと解すべきであろう。

ロ　審査基準は、前項で述べたように法規ではなく、解釈基準であったり、裁量基準であったりする。したがって、それは行政法学上は、行政規則と呼ばれるものである。審査基準が法令の解釈基準である場合、その最終判断権は裁判所にあることは言うまでもない。申請者は、審査基準が解釈基準であって、それが法令の解釈を誤っていると考える場合には、当該基準の適用によって申請の拒否処分を受けたときには、根拠法の解釈の誤りとして、不服審査、抗告訴訟の提起が可能となる。しかし、これは、行政庁にとっては審査基準設定の瑕疵という手続上の違法であるが、申請者にとっては、根拠法規に違反したものとして実体的な違法の主張となるのであろう。

審査基準が、裁量基準である場合、行政庁は、多義的な内容不確定な概念を行政目的に従って確定化するわけであるが、この場合には、基準の設定について選択と考慮が働き、その相当性・合理性が要求されるものと解される。裁量基準が根拠規定との関係で不相当、不合理である場合には、この基準には瑕疵があることになり、この適用によって拒否処分を受けた申請者は、瑕疵のない裁量基準によって処分を受ける権利（もともと適正、公平な手続によって処分を受ける権利の中に包含、還元されてしまうが）を侵害されたものとして、処分を争うことが可能であろう。(5)

もっとも、これらの審査基準は、所轄庁において根拠法令を検討して、次官通達の形でだされるもののようである。在野の実務家がこれを争うことは容易でないと思われるが、理屈としては、右のとおりと思われる。

2　標準処理期間

行政庁は、申請がその事務所に到達してから当該申請に対する処分をするまでに通常要すべき標準的な期間（法令により当該行政庁と異なる機関が当該申請の提出先とされている場合は、併せて、当該申請が当該提出先とされている機関の事務所に到達してから当該行政庁の事務所に到達するまでに通常要すべき標準的な期間）を定めるよう努めるとともに、これを定めたときは、これらの当該申請の提出先とされている機関の事務所における備付けその他の適当な方法により公にしておかなければならない（法六条）。標準処理期間として規定されているものは、右のとおり行政庁の努力義務である。したがって、申請者側（申請者、申請をしようとする者）に標準処理期間の設定を求める権利があるわけではないが、これを単なる訓示規定と読むのも問題であろう。少なくとも、申請者側としては、行政庁に対し標準処理期間の設定をするよう努力を求める利益があるであろう。しかし、行政庁は申請が事務所に到達したときは遅滞なく当該申請の審査をしなければならない（法七条前段）のであるから、仮に行政庁が定めた標準処理期間が不合理であると考えられる場合、標準処理期間が定められていない場合など申請者がこれに不服のあるときには、行政不服審査法（二条二項、七条）の不作為についての不服申立て、行政事件訴訟法（三条五項）の不作為の違法確認の訴えによって救済されることとなる。

3　理由の提示

行政庁は、申請により求められた許認可等を拒否する処分をする場合は、申請者に対し、同時に、当該処分の理由を示さなければならない（法八条一項本文）し、処分を書面でするときは、理由は書面により示さなければならない（同条二項）。書面による理由の提示が個別法で要求されているときに、これを欠いたり、理由が不備である場合、処分の違法事由となることはすでに判例法として固まっているとみて差支えないであろう[6]。手続法の施行によって、八条一項ただし書の、「法令に定められた許認可等の要件又は公にされた審査基準が数量的指標その他の客観的指標に明確に定められている場合であって、当該申請がこれらに適合しないことが申請書の記載又は添付書類から明らかで」申請者が理由の提示を求めない場合を除いて、個別法に処分理由の提示の規定がないときでも、理由の提示をしないことは、処分自体の瑕疵となり、申請者はこれを争うことができるものと解される。

4　公聴会の開催等

行政庁は、申請に対する処分であって、申請者以外の者の利害を考慮すべきことが当該法令において許認可等の要件とされているものを行う場合には、必要に応じ、公聴会を開催その他の適当な方法により当該申請者以外の者の意見を聴く機会を設けるよう努めなければならない（法一〇条）と規定されている。申請に対する認容が申請者に利益をもたらすことは明らかであるが、申請者以外の関係者に不利益をもたらすこともまれではない。申請者以外の者の申請認容によって受ける不利益に配慮をする必要も少なくない。個別法の中には、すでにそれを盛り込んだ規定もある。例えば、道路運送法八九条一項一号の旅客自動車運送事業の免許又は許可、二号の一般旅客運送事業における基本的な運賃及び料金に関する許可について、地方運輸局長のする利害関係人の意見の聴取、公害等調整委員会設置法一四条の公聴会などである。しかし、個別法において、申請者以外の第三者の利害を考慮すべきことが許認可等の要件とされている場合においても、具体的にその方法について規定をおいていないものもある。手続法はかような申請者以外の関係人の利害を考慮する努力義務を規定したわけであるが、その利害関係人の範囲は問題となる。(7) しかし、ここでいう利害関係人の範囲に入るとしても、同条は、行政庁の努力義務を定めたにすぎず、利害関係人に公聴会の開催を求める権利や意見の聴取を求める権利を認めているわけではない。たかだか利害関係人は行政庁に対して右の努力を求めることができるに過ぎないのであろう。この手続がとられなかったとしても、当該許認可が手続上の瑕疵を帯びるということにはならない。

（1）塩野・前掲Ⅰ二二四頁
（2）同二四五頁
（3）もっとも、これら手続上の瑕疵（後記の不利益処分の場合も含め）がすべて処分の違法事由となるかどうかについては問題となる。瑕疵ある手続の種類にもよるが、処分の結果に影響がないことが明らかである場合（この証明責任は、被告行政庁にあると解すべきである）には、手続上の瑕疵によって、処分は違法とならないと解する余地はある。なお、塩野・前掲Ⅰ二六六頁以下は、手続の瑕疵はすべて処分の違法事由となるとしている。
（4）原田・前掲一三四頁、塩野・前掲Ⅰ二四九頁
（5）仮に、これを裁量権の濫用で争うとするならば、実体的違法を主張することとなろう。
（6）一注(1)の最高裁第二小法廷昭和三七年一二月二六日判決以下の各判例
（7）塩野・前掲Ⅰ二四六頁は、ここでいう申請者以外の利害関係人は、当該処分について取消訴訟上原告適格を有する者だけでなく、料金認可に際して旅客の利益を考慮することを規定している鉄道事業法一六条二項三号のような場合も含むとされている。

五　不利益処分手続

1　手続法において、不利益処分とは、行政庁が法令に基づき、特定の者を名あて人として、直接にこれに義

務を課し、又はその権利を制限する処分をいう（二条四号本文、ただし、同号イないしニに該当するものを除く）。行政庁が不利益処分をするときに、その名あて人に対し告知、聴聞、弁明の機会を与えることは、適正手続の要件であり、手続法の中核をなしているものともいえる。従来個別法において、いろいろな規定がおかれ、聴聞手続も統一的に扱われていたわけではないし、今回の手続法の施行にともなう整備法（平成五年法律九八号）によっても、手続法の聴聞と弁明の機会の付与（法一三条一項一号二号）の区別が明確化されたわけでもない。したがって、実務においては、不利益処分の根拠法を片方に、他方手続法に眼を向けて対応を迫られることとなるであろう。しかし、この分野については、法律実務家は一般に相当の理解をもち、具体的事案に対処しているように思われる（もっとも、わが国においては手続法のいう不利益処分〈侵害処分〉が多くは行政指導の形で行われるし、法三条一項七号ないし一〇号が適用除外〈法三条〉となっている現状では、弁護士が事前手続において活動する分野はそう多いものではないかも知れない）。したがって、本項では、紙数の関係もあるので実務的観点から問題となる点のみを摘記することとしたい。

2　処分基準の設定と公表

行政庁は、不利益処分をするかどうか又はどのような不利益処分をするかについてその法令の定めに従って判断するために必要とされる処分基準を定め、かつ、これを公にしておくよう努めなくてはならない（法一二条一項）とし、この処分基準は当該不利益処分の性質に照らしてできる限り具体的なものとしなければならない（同条二項）とされている。不利益処分の処分基準の設定、公表は行政庁の努力義務とされていて申請の場合の審査基準の設定と異なる。しかし、基準自体は、処分要件の解釈、効果の選択等に関する行政庁の事前判断の表明であって、処分基準が解釈基準である場合も、裁量基準である場合もありうるであろう。処分基準自体を争うことのできるのも審査基準の場合と同様である。

3　告知・聴聞・弁明の機会

不利益処分は、個別法の定める処分要件、処分の態様から、処分基準を設定し（これが公表されないものであっても）、聴聞、名あて人の弁明等により具体的事実を認定して、当該要件に当てはめ、処分を選択するという操作がされる点で刑事事件の手続と類似性を有する。もちろん行政の事前手続であって、司法手続、準司法手続のような厳格な手続が要求されているわけではないが、一般法である手続法が告知と聴聞弁明の機会の付与の規定をおき（法一五条、二九条）、その詳細な手続を定めたことは、処分の名あて人、さらには不利益処分に利害関係を有する参加人（法一七条）に対し、手続的権利の保障の明文の規定をおいた点で、画期的であるといってよいのであろう。聴聞は必要的聴聞と裁量的聴聞に分けて定めているが（法一三条一項一号）、必要的聴聞に当たらない場合においても、名あて人としては聴聞手続の開始を求めることができないわけではない（同種の事案について一方は聴聞をし、他方は弁明の機会の付与があるにすぎない場合は、手続としては不公正であり、手続上の瑕疵となるであろう）。ことに重要なのは、文書の閲覧の規定である（法一八条）。当事者、参加人は調査の結果に係る調書その他の不利益処分の原因となる資料を編綴した聴聞記録の閲覧が出来るのであるから、この聴聞の結果を記載した報告書の意見を参酌[1]した処分に（法二六条）、理由の提示の規定と相まって実体的においても手続的にも、処分に不服のある場合には十分争うことができるはずである。しかし、弁明手続は、簡略であって、右の文書の閲覧権が認められてはいないし、手続上の保障は必ずしも十分でない。

聴聞を経てされた不利益処分については、行政不服審査法による異議申立てをすることができない（法二七条二項）とされている。処分庁が聴聞の結果した処分について、同一行政庁にさらに異議申立てをさせる実益は認められないということであろう。しかし、同法による審査請求は制限されているわけではないから、処分の根拠となった個別法において取消訴訟提起のとき、審査請求前置が要求されている場合には（行訴法八条一項ただし書）、異議申立ての制限が、審査請求前置の制限をはずすものかどうかを十分検討しなければならない（例えば、二段階裁決の前置が個別法に規定されている場合は、異議申立てが制限されていても、審査請求をさらに経由しなければならないこととなろう）。この点は、不利益処分が書面でされる場合、教示の要否に関係する（行政不服審査法五七条）。しかし、実際の行政実務においては不服申立てのできる不利益処分について、教示のされない例がまれではない。したがって、この点は不利益処分の代理人となった場合に、十分に注意しなければならない点と思われる。

（1）　法二六条は「聴聞主宰者の意見を十分に参酌」して不利益処分の決定をしなければならないとしているが、この参酌の意味が問題となる（前掲ジュリスト二一九頁塩野発言）。逐条解説一九一頁は、事情を十分考慮して程よく取り計らうこと、としているが、むしろ処分庁が調書の内容や、聴聞主宰者の事実判断と異なる事実判断を前提に処分を行うことは、合理的な理由がない限り、処分の瑕疵となると解すべきであろう。行政庁は、聴聞の結果に基づき処分をすべきものと解するのが正当と思われる。

六　行政指導手続

わが国の行政運営の中で、もっとも活用され行政の中心となっている反面、法治主義の原理からその不透明・不公正について批判の多かった行政指導について、手続法はその定義を定める（法二条六号）とともに実定法の根拠を与え（法四章）、行政指導の手続規定のみならず実体的規定をおいた（法三二条ないし三四条）。行政指導の方式を定めた規定（法三五条）の中で、もっとも重要な点は、当該行政指導の趣旨及び内容並びに責任者（同条一項）について、指導の相手方となる者から書面の交付を求めることができる点である（同条二項）。これは行政機関の行政指導に携わる者の手続法上の義務である。もっとも行政上の特別の支障がない限り、という限定がついているが、この限定は厳格に解さないと指導の相手方となる者としては当該行政指導に従う意思がないことを表明して、抵抗するほかないであろう。規定のうえからは、手続法が文書交付請求権を認めたように考えられるが、仮に、文書交付請求を拒否されて、これに対し行政不服申立て（法二七条一項のような規定がおかれていない）、取消訴訟の提起をする余地があるとしても、その実益はとぼしい。

行政指導について、従来から多くの問題が生じたのは地方公共団体の機関によるものであった。手続法三条二項において地方公共団体のする行政指導については、手続法の規定の適用が除外されている。手続法三八条は、地方公共団体がこの法律の規定の趣旨にのっとり、行政運営における公正の確保と透明性の向上を図るため必要な措置を講ずるよう努力義務を課しているが、果たして、地方公共団体において（ことに市町村段階において）右のような努力義務が実現されるかどうか、きわめて疑わしい。どちらにしても、行政指導を争うには、国家賠償請求しかない点は、従来と異ならない。

（初出、『自由と正義』四五巻八号二八頁）

第三章　道路をめぐる若干の問題

1　道路訴訟

一　はしがき

かつて道路は、それが物的施設としてどのような形態のものであっても、人びとに対し必ずやいくばくかの利益を与え、人びとは道路を中心に日常生活を営み、産業・経済の発展を図ってきた。そこでは道路は人びとにとって便利なもの必要なものとして存在し、嫌悪されることも拒否されることもなく、道路をめぐる法的紛争はもっぱら道路の利用を拒絶されたことあるいは妨害されたことに対する不服ないし利益の主張を内容としていたということができる。

すなわち、従来道路訴訟として考えられたものは、道路管理者ないし道路警察と道路の利用者との関係においては、例えば、道路管理者のする一定の場合における道路の構造を保全し、または交通の危険を防止するための通行の禁止・制限等の措置（道路法四六条参照）に対する不服申立（同法九六条参照）や訴訟等の一般公衆が道路を本来の用法に従って使用する自由使用をめぐる争い、道路の使用許可の申請に対する拒否処分のあった場合の取消訴訟など道路交通法（七七条）等による許可使用をめぐる争い、道路に一定の施設を設けて、これを継続的に使用する権利を設定する道路の占用の許可（道路法三二条）をめぐる争い、道路を利用している者が道路の廃止（道路法一〇条による路線の廃止または変更あるいは同法一八条による道路の区域の変更の結果）により道路使用の利益を奪われた場合、廃道処分についての争い等であり(1)、その他、道路負担金（道路法五八条、六一条）をめぐる紛争もまた道路訴訟の一つとして取り上げられていいであろう。

さらに道路管理・道路警察以外の私人と私人の道路をめぐる紛争としては、道路使用の妨害に対する排除請求が問題となり、道路通行の自由権に対する民法上の保護について論議を呼んだことがある（最高裁昭和三九年一月一六日第一小法廷判決・民集一八巻一号一頁）。

このように従来から道路をめぐる法的紛争として取り上げられてきたものは、すでに建設され一般公衆の利用に供されている道路そのものについての争いであったということができる。

しかしながら、今日において道路は、かつてのように人の歩行を中心として利用に供されるものと全く性質を異にした自動車の交通のための物的施設として、そのほとんどが変容し、歩行を中心とした道路は公道において(2)は僅かしか残らなくなったといっても過言でないであろう。経済の高度成長とともに自動車に対する需要は爆発的に増加し、自動車は単に産業を支える機械として存在するのみでなく、人びとの日常生活においていわば必需品に近くなり、これら自動車の利用のために必然的に自動車専用道路・高速自動車道の建設が図られ、さらにまた道路が整備されるに従って一層自動車に対する需要が増大し、なお、道路の拡充、整備の必要性を増加しているという悪循環を繰返しているのが実情である。道路の利用が人の歩行を主としていた時代から自動車の交通を中心とするようになると、当然そこでは自動車の大量交通にともなう騒音、排出ガス、振動等の被害の発生が顕著にみられるようになり、これらの環境の悪化をともなう道路公害により、道路の管理をめぐり、あるいは道路の建設に対し、道路附近の住民の健康への影響、道路建設が風致景観を破壊し、自然環境に重大な変更を及ぼすことなどに関して紛争が深刻化してきたことは周知のとおりである。

本稿は「交通と環境」の一部としての道路訴訟を問題とするものであるから、当然右の自然環境・生活環境に対する侵害としての道路公害をめぐる紛争について論じるものである。

（1）道路の使用・占用に関する法律問題については、田中二郎『土地法』全集六五頁以下参照。

（2）公道・私道の区別については、田中・前掲二二頁、新野喜一郎「日本の道路法制」ジュリスト五四三号一七頁以下参照。

二　道路公害をめぐる問題点

既存の道路を大量の自動車が通行することにより生じる排出ガス、騒音、振動等の道路公害は、附近の住民に対し不眠、精神不安、耳なり、頭痛、気管支ぜんそく等の健康被害を与え、またそのような健康被害を受けるおそれのある日常生活を送らせている。これらは、道路が人びとの歩行の用に供されることが中心であった時代には全くみられなかった道路の存在自体から発生する害悪といえるであろう。道路の存在のすべてが公共の利益のためのものであるかどうかの点に関しては、十分疑問の余地があるといわなければならないが、ここでは一応右の点を考えずに、道路公害と被害者との関係で道路と附近住民の問題を取り上げた場合、少なくとも右の道路公害が住民の健康に対し被害を及ぼすことが明らかとなった以上、道路管理者としては、住民の被害を無視し、そのままの状態で道路の利用を続けることは許されないであろう。(3) それは公共の利益の名のもとにおける個人の人権に対する重大な侵害となるからである。

もとより、現実の道路公害が附近の住民に与える健康被害は一様ではなく、その程度、症状にも差があるうえ、被害が身体の外形に顕著な変化をともなうものでもないため、これが直ちに法律上の紛争として現われてこないところに問題の重要性がある。本来そのようなことは望ましくないばかりでなく、そうあるべきではないと思われるが、わが国の行政当局は、自己の施策の失敗により国民に対し何らかの被害の発生した場合であっても、一般大衆の声、世論によっては自己の非を認めることはほとんどないし、その施策の誤りを是正することすら容易にしない。国民は行政の誤りにより生じた被害について訴訟手段に訴えることによってのみ、救済を求めることが可能であり、このような訴訟が多発することにより行政当局は自らの姿勢を改めるのが通常である。この意味で右のような道路公害および自然破壊をともなう道路建設について、被害者救済のためのもっとも有効な手段は何であるかが問われなければならない。とりあえずここでは道路公害をめぐる訴訟として道路管理の方法を争うものと、このような公害発生の原因となることの明らかな道路の建設そのものを争う訴訟の二つをとりあげ検討してみたいと思う。

（3）　道路交通法は、道路警察の作用として交通公害の生じた場合の交通規制について規定をおいている（四条）。

三　道路公害と道路管理

大量の自動車の通行から生じる排出ガス、騒音、振動等の道路公害は、道路管理者において道路管理のため適切な手段・方法を講じることにより道路附近の住民が耐えられるほどにその公害を軽減することが可能なはずであるし、現に高速道路の騒音を防止するために一定の区間にシェルターを設けたり、防音壁を設置したりするとか、幹線道路に一〇メートルないし二〇メートルの騒音緩衝地帯を設ける方針であるとか、時速制限をするとかの方法が考えられているようであるし、これらの一部は実施されてもいる。道路管理者において、道路の存在とこの利用により人びとの健康に被害の発生することを放置して、道路をそのまま自動車交通の用に供することは、それ自体違法というべきであろう。

ところで、道路交通法は交通公害（同法二条一項二三号）を防止するために必要があると認めるときは、公安委員会において車両等の通行の禁止の措置をとることができる旨規定しているが（同法四条）、これは恐らく道路警察にもとづく一時的な措置と思われる。前記のように道路附近の住民の健康に被害を及ぼすような方法で道路管理をすることは違法であり、そのような管理方法は住民との関係で許されないというべきであるから、道路管理者としては、右の道路交通法のように実定法に根拠がなくても道路公害の発生しないような適切な道路管理をしなければならない義務を負担するというべきである。

この点において、道路公害の被害者は道路の設置者・管理者である国または公共団体に対しすでに発生した損害の賠償請求をすることができると解すべきであるけれども[(4)]、将来発生するであろう被害を防止するため、道路公害の発生そのものを差止めることもまた許されなければならない。その法律上の根拠は、公害一般の差止請求におけるそれと異るものではなく[(5)]、(1)所有権等の物権の侵害にもとづく物権的請求権として構成しても、(2)継続的・反覆的な不法行為に対する受忍限度を越える被害の差止めという構成をとっても、あるいは(3)環境権の侵害に対する差止めという構成、(4)人格権ないし生存権の侵害に対する差止めという構成をとっても、その具体的に差止めを求める請求の内容にさして相違があるとは思われない。それは排出ガス・騒音等の一定限度を越えるものについての差止めが主たる内容であり、道路管理者に当該道路を自動車の通行の用に供することにより一定基準（必ずしも環境基準をいうものではない）以上の排出ガスの排出や騒音の発生をさせてはならない不作為義務が認められるとすれば、道路管理者は右の基準を超えないように何らかの方法により道路管理を行うであろう。それが自動車の通行量の制限をともなうものであっても、道路に何らかの設備を施すものであっても、基準を遵守するについて道路管理者の用いる手段には制限はない。

このように道路公害の差止請求は、他の継続的・反覆的に発生する各種の公害に対する差止めの方法と同一内容のものであり、対象が道路公害である点のほかは、請求権の要件事実、主張立証責任、強制執行等の問題も同一に考えて差支えないものと思われる。(6)

（4）道路公害の被害者から道路を設置・管理する行政主体である国または公共団体に対し、国家賠償法二条を根拠に損害賠償請求を認める見解（谷口知平ほか編『公害の法律相談』四二〇頁、野村好弘『公害の判例』七三頁）については、道路の設置後予想以上に交通量が増加したため、騒音が発生した場合に新たな交通量に対処する道路構造の改造、交通規制の怠慢等が道路管理の瑕疵といえるかとの疑問が提起されている（実務法律大系『公害』三八九頁）。

しかし、新たに増加した交通量に対処できない道路構造が道路の設置または管理の瑕疵でないとすると、そこでいう瑕疵とは何をいうのかが問題となるであろう。のみならず、現に道路公害により損害が発生している場合、不法行為にもとづく賠償制度を支えている損害の公平な分担の見地から考えると、道路公害は道路の存在それ自体の瑕疵と解すべきではないだろうか。

（5）前掲実務法律体系『公害』のほかに、加藤一郎編『公害法の生成と展開』、沢井裕『公害の私法的研究』、大阪弁護士会環境権研究会『環境権』、東孝行『公害訴訟の理論と実務』、淡路剛久『公害賠償の理論』などと、これらの文献に引用されている各論文参照。

（6）なお、道路公害に対する差止めを認めたものとして神戸地裁尼崎支部昭和四八年五月一一日の仮処分決定（判例時報七〇二号一八頁）が参考とされる。この決定は、道路公害に対する差止請求権の根拠として、『現に正当な環境利益を享受している住民（住居管理者は、その住居環境が明らかに不当に破壊される危険、すなわち環境利益が明らかに不当に侵害される危険を生じた場合には、そのような不当侵害を事前に拒絶し、あるいは未然に防止しうるところの権利、いわば「環境利益不当侵害防止権」（以下単に防止権または侵害防止権と呼ぶ）を有していると解するのが相当である。そして現実に前示不当侵害の危険を生じた場合、住民は、特段の事由たとえば金銭補償による解決を受忍せねばならぬ事情等がない限り、右防止権にもとづき、前示危険防除のため必要にして充分な限度内の具体的差止請求権を取得することができ、それを行使して、いわゆる環境利益の保全をなしうるものと解される。』と述べている。

四 道路建設に対する差止めの問題

今日において、既存道路を大量の自動車が通行することにより生じるもろもろの道路公害について、これより生じる各種の健康被害の救済として単に金銭賠償をもって足りると考えている者はいないであろう。道路公害の被害者に対しては金銭的救済の方法しかないことは当然であるとしても、道路から発生する公害は、道路が自動車中心の交通の用に供されている限り、特定の公害防止のための設備を施さない以上継続的・反覆的に発生することを否定できないから、道路公害の差止めを求める請求が許されなければならないことは、他の一般の公害に対する差止請求の認められることと同様であり、この点は前記のとおりである。

しかし、道路管理者に対し道路公害の差止請求をし、勝訴判決を得たとしても、執行の問題はともかくもその実効性は疑わしい。道路に公害防止のための完全な設備を施すことが可能であるかどうかの点を別としても、道路設置者である行政主体の予算上の問題もあり、被害が看過されたまま結局は、それが金銭賠償に転化せざるを得ないのではないかと思われる。一旦道路が建設され自動車交通の用に供された以上、道路管理者においていかように管理をしても、発生した公害を止めることはきわめて困難である。被害を受ける附近住民は、道路をそのままとして住居を他の無公害の場所に移転する方法しか被害を避ける手段をもたないのではないであろうか。

そこで、このような公害発生の原因となる道路そのものについて、事前にその建設の差止めを求める要請が生じてきたのは当然である。

右に加えて、自動車の交通を目的とする道路そのものは高架で作られる場合はもとより土地の平面に建設されたものであっても、巨大な建築物として新たに風致景観を破壊し、自然環境を著しく傷つけるものであることはとくに説明を要しない。もちろん人びとの生命や健康に直接影響を及ぼす道路公害そのものと、直接には人びとの生命や健康とかかわりをもたない風致や景観の破壊とは同列に論じられないかも知れない。しかし、経済の高度成長・列島改造の掛声などにともなう自然環境の破壊が極度に進んだ今日、風致や景観もまた清浄な空気、静穏な環境などと同様国民全体の貴重な財産となりつつあるし、その保護は人びとが平和で快適な生活をするうえにおいて欠くべからざるものと考えられる。自然と科学技術を基礎とする産業が調和を保って存在していると考えられた時代には、快適な生活を営むための風致や景観、清浄な空気、水等のすぐれた自然環境や、平穏・静寂な生活環境の存在それ自体は、とくに意識されたこともないし、それを特定の個人もしくは住民の利益として考える必要もなかった。しかし、現在のように自然破壊・環境破壊が極端に進んできて、それが人びとの生活、健康を蝕むようになると、右のような快適な自然環境・生活環境のもとに居住し、生活する利益をも法によって保護しなければならない必要性が生じてくる（公害対策基本法一条参照）。かつてはこのような良好な自然環境・生活環境から享受する利益は、特定の場所に居住していることからもたらされる反射的な利益にすぎないものと考えられていたが、これらの利益に対する侵害が人びとの健康、快適な生活をも蝕むに至った今日、人びとの健康や快適な生活を保護することと、かような自然環境を保護することは切り離して考えることができなくなった。かくて、人びとが平和で快適な生活を営むうえにおいて欠くことのできない自然環境・生活環境に対する利益は、法の保護に値する重大な利益として主張されるようになってきた。環境権の主張もこのような意味において十分に理解することができる。

右のような観点から道路建設について考えると、道路が自動車の交通を中心とするものであり、その建設が自然環境・生活環境を破壊し、道路公害をもたらす危険をはらんでいるとすると、道路建設に当って道路管理者は十二分にこれらの点を考慮し、換言すれば、道路建設の必要性とこれにともなう自然環境の破壊と住民の生活環境、道路公害の発生の程度を予め調査検討し[6]、行政決定をすべき義務があるというべきであろう。これらの点がたとえ実定法上明らかになっていないとしても、右の考慮は行政の衝に当る者に対して条理上要求される義務と解すべきである。法は単に紙に書かれたものとして存在するばかりではない、生存権を認め、人権を国政のうえで最大に尊重すべきものとした憲法から考えても、行政の衝に当る者の義務として、自然環境・生活環境に対する住民の利益を行政の施策のうえにおいて生かすべき条理上の義務を認めても決して背理ではない。

このような見地からもまた道路建設に対する差止めの問題を考えなければならない。

（6）　環境アセスメントについでの中公審答申（昭和四九・六・二七中央公害対策審議会防止計画部会環境影響評価小委員会）参照、もっとも高遠自動車道等については、検討が除外されている。

五　抗告訴訟による差止め

公共事業が一連の行政手続、行政決定を経て実施される場合、当該行政決定の取消し、効力の停止を求めることは、それ以上手続が進行しないという点において、公共事業の差止めの効果を生じる。

ところで道路法上の道路（前掲注(2)参照）の建設は、まず、路線名、起点、終点、重要な経過地等を定めて路線の認定または路線の指定がなされ（同法五条、七条ないし九条）、道路管理者において道路の敷地の幅、長さを示して区域の決定をし（同法一八条一項）、当該敷地について所有権等の権原を取得したうえで行われるものであり、必要な工事を実施し、道路としての形体を調えて供用が開始されるのである（同法一八条二項）。高速自動車国道の場合も若干の手続は異なるけれども大筋においては同様である（高速自動車国道法四条、五条、七条、なお、道路整備特別措置法二条の二、六条の二参照）。

道路の区域の決定後、道路敷地に対する権原の取得が私法上の売買等の任意手段により行われれば別であるが、このような方法で権原の取得ができない場合には土地収用の手続により目的を達しなければならない（土地収用法三条一号、公共用地の取得に関する特別措置法二条一号）。したがって、道路の区域の決定の後は任意買収等の任意手段による敷地の権原の取得が行われない場合には事業の認定（収用法一六条、二〇条、二六条）、収用・使用の裁決（同法四七条の二、なお、特別措置法二〇条参照）の手続を経て道路建設が開始されることになる。右のような一連の手続のうち、路線の認定または指定は、前記のように起点と終点および重要な経過地をもって示されるだけであるから、国民の権利義務に法律上影響を及ぼすものではなく、抗告訴訟の対象となる処分ということはできないであろう（東京高裁昭和四二年七月二六日判決・行裁例集一八巻七号一〇六四頁）。これに対し、道路の区域の決定はもとより（道路法九一条一項、右、東京高裁判決参照）、事業の認定（収用法二八条の三、参照、東京高裁昭和四八年七月一三日判決・行裁例集二四巻六・七号五三三頁）もまた抗告訴訟の対象となる行政処分であるし、収用裁決については処分性に疑問の余地がない。これらの処分のうち、道路の区域の決定は、これにより道路としての幅員と長さが決り、道路法の適用範囲が明確になる点で道路建設の手続においては最も重要である（ちなみに、収用の対象となるのは右の幅員と長さによって明確にされた道路である（収用法三条一号参照））。本来路線の枠内において具体的に道路の位置を定め、幅員、長さを決定するについては、道路管理者の専門技術的な裁量に委ねられているというべきであろう。しかし、前記のように道路建設に当って、それが自然環境や住民の生活環境に及ぼす影響を予め調査し、道路公害の発生の防止をも考慮しなければならないとすると、これらの点を考慮しないでした道路の区域の決定は、この点において処分を違法ならしめると解すべきであろう。[7] 道路管理者の裁量権には右の限度において限界があるといわなければならない。したがって、道路管理者が裁量判断をするについて考慮すべき事項を考慮しないでした区域の決定については、取消訴訟の提起によって取消しを求めることができるし、効力停止の仮の救済も求めることができる。

道路の区域の決定を経て、事業の認定が行われた場合、事業認定の取消訴訟を提起し、かつ、その効力停止の申立てをすることのできるのはいうまでもないが、事業認定の違法事由としては、区域の決定の違法事由をそのまま承継するというべきであろう。

事業の認定は、事業計画が土地の適正かつ合理的な利用に寄与するものである場合にのみ許されるが、自然環境や住民の生活環境を破壊し、住民の健康に対し深刻な影響を及ぼす公害の発生原因となるべき道路の建設は、決して土地の適正かつ合理的な利用に寄与するものではない。道路の区域の決定に当って考慮されなければならない事項は、事業の認定においても同様考慮されなければならないと解すべきで、これが考慮されていない事業の認定は、その点において瑕疵があるというべきである。[8]

日光太郎杉事件の東京高裁昭和四八年七月一三日の判決（前掲）は、「事業計画が土地の適正かつ合理的な利用に寄与するという土地収用法二〇条三号所定の要件をみたすものと判断するためには、本件土地附近の有する景観、風致、文化的諸価値を犠牲にしても、なお、本件計画を実施しなければならない必要性、ないしは環境の荒廃、破壊をかえりみず右計画を強行しなければならない必要性があることが肯定されなければならない。……太郎杉附近の土地のもつかけがえのない景観、風致、文化的諸価値ないし環境保全の要請は、国民が健康で文化的な生活を営む条件にかかわるものとして、行政のうえにおいて最大限度に尊重さるべきである。ところが本来道路というものは人間がその必要に応じて、自らの創造力によつて建設するものであるから、原則として『費用と時間』をかけることによつて『何時でも何処にでも』建設することが可能であり、代替性を有しているということができる。建設大臣の判断（事業の認定）は、……本来最も重視すべきことがらを不当・安易に軽視し、その結果、本来道路がかかえている交通事情を解決するための手段、方法の探究において、尽すべき考慮を尽さないという点で裁量判断の方法ないし過程に過誤があつたというべきである。」としている。

（7）　道路の区域決定に当っては、行政上の比例原則がはたらくというべきである。すなわち、道路建設の必要性が肯定されても、当該道路は住異に生じる不利益が最小限にとどまるような場所と方法において建設されなければならない。

（8）　なお「公害予防訴訟」（上・下）ジュリスト五八四号・五八五号参照。

六　道路建設の差止めと民事訴訟

わが国における道路建設は、路線の認定または指定（道路法五条、七条ないし九条）のあった後、遅滞なく行わなければならない道路の区域の決定（同法一八条一項）をすることなく、事実上の道路の区域について敷地の権原を取得するため、土地の権利者と交渉し、任意の売買等を行うのが通常であり、権原を取得したところから工事をし、道路の形体を調え、最終的に権原を取得できなかった個所がある場合についてのみ区域の決定をし、かつ、事業認定の手続を経たうえで収用をするか、もしくは任意手段で権原の取得ができた場合には、工事を完成し、道路の区域の決定と供用の開始を同時にするのが実情である。(9) このような方法の問題点は、道路管理者に対する手続上の不服があっても、これは全く考慮されないし、工事が土地所有権の行使の形で行われるため、道路建設そのものがもたらす自然環境破壊や住民の生活環境破壊に対する考慮がされないまま、手続が進行し、既成事実の積み重ねにより結局は住民が大きな被害にさらされることである。

そもそも行政主体、道路管理者は、任意的手段であれば私人と同様、いかなる法律行為でもなしうるであろうか。例えば、道路の区域の決定がないのに将来区域の決定がされるであろう土地について任意買収の交渉をするということが当然許されていると解すべきであるか、それともこのような手段は許されていないというべきかである。これを積極に解するのはきわめて疑問である。この点はしばらくおいて、わが国の実情は右のとおりであるから、前項のように抗告訴訟の形式をもって道路建設の差止めをすることのできるのは例外である。したがって、このような任意買収を前提とする道路建設に対する差止めについては、一般の公害の発生原因となる施設の建設差止めの民事訴訟と同じ方法を用いるほかはない。

この場合、所有権の行使として道路の建設をするとしても、住民の有する前記のような環境上の利益を侵害することは許されないから、道路管理者は、当該道路の建設が住民の環境上の利益を害うものでないことについて主張・立証責任を負担するというべきであろう。(10)(11)

(9) 座談会「道路をめぐる諸問題」ジュリスト五四三号五八頁。

(10) 前掲ジュリスト「公害予防訴訟」下二九頁。

(11) なお、このような道路建設工事が当然に公権力の行使に当る事実行為であるとはいえないであろう（行訴法四四条参照）。

（初出、ジュリスト増刊、総合特集「交通と環境問題」二七三頁）

2　高速道路の建設をストップさせる方法は差止訴訟

一　道路建設とその差止めの諸問題

近年における産業経済の発展、国民生活の向上にともなう自動車の異常な増加は、これを原因とする騒音、排出ガス、振動等のいわゆる自動車公害を惹起し、道路付近の住民の生活環境や健康に対して大きな影響を及ぼし、深刻な社会問題となっている。加えて、自動車の大量増加は必然的に自動車専用道路・高速自動車道の建設を促すことになり、これら道路建設それ自体が風致景観を破壊し、自然環境に重大な変更を及ぼすことになり、各地に紛争を生じていることも周知のとおりである。このような自動車の交通にともなう自動車公害も、また道路建設にともなう環境等の破壊も、ともに道路がそこに建設され、それが自動車交通の用に供される結果生じるものであるから、道路が建設される予定地付近の住民が自動車公害を防止し環境破壊等を免れるには、さしあたり道路建設を阻止するのが最も有効適切な手段であるというべきであろう。ここでは道路建設のうち高速自動車道の建設の阻止方法を中心に問題を検討する。

民事訴訟と行政訴訟　道路建設はその現象面からみれば土木工事である。しかし、法的側面からみれば抽象的な行政上の計画の段階的な具体化にほかならない（高速自動車道についていえば、路線の指定（高速四条）、整備計画の決定（同五条）、区域の決定（同七条）、工事の施行という大まかな段階を経て建設が行なわれる）。そこで高速道路の建設をストップさせるには、右の行政計画が具体化されるどこかの段階における行政決定を捉えて当該行政決定の取消しを求めることができればそれ以降の手続は進行しないこととなって、その目的を達することができる。問題は、右の計画の具体化されるどの段階における行政決定が行政訴訟（抗告訴訟）の対象となる行政処分として認められるかである。また、工事施行の段階における道路建設工事は、右の行政計画の一段階ではあるが、それは法行為ではなく単なる事実行為である。仮に、これが公権力の行使に当たる事実行為であるとするならば、事実行為の取消訴訟によって、高速道路の建設は阻止できるはずである。ところで道路の建設工事が私人のする土木工事と同様の単なる事実行為であるとすると、この事実行為を阻止するには民事訴訟の手続をもって行なえるはずであり、その場合には暫定的な措置として仮処分の方法を用いることができる。しかし、本稿ではこの民事上の差止めの問題には触れない。

建設手続　高速道路建設のための行政決定は、前に述べたように予定路線の指定にはじまり、整備計画の決定、道路の区域決定を経て工事を完了し、供用開始の段階に至るわけである。この間に日本道路公団が関与する場合は、建設大臣の日本道路公団に対する施行命令（道整特措二条の二）、日本道路公団の工事実施計画書に対する建設大臣の認可（同二条の三）があり、区域決定がなされるわけであるが（実際には道路の区域決定は工事が完了し、供用開始に適する段階に至って行なわれるのが普通のようである。手続として、これは誤りであろう）、どちらにしても道路建設をするには道路の区域に入る土地について所有権等の権原がなければならない。道路区域について所有権等の権原を取得するには、売買等の私法上の手段によって行なうことができるのは当然であるが、このような任意買収等の手段によることができないときは、公用収用の手段を用いて権原を取得しなければならない。そうすると区域決定のされた予定路線に対する土地についての権原取得のために事業の認定（収用一六条・二〇条、用地取得特措四条・七条）、収用裁決（収用四七条の二、用地取得特措二〇条）の各行政決定の介入があるわけである。かようにして建設工事が完了した後に供用開始（高速七条）がされる。

二　抗告訴訟の方法による建設の阻止

抗告訴訟とりわけ行政処分の取消訴訟により高速道路の建設をストップさせるには、右に述べた道路建設手続の中における段階的な行政決定のうち、訴訟の対象となる行政処分を取り出さなければならない。ところで、判例は、行政庁の処分とは、公権力の主体たる国または公共団体の行なう行為のうち、その行為によって国民の権利義務を形成し、その範囲を確定することが法律上認められているものというとしている（最判昭和三〇年二月二四日民集九巻二号二一七頁ほか）。通説もほぼ同様の見解とみてさしつかえないであろう。この見地から高速道路建設手続における各段階的な行政決定を検討してみると次のとおりである。

路線の指定・整備計画　高速自動車国道の路線の指定は、路線名・起点・終点・重要な経過地等を定めてなされ（高速四条）、路線の指定後、経過市町村名・車線数・設計速度・連結位置・連結予定施設等を定めて整備計画が決定されるが（同五条、同施行令二条）、これらはいずれも単なる行政の目標設定であって国民の権利義務に直接影響を及ぼすものではないから、抗告訴訟の対象となる行政処分には当たらないであろう（東京高判昭和四二年七月二六日行集一八巻七号一〇六四頁参照）。

施行命令・工事実施計画書の認可　道路整備特別措置法二条の二にもとづく工事の施行命令は、建設大臣の独立公法人である日本道路公団（道公二条）に対する下命と解して妨げないであろうし、工事実施計画書の認可（道整特措二条の三）は、建設大臣がする監督作用の一環であるとしても施行命令と同じく独立の公法八に対するものとして行政処分と解すべきであろう。このように解すれば、施行命令も工事実施計画書の認可もともに抗告訴訟の対象としての資格に欠けるところはないというべきであるが、後者については、次のような反対の裁判例がある。すなわち、全国新幹線鉄道整備法九条一項にもとづき運輸大臣が独立法人である日本鉄道建設公団の申請によりした成田新幹線工事実施計画の認可について、東京高裁は、同公団は形式的には国から独立した法人で国の行政機関とは区別されなければならないが、実質的には国と同一体をなすものと認めるべきで、一種の政府関係機関とも称すべきものであり、機能的には運輸大臣の下部組織を構成し、広い意味での国家行政組織の一環をなすものであるとし、運輸大臣の工事実施計画についてする認可は、下級行政機関に対する上級行政機関の監督手段としての「承認」に当たるというべきで行政処分ではなく、抗告訴訟の対象とはならないとした（昭和四八年一〇月二四日行集二四巻一〇号一一一七頁）。

道路の区域の決定　高速道路について敷地の幅員およびその延長を示してする区域の決定（道整特措六条の二、高速七条一項、道路一八条）があると、何びとも当該区域内の土地について道路管理者の許可を受けなければ、その形質の変更、工作物の新築・改築等ができなくなる（道路九一条）。したがって、道路の区域の決定が抗告訴訟の対象となる行政処分であることは疑いのないところである（前掲東京高判昭和四二年七月二六日）。

区域の決定後に敷地について所有権等の権原の取得のために行なわれる収用のための、事業の認定、収用裁決が抗告訴訟の対象となる行政処分であることについては、後者は全く問題ではなく、前者については、土地区画整理事業計画の決定が抗告訴訟の対象性を欠くとした最高裁昭和四一年二月二三日判決（民集二〇巻二号二七一頁）との関係でやや問題となるが、積極的に解するのが普通である（東京高判昭和四八年七月一三日行集二四巻六

=七号五三三頁)。

供用開始　建設工事は次に述べることとして、高速道路の供用開始（高速七条二項）もまた行政処分であろう（山口地判昭和三四年六月一五日行集一〇巻六号一一八七頁）。

建設工事　道路の建設工事は事実行為であるが、これが公権力の行使に当たる事実行為であるかどうかの点については若干の争いがある。すなわち、大津地裁昭和四〇年九月二二日判決（行集一六巻九号一五五七頁）は、都市計画法にもとづく道路開設工事は都市計画事業における行政庁の優越的地位に照らして公権力の行使に当たる行為であるとし、神戸地裁尼崎支部昭和四八年五月一一日決定（判時七〇二号一八頁）は、高速道路の建設工事について、それが建設大臣の計画決定をした都市計画にもとづく事業であることと道路法の規定から考えて公権力の行使に当たる行為であるとした。しかしながら、抗告訴訟の方法をもって争わせなければならない事実行為（したがって、仮処分の方法および民事訴訟の手段をもっては阻止することのできない事実行為）は、単にそれが都市計画事業の中で行なわれるとか、行政計画にもとづく公共土木工事であるということだけで説明のつくものではない。それは同じく抗告訴訟の対象となる行政処分に匹敵するものと考えるべきであるから（通常、公定力のある事実行為といわれる）、法令の根拠にもとづき法令の執行として行なわれる事実行為に限られるというべきである（行政処分の執行としての事実行為であれば、当該処分を争わせることで足りる）。道路の建設工事などは、計画の実施ではあっても、法令の執行でもなければ、具体的な法令の根拠にもとづいて行なうものでもない。工事そのものは民間で行なう土木工事と何ら異なるものではないから、道路建設工事そのものを阻止するには、仮処分・民事訴訟の方法によって妨げないというべきである。

三　抗告訴訟の方法による場合の原告適格

訴えの利益　右に述べたように高速道路の建設手続の各段階を構成している行政決定のうち、抗告訴訟の対象となる行政処分と解されるものについて、はたして付近住民がその適否を争う訴えの利益を有するかどうかは問題である。建設大臣の日本道路公団に対する工事の施行命令、工事実施計画書の認可は、いずれも高速道路の区域の決定がされる前のものであるから、特定の場所に道路が建設されることにより生じる自動車公害、風致景観や環境の破壊を理由とする訴えの利益を認めるのは困難であろう。しかし、区域の決定、敷地の権原取得のための事業の認定、収用裁決については、右の自動車公害、風致景観や環境の破壊を理由として、当該処分の取消し、無効確認を求めることができると解すべきである。

本案の問題　右の原告適格の問題と関連して、道路建設にともない自動車公害の発生、風致景観や環境の破壊が具体的に予見される場合、区域の決定、事業の認定等がそれによって違法となるかどうかは難しい問題である。この点については、本書二二六頁以下。

【参考文献】

特集「道路をめぐる諸問題」ジュリスト五四三号
ジュリスト総合特集「現代日本の交通問題」（とくに、４部　交通と環境問題）
研究会「公害予防訴訟」ジュリスト五八四号・五八五号
原田尚彦「公害防止と行政訴訟」ジュリスト五二六号
今村成和「成田新幹線訴訟と訴の利益」判例時報六九七号

伴義聖「道路建設工事の差止の方法」行政訴訟の課題と展望（別冊判例タイムズ二号）
塩野宏「国土開発」『未来社会と法〈現代法学全集〉』一七一頁以下、筑摩書房、一九七五年

（初出、室井力＝塩野宏『行政法を学ぶ2』一五二頁、有斐閣選書）

3　環境を考慮しない道路建設事業の事業認定

一　道路建設事業と道路敷地に対する権原の取得

土地区画整理事業の一環として道路が建設されるような場合を除いて、道路法上の道路を建設する手続としては、まず、路線名・起点・終点・重要な経過地その他路線について必要な事項を明らかにして路線を指定し（同五条）、または、路線の認定をし、右の事項を公示し（同七条―九条）、ついで道路管理者において道路の区域の決定、すなわち、道路を構成する敷地の長さおよび幅によって示される土地の範囲を明らかにし（同一八条一項）、その敷地の上に所有権その他の権原を取得した後、必要な工事を行なって道路としての形態をととのえることによって進められる。

道路管理者が道路の敷地について所有権その他の権原を取得するには任意買収等の方法を用いるのが通常であるが、土地の所有権者等が任意の方法により買収等に応じない場合には、公用収用の方法によって権原の取得をしなければならない。

事業の認定　公用収用の一般法は土地収用法であり、道路建設事業のうち高速自動車国道または一般国道等の建設事業のような特定公共事業については、特別法として、公共用地の取得に関する特別措置法が適用されることになっている。いずれにしても具体的に公用収用の手続に入るには、まず、事業の準備（収用一一条―一五条）をしたうえで、事業の認定（同一六条）を受けなければならない。事業の認定の法的な性質については学説上、これを確認行為であるとする説、設権行為であるとする説および確認行為の面と設権行為の面を併せもつとする説に分かれ、争いがある。多数説は、公共の利益となる特定の事業のために公用収用の必要なことを認定し、起業者のために、法定の手続を経ることを条件として、内容未確定な公用収用権を設定する行為であり、形成行為とみるべきであるとしている。しかし、どの説をとっても現行法の説明に不都合は生じない。このような事業の認定をするための要件として、土地収用法は、①事業が法所定の（特定）公共事業であることのほか、②起業者が当該事業を遂行する充分な意思と能力を有する者であること、③事業計画が土地の適正かつ合理的な利用に寄与するものであること、④土地を収用し、または使用する公益上の必要があるものであること（特別措置法の場合、④は事業が公共の利害に重大な関係があり、かつ、緊急に施行することを要するものであること）（収用二〇条、特別措置法七条）を挙げている。

事業認定の要件と裁量　右の要件のうち、④の要件が公益判断であり行政庁の裁量に属することは明らかであるが、①ないし③の要件については法に羈束された判断であるというのが従来の有力学説であった（東京地判昭和三八年九月一七日行集一四巻九号一五七五頁も同様の見解をとっている）。これらの要件のうち、③の事業計画が土地の適正かつ合理的な利用に寄与するものであることとする要件は、土地収用法一条が同法の目的を国土の適正かつ合理的な利用に寄与することとし、二条がその土地を当該事業の用に供することが土地の利用上適正かつ合理的であるとき、収用または使用することができる、としているのを受けたものであることは明らかである。そしてこの土地利用上適正かつ合理的というのは、もっぱら国民経済的な見地を考慮して判断されるべきであると解されており、従来、最終的には裁判所の判断をもって行政庁の判断に代置してきた（前掲東京地判）。つまり、行政庁の裁量はないというわけである。

日光太郎杉事件　ところで、道路は、かつては人の通行の用に供される物的施設として産業経済の発展の中心であったけれども、自動車の大量増加により騒音・排出ガス等の公害の発生源となり、付近住民の生活環境を破壊し、さらには道路建設によって自然環境を破壊するなど、社会問題になるに及んで、それをめぐり大きな論争を呼ぶようになった。

裁判例で問題となった著名な事件としては日光太郎杉事件（一審・宇都宮地判昭和四四年四月九日行集二〇巻四号三七三頁、二審・東京高判昭和四八年七月一三日行集二四巻六＝七号五三三頁）が挙げられる。そこでは、日光市内を通る国道一一九号線・同一二〇号線の拡幅のために樹齢六〇〇年に達する太郎杉を含む一五本の巨杉群の伐採等が問題となり、拡幅さるべき道路敷地に対する権原の取得のためになされた収用手続における事業の認定の適否が争われた。一審において原告が勝訴したが、二審判決は、理由を異にして一審を維持した。判旨は、建設大臣が、事業計画が「土地の適正且つ合理的な利用に寄与するもの」と認められるべきかどうかを判断するについてある範囲において裁量判断の余地が認められるべきことは当裁判所もこれを認めるにやぶさかでないとし、この点の判断をするにあたり、本来最も重視すべき諸要素、諸価値を不当、安易に軽視し、その結果当然尽くすべき考慮を尽くさず、または本来考慮に容れるべきでない事項を考慮に容れもしくは本来過大に評価すべきでない事項を過重に評価し、これらのことにより、この点に関する判断が左右されたものと認められる場合には、建設大臣の右判断はとりもなおさず裁量判断の方法ないしその過程に誤りがあるものとして、違法となるものとした。

二　事業の認定における環境問題の考慮

太郎杉事件における裁判所の判断　右判決で裁判所は、およそ次のような判示をした。すなわち、太郎杉付近の道路を拡幅することは、交通渋滞が緩和され、交通の安全と人的・物的な損害の防止がはかられるから、事業計画がそれ自体公共性を有することは明らかである。しかし、問題の土地付近は、日光発祥の地としての史実・伝説を有し、宗教的にも由緒深い地域であるのみならず、太郎杉を初めとする本件土地上の巨杉群を含むその風致・景観は国民にとって貴重な文化的財産として最も厳正に現状の保護・保全が図られるべきである。したがって、本件の事業計画が土地の適正かつ合理的な利用に寄与するという要件をみたすものと判断するためには、本件土地付近の有する景観・風致・文化的諸価値を犠牲にしてもなお計画を実施しなければならない必要性、ないし環境の荒廃・破壊をかえりみず右計画を強行しなければならない必要性があることが肯定されなければならない。ところが建設大臣の判断は、この判断にあたって、本件土地付近のもつかけがえのない文化的諸価値ないしは環境の保全という本来最も重視すべきことがらを不当・安易に軽視し、その結果右保全の要請と自動車道路の整備拡充の必要性とをいかにして調和させるべきかの手段・方法の探究において当然尽くすべき考慮を尽くさず、オリンピックの開催に伴う自動車交通量増加の予想という本来考慮に容れるべきでない事項を考慮に容れ、かつ、暴風による倒木、これによる交通障害の可能性および樹勢の衰えの可能性という本来過大に評価すべきでないことがらを過重に評価した点で、その裁量判断の方法ないし過程に過誤があり、これらの諸点につき正しい判断がなされたとすれば異なった結論に到達する可能性があったと認められるから違法である、とした。

判決の問題点　太郎杉事件の右判決は、(イ)事業認定における前記③の「土地の適正かつ合理的な利用」という判断が裁量の余地のあるものであること、(ロ)右判断にあたって、風致景観等自然環境、文化的価値の保護・保全を考慮しなければならないこと、および(ハ)本来考慮しなければならない事項を考慮せず、考慮に容れてはならない事項を考慮に容れて（他事考慮をして）裁量判断をした場合には、その裁量判断の方法ないし過程という手続面における過誤として処分が違法となることの諸点を明らかにした点においてきわめて重要である。右の(イ)の点は、前述のように、従来は覊束裁量と解されていたものであるが、判決は右の点のもつ専門技術性を考慮して裁量の余地を認めたものと思われる。この点はむしろ最近の裁量に関する裁判例の一般的傾向である。

環境の考慮　最も重要な点は、事業の認定にあたって、当該土地を公共事業の用に供する結果惹起される環境等の破壊について考慮しなければならないということであろう。前述のように、従来は、国民経済的な見地から当該土地を公共事業の用に供すべきか否かの判断がされていたわけであるが、昨今のように公共事業ごとに道路建設による環境等の破壊が進んでくるとこれを無視して公共事業を進めることは土地の適正かつ合理的な利用に寄与しない結果を招来するおそれがある。土地収用法の解釈としては、太郎杉事件の判示しているところが正当というべきであろう。

他事考慮　土地の適正かつ合理的な利用に寄与するものであることとする要件が裁量事項であるとすると、この裁量判断が違法となるには裁量権の踰越ないし濫用がなければならないとするのが判例・通説である（行訴三〇条）。そして、裁量権の踰越・濫用があったことの主張・立証責任は原告にあるとされている。このような司法審査の方法を実体的審査というが、太郎杉事件の右判決は、右の実体的審査方法をとることなく、裁量判断の方法ないし裁量判断の過程、換言すれば裁量権行使の手続面に焦点をあてその合理性の審査をしている。すなわち、土地の適正かつ合理的な利用に寄与するものであるかどうかの裁量判断をするについて、何を考慮すべきであり、何を考慮すべきでないかを明らかにし、考慮すべき事項を考慮せず、考慮してはならない事項を考慮した、いわゆる他事考慮があったとした。道路建設における環境の保全の必要性は、比例原則から考えても多言を要しないほど明らかであるから、これを考慮しないことにより事業の認定が違法となった場合（事業の認定が取り消された場合）には、建設大臣は再びこの点を考慮したうえで事業の認定の許否を決しなければならないこととなる。

【参考文献】

塩野宏「日光太郎杉事件控訴審判決」判例評論一七八号

原田尚彦「土地奴用法二〇条三号にいう土地の適正利用と文化的自然環境の保護——日光太郎杉事件」ジュリスト臨増・昭和四八年度重要判例解説

同「土地収用法二〇条三号の判断における建設大臣の裁量権と司法審査——日光太郎杉土地収用事件控訴審判決」判例タイムズ三〇一号

濱秀和「目光太郎杉事件」別冊ジュリスト「公害・環境判例」

高田賢造『新訂土地収用法』日本評論社、一九六八年

（初出、室井力＝塩野宏『行政法を学ぶ1』一三八頁）

第四章　行政法関係と民事関係の交錯

1　仮換地指定処分と未申告借地権者の救済

一　未登記借地権者の地位

土地区画整理事業施行地内の土地に未登記の借地権を有していた者が、土地区画整理法八五条による権利の申告をしないため、当該土地につき仮換地の指定処分はあったものの、仮に権利の目的となるべき部分の指定がないときに、従前の土地（以下、従前地という）上の借地権者の権利はどうなるかの問題は、かつて下級審でしばしば問題となったところである（借地借家関係事件の処理に関ずる民事裁判官会同要録九四頁以下参照）。しかし、現在においては、次の一連の最高裁の判決によってほぼ判例として固まったとみてさしつかえないであろう。

まず、①昭和三三年七月三日第一小法廷判決（民集一二巻一一号一六一頁）は、従前地の一部に借地権を有する者が、権利の申告をしないまま（事案は特別都市計画法行令四五条但書の規定による権利の届出のない場合）、従前地と一部重なり合う仮換地（当時の用語では換地予定地）の対応部分に従前の店舗を移動所有していたのに対し、従前地の所有者（仮換地権利者）から建物収去土地明渡しの請求をうけた事案について「本件のように従前の宅地の一部について賃借権を有するに過ぎないような場合には、仮換地について先ず施行者の指定がない限り、権利者は当然には仮換地について権利を有するものではないと解するを相当とする。」と判示して、仮換地上に借地権者の権利を認めた原判決を破棄した。②昭和三六年三月七日第三小法廷判決（民集一五巻三号三六五頁）は、従前地と一部重複する仮換地上に店舗等を所有し賃借権の存否について争いがあり権利の申告ができないため、土地所有者に対し賃借権の確認を請求している借地権者が、土地所有者から建物収去土地明渡しの反訴請求をうけた事案について「従前地の一部について賃借権を有する者は、たとえその賃借部分が仮換地に含まれていても、賃借権について仮に権利の目的となるべき部分の指定を受けないかぎり、右賃借部分の使用権を有しない」旨判示した。そして、③昭和四〇年三月一〇日大法廷判決（民集一九巻二号三九七頁）は、右②の先例を確認して、右二つの事件と同様に従前地と一部重複する仮換地の指定があったが、従前地の一部を賃借していた借地権者において権利の申告をしないまま、仮換地上に建物を所有して土地を使用していたので、土地所有者から建物収去土地明渡しの請求をした事案について、権利の申告をしなくても従前地の借地権者は仮換地に対して潜在的な使用収益権を有するとし、土地所有者の請求を排斥した原判決を「このように従前の土地につき賃借権を有するにすぎない者は、施行者から使用収益部分の指定を受けることによってはじめて当該部分について現実に使用収益をなしうるにいたるのであって、いまだ指定を受けない段階においては仮換地につき現実に使用収益をなし得ないものというべきである。」と判示して破棄した。ところが、④昭和四〇年七月二三日第二小法廷判決（民集一九巻五号一二九二頁）にいたって、従前地の全部を賃借していた者が（この間の事実関係は複雑であるが、一応このように単純化できる）、権利の申告をしないまま、仮換地の引渡しを求めた事案について「従前の土地につき賃借権を有するにすぎない者は、施行者から使用収益部分の指定を受けることによってはじめて当該部分について現実に使用収益をなしうるにいたるのであって、いまだ指定を受けない段階においては仮換地につき現実に使用収益をなし得ないものというべきである。……この理は、従前の土地の賃借人が、たまたま一筆の土地の一部に賃借権を有するに過ぎないときであると、一筆の土地の全部に賃借権を有するときであるとで、異なることはないというべきである。」と判示した。以上①ないし③と④の判決とでは基本的な点において重要な考え方の相違があるといわなければならないが、(1)その点はしばらくおいて、これらの判例を前提とするかぎり、従前地に未登記の借地権を有するにすぎない者は、その借地権を従前地の一部に有する場合も、また、全部に有する場合においても、土地区画整理法八五条により権利の申告をして、かつ、仮に権利の目的となるべき部分の指定をうけない以上、仮換地が飛換地である場合はもとより、現地換地であっても、これに対し現実に使用収益をすることができず、仮換地上に建物等を所有するときには、仮換地権利者（従前地の所有者）から建物収去土地明渡しの請求をうけても、これに対抗する手段をもたないこととなる。

土地区画整理事業は、都市計画区域内の土地について、公共施設の整備改善及び宅地の利用の増進を図るため、法の定めるところに従って行われる土地の区画形質の変更及び公共施設の新設又は変更に関する事業である（法二条一項参照）。このような区画整理事業の施行区域内にあるというだけで借地権者は、自己の未登記の権利を申告し、仮に権利の目的となるべき部分の指定をうけないかぎり、借地権の行使ができなくなるということが是認されていいか、もし是認されるとしたならば、右に述べたように権利の未申告、未指定の間に仮換地権者からされる建物収去土地明渡しの請求に対抗するにはどうしたらいいかが問題となる。

二　仮換地の指定処分と仮換地上の使用収益権

従来、仮換地の指定処分と、これに基づく仮換地上の使用収益権の性質について、設権処分説と確認処分説の二つが対立していることは周知のとおりである（学説、判例について上掲③の判例解説〈森綱郎調査官〉法曹時報一七巻七号八五頁参照）。仮換地の指定を創設的な設権処分と解する説は、この処分が従前の土地を使用収益する正当な権原を有する権利者に対し、従前地に対する使用収益を停止させ、仮換地上にこれと同じ内容の使用収益権能を付与する公法上の処分であって、使用収益に関するかぎり仮換地上に従前の土地上の権利関係に照応する状態を作り出すことを法がとくに認めたものであるというのであり、これを確認処分と解する説は、土地区画整理事業が施行されれば、法九八条、八九条に掲げられた標準により、従前地に照応する換地・仮換地の位置範囲は施行者の処分をまつまでもなく、客観的に整理後の土地のいずれかの部分に定まっており、施行者の指定処分は客観的に定まっている位置範囲を確認宣言するにすぎないとする。

右の設権処分説によると、指定処分のない以上従前地の借地権者が、仮換地上に何らの権原をも有しないことは当然であるとしなければならないし、確認処分説によると従前地の一部に借地権を有していた者と全部に借地権を有していたものが異なる取扱いをうけることとなる。

しかし、土地区画整理事業による私人の権利の制限が事業目的に照し、必要最小限のものでなければならないことは、比例原則の要請するところであるし、また一面工事施行者が仮換地の指定（仮に権利の目的地となるべき部分の指定も同じ）をするについては、専門技術的見地からする裁量の余地があるのであるから、工事施行者において私人の権利を停止し、自ら有しない権利を設定する、あるいは、客観的に指定すべき権利の範囲が定まっているというような見解は、いずれも疑問があるし区画整理事業の実態からほど遠い考え方といわなければならない。そして、これらの見解によって、仮換地指定処分にともなう法律関係を統一的に説明できるかどうかは疑わしい（これらの説に対する批判は拙稿「公法判例研究」法学新報七〇巻九号四八頁以下参照）。むしろ、区画整理という公益上の要請からこれに必要な限度で仮換地指定が私権に影響を及ぼすものとすれば、この処分によって、従前地の権利関係は仮換地指定という暫定処分の範囲内で、そのまま仮換地上に移転すると解するのがもっとも単純明快である。[2] すなわち、換地処分にあっては、従前地の権利関係がそのまま換地上に移転させられるわけであるが[3]（法一〇三条、一〇四条三項）、暫定処分である仮換地の指定の場合においては、従前地の所有権の内容である処分権能と使用収益権能が土地区画整理事業の目的のため、一時機能的に分解し、従前地に所有権の観念的な処分権を残したまま、仮換地上にその使用収益権を移転させる処分であるということができよう（雄川一郎「判例研究」法協七四巻五・六号六五九頁・今村成和＝品川孝次「判例研究」法学論集八巻三・四号一一三頁も同旨と思われる。拙稿・前掲五三頁以下参照）。したがって、従前地の使用収益権を目的とする権利もまた潜在的には仮換地上に移転するといわなければならない。

この立場に立つと、上記④の判決はいかにも不合理に感じられる。従前地の全部を賃借している者が権利の申告をしない場合、工事施行者に対抗できない点は理解できても、従前地の所有者に対抗できない理由は明らかでない。従前地に借地権を有する以上、権利の申告がされた場合、仮換地全部に仮に権利の目的となるべき部分の指定されることは明白で、工事施行者に範囲、部分を選択する余地が残されてはいないし、指定すべきか否かについて施行者の裁量の余地もない[4]（塩野宏の④の判例研究法協八三巻三号八三頁以下参照）。このような場合仮換地権利者から従前地の借地権者を相手に建物収去土地明渡しの請求があったときには、権利濫用としてその請求を排斥すべきであるという見解があるが（奈良次郎調査官の④の判例解説法曹時報一七巻九号一一六頁参照）、むしろ、請求の認容される場合のあることがおかしいのではないだろうか。いいかえれば、①ないし③の事案のように、従前地の一部にあった借地権を仮換地のどの部分に指定するかについて、工事施行者が専門技術的な見地からする裁量判断を容れる合理的必要性がそこには全く認められないし、他に、右の判例のように解さないと事業目的に支障をきたすような事情も考えられないから、従前地の所有者と借地権者の間は、純然たる私法上の法律関係として処理すれば十分と考えられるわけである（塩野・前掲判例研究参照）。

三　未登記借地権者の救済

そこで問題となるのは、①ないし③の事案のような場合である。従前地に対する借地権に争いがなければ法八五条により従前地の所有者（若しくは当該権利の目的である権利を有する者）と借地権者の連署により権利の申告をすることができるから、問題は工事施行者の不作為による仮に権利の目的となるべき部分の未指定の場合だけである。従前地の借地権に争いのある場合に、賃貸借契約書、地代領収書等により借地権者において単独で権利の申告をすることができる場合も、借地権者は一挙手一投足の労で自己の権利部分を明確にしてもらうことが可能である。しかしながら、借地権に争いがあり、右のような権利を証する書類のない場合も少なくない。訴訟の提起されるような紛争の多くは、賃貸借の目的となっている土地の所有者に変更があったり、また、当該土地上の建物所有者に変更があり、賃貸借契約の承継、賃借権の承継などが争いの原因となって、土地明渡しの請求、地代の供託などがされている事案が多い（上記最高裁①②判決の事実関係参照）。このような場合、従前地の借地権者は、単独で権利の申告をすることができないから所有者等の権利者（仮換地権利者）を相手方として従前地について借地権の確認を求め、この確定判決を権利を証する書類として添付し、権利の申告をし、仮に権利の目的となるべき部分の指定をうけなければならない。このとき、もし、仮換地につき建物収去土地明渡しの判決が確定していれば、仮に権利の目的となるべき部分の指定処分のあったことを理由に、当該確定判決に対する請求異議の訴えにより、強制執行の排除を求めるほかないこととなる(5)（前掲森調査官・判例解説九三頁参照）。仮に、右の結果を認めないで①③の原審のように現地換地があり従前地の一部についてのみ賃借権を有するにすぎない者に、仮換地の任意の部分の占有を認めその居据わりを許すとすると、従前地の所有者は、自ら単独で借地権の申告をする手段をもたないから、従前地のうちの賃貸部分以外の部分について、仮換地上に使用収益のできない場合を生じ、不合理であることを免れない(6)（前掲森調査官・判例解説九三頁参照）。そこで、従前地の所有者および借地権者の利益の調和のうえからこの問題を考えると、従前地の借地権に争いがあり、借地権者が賃貸借契約証書等により単独で権利の申告をし、仮に権利の目的となるべき部分の指定をえられないまま建物収去土地明渡しを求められている場合には、借地権者において仮処分の制度を利用し、上記契約書、もしくは地代領収書以外のものにより借地権を疏明し、または保証を立てることにより、仮に従前地の借地権者であることの地位を定める仮処分の裁判（民訴法七六〇条）をえてこれを添付すれば、借地権者の単独での権利申告が可能となるであろう。この段階で仮に権利の目的となるべき部分の指定があれば、従前地につき借地権存在の確定判決をえた後、右の指定をうけ、請求異議の訴えを提起したり、ときには建物収去土地明渡しの強制執行を手をこまねいて眺めていなければならない結果をさけることができる。(7)(8)

以上のようにして、借地権者が単独で権利の申告をすることができても、工事施行者が指定を拒否したり、また漫然放置する場合に(9)建物収去土地明渡しの訴訟が進行すれば、借地権者はなお不利益をうける場合がないわけではない。この場合に訴訟の進行を妨げる実体上、手続上の権利を考えることはできないから、裁判所としては、工事施行者の態度が明らかになるまで訴訟の進行をひかえる以外に、適当な手段をもたない。もちろん、権利の申告をした借地権者が工事施行者を相手方に不作為の違法確認（行訴法三条四項）、あるいは仮に権利の目的となるべき部分の指定義務の確認等の行政訴訟を提起し、救済を求めることは可能である（この義務づけ訴訟は恐らく問題なく許されていいと思われる）。

（1）④の判決は、③の判決の補足意見を書かれた奥野裁判官が関与しておられるが、一貫しないように思われてならない。③の判決の補足意見は、仮換地指定処分と私権の関係について説明するに十分である。本稿の立場も後記のとおりこの補足意見と同一である。

（2）　多くの下級審の裁判例も確認説〈本文掲記の森調査官の判例解説九〇頁参照〉というよりはむしろ、本文や右（1）の補足意見と同じ考え方と思われる。研究会の席上では特別参加の金田家裁所長が、換地処分と仮換地指定処分の相違から異論を述べられたほか、とくに意見はなく、特別参加された北大の今村教授が行政法学の見地から本文の見解に賛意を示された。

（3）　法一〇四条一項後段は「換地計画において換地を定めなかった従前の宅地に存する権利は、その公告のあった日が終了したときにおいて消滅するものとする。」と規定しているが、これは未届末登記の借地権等が消滅することを定めたものではない〈下出「換地処分の研究」二四五頁参照〉。

（4）　これに反して、従前地の一部に借地権を有する者の使用収益権が、仮換地のどの部分にあるかは、客観的に定まっているのではなく、工事施行者の有する技術的基準に基づき、その裁量判断をまって確定すべき事項であろう。これが、指定処分のない場合に従前地の一部の借地権者において、仮換地に現実に使用収益権を有しないとする唯一の合理的理由である。

（5）　この結果は種々の点で不合理である。すなわち、建物収去土地明渡請求について、従前地の借地権の確認の反訴があると、それぞれ原告、反訴原告の勝訴となり、さらに、これらが確定した場合、従前地の所有者の判決の執行の多くは無意味であり、その訴訟追行は、単に借地権者の権利申告をうながす効果があるにすぎず、訴訟経済にも反する。

（6）　③の判決の原審広島高裁昭和三四年六月三日判決は、土地所有者も仮換地に従前の賃貸部分に照応する使用収益部分の指定を求めることができる旨判示しているが、法八五条は借地権者の単独申告を認めているにすぎない。

（7）　借地権者が借地権存在の確定判決をえて権利の申告をしても、仮に権利の目的となるべき部分の指定処分のない以上、強制執行の排除を求めることはできない。したがって、建物収去土地明渡訴訟の終結前に右の指定処分を求める手段としては、仮処分制度を利用するほかない。

（8）　仮処分による救済については、仮処分は仮定的暫定的のものであるから終局判決によりこれが覆った場合、不合理な結果を生じる旨の異論もあったが、証書等により権利の単独申告があっても、工事施行者が私人間の権利の存否を終局的に確定するわけではないから、訴訟において反対の結果のでる可能性は絶えずある。したがって、これと仮処分とを別に扱う理由はないであろう。

（9）　本稿発表後の最高裁昭和四三年三月一日第二小法廷判決、民集二二巻三号四七三頁は、まさにこのような事案である。最高裁は一筆の従前地の全部を賃借する者が適法な賃借権の届出をした場合であっても、換地予定地または仮換地について使用収益の権能を有しまいと判示した。これについての判例批評としては本書二六二頁以下を参照されたい。

（初出、『民事法の諸問題Ⅳ』六八頁、判例タイムズ社、一九七〇年）

2　土地の一時利用用地に関する判例［判例研究］

盛岡地方裁判所昭和三七年三月二七日判決、（昭和三六年（行ウ）第八号土地所有権移転登記抹消登記手続請求事件）

行政事件裁判例集一三巻三号四九二頁（一部却下、一部棄却）

【事実】

一　原告Xと被告Y_2はともにY_1土地改良区の組合員である。Y_1土地改良区は昭和二九年頃から岩手県の某地区の土地改良事業を施行したが、同年五月四日X所有の(イ)(ロ)(ハ)(ニ)(ホ)(ヘ)(ト)合計七筆二反二五歩の田に代るべき一時利用地として、Aほか二筆及び苗代一畝歩合計二反七畝二一歩の本件土地を指定したので、Xは昭和三四年五月頃までこれらの土地を使用収益してきた。

二　Y_1土地改良区は昭和三四年三月一二日土地改良法第五二条第三項所定の会議の議決を経て、換地計画を立て、その中でXの一時利用用地に指定されていた本件土地をY_2に対する換地として定めた。そのため、右の換地計画が同月三一日知事の認可の上、公告があって後、本件土地はY_2に対し換地として交付された。

三　そこでXは次のとおり主張して出訴した。すなわち、㈠一時利用地の指定処分は指定を受けた者に対し、従前の土地に対すると同一の条件でこれを使用収益する権原を与える効力を有するものであるから、土地改良区が一旦、その指定処分をした以上、当該土地をその指定を受けた以外の者に対する換地とするには、必ず当該一時利用権者の承諾を要すると解すべきである。それなのに、右のY₂に対する換地処分はXの承諾を得ないでなされた。(二)右の換地計画においては、一時利用地指定処分のときXの所有地として扱っていた(ヘ)(ト)の二筆の土地を無視し、これらの土地に照応する換地を定めていない。(ヘ)(ト)の土地はXが昭和一九年に他から買受けて所有権を取得したまま登記を経由していないが、行政処分には民法第一七七条の適用はないから登記の欠缺を理由として、これに照応する換地をしないことは許されない。

以上のとおり、Y_1土地改良区のY_2に対する換地処分は、重大かつ明白な瑕疵があり無効である。よって、XはY_1との間でY_2に対する換地処分の無効確認を求めるとともに、Y_2に対しては本件土地についての換地処分による登記事項の抹消登記手続を求め、これに加えて、Xの本件土地に対する一時利用権を無視して耕作した不当利得として、金三万一、二九四円余の支払いを請求するというのである。

これに対し、Y_1はXの(ヘ)(ト)の二筆の土地について換地を交付しなかったのは、右の(ヘ)の土地が後に実在しないことと、(ト)の土地が他の所有に属することが判明したので、換地計画を定めるに当っては、これを除外したものであると述べている。

【判旨】

Y_1に対しては訴却下。Y_2に対しては請求棄却。

一　裁判所はXのY_1に対する請求を、訴の利益（確認の利益といっている）を欠く不適法なものとしている。

(一)　まず、XのY_1に対する前記(一)の主張を「Y_1はX所有の従前の土地のうち、(ヘ)(ト)の二筆の田につき一時利用地として本件土地を指定しながら、換地処分の際には右各土地がXの従前の土地であることを無視し、違法にこれに対する換地を交付しなかった。従って、XはなおY₁に対し換地の交付を求めることができるのであるが、一般に土地改良事業施行中、従前の土地に代るものとして指定される一時利用地は、換地処分に当っては、当然これを一時利用権者に対する換地とすべきであるから、本件においては、一時利用権者であるXに本件土地を換地として交付すべきである。しかるに、Y_1はこれをY_2に対する換地として交付したから、Y_2に対する換地処分はXの一時利用地について、利用権者が換地として交付を求めることのできる権利、地位を害する違法な処分である。」というものと解し、これについて次のとおり判断している。すなわち、土地改良法第五一条により一時利用地の指定を受けた者が、右指定に伴い当然に当該土地を換地として交付さるべきことを請求する権利を有し、または、右土地につきかかる法律上の利益を認められるものであるか否かについては、同法にはこの点を明らかにした規定はないが、元来前記規定の趣旨は、同法が一方において土地改良区に対し、土地改良事業の施行の必要上、右事業が完了するまでの間、事業施行地区内の組合員の農地の使用収益権を奪うことを許したのに対応して、かかる場合には、土地改良区は必ずこれに代る農地を組合員に与うべき旨を定めて、その間においても組合員の業務の中断することを防ぎ、もって右事業の遂行を容易にしようとしたに過ぎず、毫もこれを換地の予定地とする趣旨を含むものでないことから考えると、一時利用地の指定を受けた者は、土地改良事業の工事が完了して換地処分がその効力を生じるまでの間、仮に当該土地を使用収益する権利を有するにとどまり、一時利用地たるの故をもって当然に当該土地を換地として交付することを求める権利を有し、または、これにつきかかる特別の法律上の利益を認められるものではないと解すべきである。

(二)　次に、XのY_1に対する前記の主張を「X所有の(ヘ)(ト)の二筆の土地については換地がないから、右の従前の土地の一時利用地である本件土地にはなお、一時利用地指定処分に基づくXの使用収益権が及んでいる。従って、Y_2に対する本件換地処分は、右のXの権利を害する処分として違法である。」というものと解し、これについては次のとおり判断している。すなわち、一般に土地改良区が換地計画を定めるにあたって土地改良法第五三条の二等によらないで、違法に組合員の有する従前の土地の一部につき、これに対する換地を定めなかった場合には、右の従前の土地の権利者が、同法第五二条第八項の公告後でも、その換地の交付を受けるまでは、右従前の土地に代るものとして指定された一時利用地の使用収益権を失わないかどうかは、換地計画において換地を定めなかった従前の土地の権利が換地計画の認可公告後は消滅する旨を定めた同法第五四条第一項とも関連させて考察すべき問題である。思うに、同条の規定は土地改良区が組合員の有する従前の土地につき誤って、これを当該組合員の権利に属さないものとして、これに対する換地を交付しなかった場合には、その適用がなく、かかる従前の土地の権利者は、右規定にかかわらず前記公告後も消滅しないものと解しうる余地があるけれども、かく解してかかる場合、従前の土地の権利が右公告後に存続することを認め得るとしても、これにつき指定された一時利用地の使用収益権のみは、同法第五一条第四項により消滅すべきである。けだし、同項の規定は、すべての一時利用地指定処分の効力を右公告までの期限付とし、同一の土地改良事業に関して指定された一時利用地の利用関係は、悉く当該換地計画の認可公告により終了せしめる趣旨と解さねばならない。以上のとおり判断して、いずれの主張によってもXのY_1に対する訴について確認の利益を認めることができないとし、Y_1に対する訴を却下した。

二　XのY_2に対する請求は、換地処分による登記事項の抹消登記手続請求についてはXが本件土地について実体的権利を有しないから理由がないとし、不当利得返還請求権についてはY_2の本件土地の使用収益が換地計画の認可公告後であることを理由として、いずれも請求を棄却している。

【研究】

一　従来、土地区画整理事業における仮換地（特別都市計画法においては換地予定地）をめぐる争いは数多く見受けられたが、土地改良事業における一時利用地についての争いはめずらしかったように思われる。そこで判旨を検討する前にまず、換地処分と一時利用地指定処分の関係、一時利用地の使用権の内容とその指定処分の性質等を、土地区画整理法上の仮換地と対照して述べておきたい。

換地処分、すなわち、公用換地が行なわれるのは土地改良法に基づく農業経営の合理化、農業生産力の発展のための農地の改良等を目的とする場合と、土地区画整理法に基づく公共施設の整備改善及び宅地の利用の増進を計る場合の二つであるが、いずれの場合にあっても換地処分は、事業施行地の全体の土地を一団として（或いは区、工区に分けることもある）、土地の改良事業によって新たに区画、形質を改定し、従前の土地に比例してこれに照応する部分を従前の土地の所有者その他の権利者に割当てるのであって、従前の土地に対する権利と、換地に対する権利の同一性を擬制しつつ、目的物だけを強制的に交換する処分であるから（美濃部達吉「公用換地法概論」国家学会雑誌五五巻二号一八〇頁は、公用換地は土地の強制交換であり、被換地者は従前の権利を失うと同時に新たな権利を取得するといっている。これに対して下出義明「主として土地区画整理法による換地処分の研究」司法研究報告書第九輯第七号一一一頁以下参照、なお、美濃部達吉「公用負担法」一九九頁、田中二郎「土地法」法律学全集一四五頁一四八頁参照）、事業施行地内における個々の権利者の権利関係が矛盾、抵触することをさけるため、工事を完了するまでこれをすることができない（土地改良法五二条一項、土地区画整理法一〇三条二項）（尤も、土地区画整理法一〇三条二項但書――これは旧耕地整理法三一条但書の規定と同趣旨である――は、規約定款又は施行規程に別段の定めがある場合は、区域全部について工事が完了する以前に換地処分をすることができる旨定めているが、これは工事施行地域を工区に分け、しかも、換地計画は施行地全部について定めてある場合に、一つの工区の工事が完了したようなときのことをいうのであって、工区内の一部について工事が未了なのに、残存部分について換地処分のできる趣旨ではないであろう。下出・前掲「研究」一二八頁、美濃部・前掲「概論」一九七頁）。そして、換地処分の効力、すなわち、土地の強制交換の効果も一団の土地の全部について一律に生じさせなければならないから、土地改良法は関係権利者に対する通知を要件とすることなく、換地処分が換地計画によって成立し、知事の認可と認可のあった旨の公告により効果が生じる旨規定し（同法五二条、五四条参照）、土地区画整理法においては、換地計画において定められた事項を関係権利者に通知するものとしながら、その効力は建設大臣又は知事が公告をすることを法定停止条件とし、その時から生じる旨定めている（同法一〇三条、一〇四条参照）。

このように、換地処分は土地改良、土地区画整理の工事が完了した後の、終局処分として、事業施行者によって行なわれるのであるが、これらの事業施行地は現に関係者の利用に供している土地であることが通常である。従って、換地処分までの間、工事のための区域内の関係者の土地の使用の制限は、事業目的にてらして最小限にとどめなければならない一方、将来の換地にそなえてその準備をしなくてはならない。このため土地利用者の利用関係の調整と換地となるべき土地の利用の範囲を暫定的に定めておく必要から認められたのが、土地改良事業にあっては後述のとおり一時利用地の指定であり、土地区画整理にあっては仮換地の指定処分である（旧耕地整理法においては、これに関する規定はなかったが、規約に基づいて行われていた、美濃部・前掲「概論」国家学会雑誌五五巻三号三二四頁参照）。そして、土地改良法、土地区画整理法のいずれも、一時利用地、仮換地を換地処分があるまで従前の土地についての使用又は収益と同じに、使用又は収益ができるものとしている（土地改良法五一条四項、土地区画整理法九九条一項）。ここで換地処分があるまでというのは、一団の事業施行地内において換地処分により終局的に換地の効果が発生するまでと解さなくてはならないから、有効な換地処分があることの意味であって、換地処分が何らかの理由により効力を生じないときは、一時利用地や、仮換地の使用収益権はなお、有効な換地処分のあるまで保持されるものといわねばならない。いわば、一時利用地、仮換地の使用収益権は、有効な換地処分のあるまでの期限付の権利であるということができる。しかし、有効な換地処分があるまでの暫定的な権利であるということは、この点だけで換地処分と関係をもっているに過ぎないということではない。土地改良、土地区画整理事業は通常相当長期に亘って施行されるのであるが、一時利用地或いは仮換地と無関係に換地処分が行なわれることになれば、土地区画整理事業においては、仮換地上に築かれた土地の利用状態、生活関係の変動によって関係権利者に計り知れない混乱と、無用な損害を与えるというべきであるし（そのため土地区画整理法九八条一項は、原則的に換地計画に基づき仮換地が行われることを予想している。なお、下出・前掲「研究」九二頁参照）、それ程のことはないとしても、土地改良事業においても利用関係の混乱はさけられないから、法は、一時利用地も又仮換地もそのまま換地として移行できることを予定して、これらの指定処分が換地処分と同様に、前者は農地という面から後者は宅地という面から、従前の土地と照応するよう指定されなくてはならないとしている（土地改良法五一条一項、五三条一項二項、土地区画整理法九八条一項二項、八九条参照）。一般にこの従前の土地との照応を根拠として一時利用地、仮換地が将来換地となる性質を有するもの、すなわち、換地予定地となるものと解されている（美濃部・前掲「概論」三二七頁、同『日本行政法下巻』一〇三八頁、昭和二五年度行政事件訴訟年鑑四七六頁、なお、下出・前掲「研究」九二頁は、仮換地を原則的仮換地指定と例外的仮換地指定とに分け前者のみそのまま将来換地として指定されるものと解している。」）。右のように、換地処分と一時利用地及び仮換地指定処分とは、前者が事業の終局処分であるのに対し、後者が終局処分までの暫定的な処分として事業の施行過程の一環を形成しているのであるが、これらの処分の性質も一つは事業の目的としての終局処分、他は暫定処分という見地から統一的にとらえることが可能である（美濃部・前掲「下巻」一〇三七頁は、換地処分を二段に分け、一段を仮処分としての換地予定地指定処分とし、二段を終局処分としている）。すなわち、一時利用地及び仮換地の指定処分並びに換地処分は、いずれも事業施行者が土地改良法、土地区画整理法によって付与された公権である換地権に基づいて行なうものであり（美濃部・前掲「概論」一八四頁）、換地権の内容としては、土地の物的状態とその帰属に強制的変動を及ぼすことのできる権利ということができる。先にも述べたように換地処分は、従前の土地と換地となるべき土地に対する権利の同一性を擬制しつつ目的物だけを強制的に交換する処分であって、その効果として、換地は従前の土地と法律上同一のものとして扱われるのである（土地改良法五四条一項、土地区画整理法一〇四条一項）。（尤も、この見地からは、過少耕地、過少宅地への換地の不交付は、本質的には土地収用であって換地処分ではないということになろう）。従って、換地処分は右のような意味において、私人の権利の目的物に物権的変動を及ぼす形成的な行政処分ということができるであろう（美濃部達吉『日本行政法上巻』二二四頁、「下巻」一〇二六頁。同『公用負担法』一九九頁は、土地取用などと等しく物権的行為であると述べられている）。

これに対して、一時利用地、仮換地の指定処分は、これらの処分の趣旨に照して、目的物に対する終局処分までの間の暫定的処分として、土地の利用関係を調整し、換地処分の準備として行なわれる形成的な行政処分であって、その効果として、従前の土地にある私人の利用権能をその処分権と分離して、一時利用地又は仮換地上に移転する処分ということができる。換言すれば、一時利用地又は仮換地の指定処分は、土地所有権の内容である土地を使用収益及び処分する権利（民法二〇六条）を土地改良、土地区画整理事業の目的のため、一時機能的に分解し、従前の土地に、所有権の観念的な処分権を残したまま、現実には一時利用地、仮換地上にその使用収益権を移転する形成的な処分ということができよう（雄川一郎・最高裁昭和三一年七月一〇日判決・民集一〇巻八号一〇〇六頁の「判例研究」法学協会雑誌七四巻五・六合併号六五九頁、今村成和、品川孝次、上掲判決の「判例研究」法学会論集八巻三・四合併号一一三頁は同趣旨と思われる。今村・品川は「換地予定地指定処分は、その相手方のために、予定地に対する使用収益権原を原始的に設定する効力をもつ行政行為ではない。それは、土地関係者の権利関係の実質に何ら法律的変動を生ぜしめることなしに、単に従前の土地に関する使用収益関係をそのまま換地予定地に移すことに主眼をおくものである」。とする。田中・前掲『土地法』一四六頁も同趣旨であろうか。下出義明「土地区画整理に伴う法律上の諸問題」司法研修所七周年記念論文集四三頁以下もこの立場のようにみえるが、下出・前掲「研究」二四四頁によると後に述べる確認説を前提にしているようである。この点美濃部博士は、換地処分、仮換地処分のいずれも国家公権に基づく形成的効力を有する公法行為――前掲「概論」国家学会雑誌五五巻三号三二五頁――としながら、その説くところは必ずしも一貫しない――下出・前掲「研究」一二七頁註㈢参照。判例でここに述べるように仮換地指定処分の性質を明確に判示しているものは見当らないが、当然このことを前提としているものはかなり多くある。例えば、東京地裁昭和二五年二月二日判決・下民集一巻二号一三二頁、神戸地裁昭和二九年八月六日判決・下民集五巻八号一二五八頁、大阪高裁昭和三一年一二月二五日判決・高裁民集九巻一二号七四四頁、東京高裁昭和三六年一二月二六日判決・高裁民集一四巻一〇号七三八頁、等である)。

右の所説に対しては、所有権は多くの個別的な権能の合計されたものではなく、包括的渾一的な一個の権利であるから、その中から使用収益の権能を分離して他に移転するということは考えられないという批難がある（井上隆晴「土地区画整理法上の仮換地指定処分についての諸問題」民事法特殊問題の研究一三二頁、玉田弘毅「土地区画整理における仮換地をめぐっての私法上の諸問題」明治大学法制研究所紀要創刊号六三頁。なお柳瀬教授はこの点を公用使用について、オットー・マイヤーやわが国の佐々木、渡辺両博士の所説に対する批判として述べておられる――同教授「公用負担法」法律学全集一三一頁、一三三頁註㈣)、しかし、所有権が客体に対する種々の権能の総合ではなく、法令の制限内でどのようにでも利用することのできる渾一な内容をもっていることは多くの民法学者によって説かれているところであるが（例えば、我妻栄『物権法』一六四頁、舟橋諄一『物権法』三三九頁参照)、一面、現在の取引社会においては、伝統的、固定的な所有権観念は修正され、土地所有権が土地利用権の制限により虚有権と化するという所有権の機能的な分解傾向も知らねばならないことで（我妻・前掲二四一頁参照)、公的目的のため、法律が一時、事業施行者に土地所有権の機能を分解変動させる権能を認めたとしても、これを直ちに、所有権の渾一性の点から矛盾と批難することは当らないであろう。そして、この見解をとるか、後に述べる確認説によらない限り、公法行為によって生じた私法上の法律効果について、すべての法現象を統一的に理解することは困難であるといわねばならない（前示その他多くの民事の下級審か明確ではないが、仮換地指定処分をもって、従前の土地の使用収益権を仮換地上に移転させる形成的処分と解しているのは、この説が私法上の法現象を説明するについて、尤も直截簡明であるからであろう）。（なお、仮換地をめぐる私法上の諸問題については、井上・前掲「諸問題」、玉田・前掲「諸問題」、亀川清「仮換地の法律関係」福岡大学法学論叢五巻一号六九頁以下に詳しい）。

右の所有権の機能的分解を批難する考えは、仮換地指定処分の性質を、一方で仮換地上に使用収益権を設定するとともに、他方では従前の土地の使用収益権能を停止するもので、従前の土地の使用収益権を停止せしめることによって、その土地に公法上の使用権を取得し、その権限に基づいて仮換地上に公法上の権利である使用収益権を設定する、一種の負担（なかんずく、公用使用）と設権的行政処分であると説き（井上・前掲「諸問題」一三一頁）、また仮換地指定処分は、一方土地所有権等に対し公法上加えられた物それ自体に附着せられた物上負担であり、仮換地上の使用収益権は従前の土地に対する物上負担の代償として土地区画整理法が特に認めた従前の土地所有権その他の用益権に関係づけられた属物的権利であると説いている（玉田・前掲「諸問題」六三頁）。しかし、前者の見解からすると、仮換地の指定処分による従前の土地の使用権原の取得は、公用収用の一種といわねばならないであろうし、いずれの見解によっても、仮換地上の使用収益権は、金銭による損失補償の代りに土地使用権をもってするということになり、かくては、公用換地と土地収用との性質上の明白な差異を無視するとの批難をさけ得ないであろう（美濃部・前掲「概論」一八〇頁参照）。そればかりでなく、仮換地上の使用収益権を公法上の権利としながら、これが従前の権利関係の反映であるから、その効果、内容は私権的であり従前の土地の使用収益権能と異らないという点（井上・前掲「諸問題」一四八頁以下、玉田・前掲「諸問題」六五頁以下）は、説明が技巧的であるのみならず、この権利の私法上の内容について充分納得のできる説明とは思われない（両氏が右の各論文で述べられている私法上の種々の問題が、両氏のこの見解を前提としては、説明が可能かどうか疑問なしとしない)。元来、公益事業のための私権の制限は、事業目的のために必要な最小限度にとどめるべきであって、土地改良、土地区画整理事業における事業施行者の権利も、事業目的に照して、その内容が規制されなくてはならないのであり、これらの事業施行地区内に土地所有権を有するものであっても、当然その所有権の行使が停止されたり、自己の所有地上に公法上の権利が設定されるわけではない。土地に対する使用収益権が停止される場合には、通常生ずる損失は補償されるのである(土地改良法五一条七項、土地区画整理法一〇一条三項)。土地所有権に対し、使用収益権を設定し、または、これから使用権を取得し、これに対して公法上の使用権を代償として与えると解することは、法が本来予想した前述のような換地権の内容から考えて、その範囲を逸脱するものというべきであろう。このことはそのまま、仮換地の指定処分を創設的な設権処分とする見解にも、当てはまる(仮換地の指定処分を創設的な設権処分と解する見解は、例えば、原島重義・最高裁昭和三三年九月一一日判決・民集一二巻一三号二〇〇八頁の「判例批評」民商法雑誌四〇巻四号六一七頁、同氏は上掲判決をもって、最高裁が仮換地に基づく使用収益権を公法上の権利と解している旨受けとっているが、この判決はそこまでいっているのではなく、むしろ、従前の土地の使用収益権が仮換地上に擬制されていると述べているに過ぎないではなかろうか。なお、椿寿夫・最高裁昭和三三年七月三日判決・民集一二巻一一号一六六一頁の「判例批評」も、仮換地の指定処分がいわゆる私権形成国家行為であると述べている。この判決もこのように解すべきではないと思う。この点の判例としては、長崎地裁昭和二八年七月三一日判決・下民集四巻七号一〇七三頁、東京地裁昭和三〇年七月一九日判決・行裁例集六巻七号一七九一頁、静岡地裁浜松支部昭和三一年六月四日判決・下民集七巻六号一四六一頁などがある)(なお、このような創設的設権処分説の問題点は、事業施行者が、事業施行権の内容として仮換地指定処分によって創設される権利と同一内容の権利を有しているかどうかの点である。自ら有しない権利を他に設定することは不可能というべきであろう――美濃部達吉「公用収用法原理」九七頁参照。この点で、仮換地の使用権は河川敷地等の占用権――大審院大正一一年五月四日判決・民集一巻二三五頁、寺院の国有地たる境内地使用権——大審院大正一二年四月一四日判決・民集二巻二三七頁——などと異なるものといわねばならない。これを同一にみる川添最高裁調査官の見解は、賛成できない——法曹時報一〇巻一一号九三頁以下)。

右のような創設的設権処分説に対する批判から、換地処分及び仮換地の指定処分の性質を、宣言的な確認処分であるとする見解がある。すなわち、土地区画整事業の施行には、施行地区内の土地の区画形質の変更が必然的に伴うもので、これにより土地権利者の有する使用収益権行使の目的たる土地の位置及び範囲も当然変更をきたし、換地処分によって確定するが、法は事業目的のために工事施行者に仮換地の指定処分をする権限を与え、施行者がこの権限を行使して仮換地指定処分をした場合、土地区画整理法第九九条の規定が直ちに、直接自動的に働いて、従前の土地に処分権を残しその使用収益権能の停止と、仮換地について使用収益権能の発生という効果を生じさせるもので、このような効果は仮換地指定処分自体から直接生じるものではない。このことは設権処分の本質、いやしくも他人に或る権能を設定付与しうるためには、まず自ら設定すべき権能自体を有していなければならないという本質から考えてもいいうることであって、仮換地指定処分が右のように使用収益権を設定する設権処分であるというためには、施行者が仮換地指定処分をする前に、指定すべき土地について自ら使用収益権を有していなければならないのであるが、施行者は施行区域内の私人の所有土地について、一般的に、自らこれを使用収益しうるなんらの権能ないし権限を与えられていないのであるから、仮換地指定処分が使用収益権を設定付与する創設的な設権処分でないことは明らかであるとする(下出・前掲「研究」九四頁)。換言すれば、工事施行区域内においては、従前の土地とこれに照応する換地、仮換地の位置範囲は、施行者によってなされる処分をまつまでもなく、客観的には整理後の土地のいずれかに定まっているが、減歩などにより実際上は不明確であるため、技術的に精通している施行者にまず確認宣言をする権限を認めたに過ぎないもので、この権限が整理施行権のうちの換地処分権であるというのである(上掲一二二頁、明確にこの見解をとる判例としては大阪高裁昭和三六年一一月二九日判決・下民集一二巻一一号二八六九頁、なお、下出氏は土地区画整理法九八条一項の仮換地のうち、換地計画に基づくものを原則的仮換地指定処分として述べているが、確認説はこれにのみ妥当するとしており――上掲九五頁、この点一貫していないように思われる）。

この見解は、換地処分、仮換地指定処分をすることのできる権限を、換地処分権として統一的にとらえ、基本的には前述の土地の機能を分解移転する形成処分説とその軌を同じくするが、異なる点は、所有権の機能的な分解と使用収益権の移転が、法の規定によって自動的に生じ、工事施行者はこれを単に確認宣言するに過ぎないとすることである。しかしながら、一団の工事施行地域内において、従前の土地に照応する整理後の土地が、単純に一カ所だけならばこの見解もうなずけるのであるが、従前の土地に照応する仮換地となるべき土地は、何カ所かあるものと考えられるし、その位置、範囲もしかく客観的に明らかとはいいがたい。そして、仮換地の指定をするかどうかの判断ばかりでなく、従前の土地に照応するどの部分の土地に仮換地を指定すべきかは、工事施行者の技術的な裁量にゆだねられているというべきであるから（下出・前掲「研究」九五頁は、仮換地の指定処分をするかどうかの判断のみが、施行者の法規裁量にゆだねられているという）、この見解に賛成することはできない（なお、亀川清「土地区画整理に関する諸問題」福岡大学法学論叢四巻一号八〇頁、同前掲「仮換地の法律関係」七〇頁、七四頁は、ここにいう確認説と解されるが、その根拠は明らかでない）。

右に述べたように、一時利用地又は仮換地指定処分により、一時利用地、仮換地上に生じた使用収益権を、従前の土地の有する使用収益の機能であると解すると、従前の土地の権利者が一時利用地又は仮換地上に、従前の土地について有していた使用収益と同一の使用及び収益をすることのできるのは当然である（土地改良法五一条四項、土地区画整理法九九条一項）（尤も、最高裁昭和三三年七月三日判決・民集一二巻一一号一六六一頁、同昭和三六年三月七日判決・民集一五巻三号三六五頁は、従前の土地の一部について賃借権を有していたに過ぎないものは、工事施工者の指定をまたないで当然に仮換地上に使用収益権を有するわけではないとし、従前の土地の一部賃借権者はまず、工事施工者に申出て、仮換地上に権利の目的となる部分の指定を受けなくてはならないと判示している）。

二　ところで、判旨は第一に土地改良法が一時利用地の制度を認めた趣旨は、同法が土地改良区に対し土地改良事業の必要上、事業完了までの間、事業施行地区内の組合員の農地の使用収益権を奪うことを許したのに対し、かかる場合にこれに代る農地を組合員に与うべき旨を定めてその間の耕作業務の中断をふせぎ、事業の遂行を容易にしようとしたに過ぎないとし、一時利用地は土地改良法上、毫も換地予定地としての趣旨を含んでいないから、一時利用地上に他の組合員のため換地処分があっても、一時利用権者はその処分によって一時利用地を換地として交付することを求める権利利益を侵害されたことにはならないとしている。前述したように、土地改良法施行前、旧耕地整理法においては、換地処分までの暫定的処置として、一時利用地、或いは仮換地を認めた明文の規定はなかったが、同法施行規則第九条第一〇号による換地処分前の土地使用に関する規定が規約に定められ、これに基づいて仮換地の指定が行われていたようである（美濃部・前掲「概論」三二四頁。都市計画協会編『土地区画整理法精義』一四五頁）。そしてこの仮換地が換地予定地として説明されていたことも、すでに述べたとおりである。ところが土地改良法は、これが制定当時施行されていた特別都市計画法第一三条に使用されていた「換地予定地」或いは、従前から用いられていた「仮換地」の用語を用いないで「一時利用地」の語を用いた。従って、一時利用地が換地予定地の意味を全くもたないという判旨のよう見解のでてくる余地もないわけではない（前掲『土地区画整理法精義』一四六頁は、同法九八条一項の仮換地は換地予定地的なものと一時利用的なものの二つを含んでいるとしている）。しかし、一時利用地が換地予定地の意味をもたないかどうかは、単に用語の問題だけではすまされず（用語だけならば、一時利用地と、換地予定地とは必ずしも矛盾しない。前者は換地処分までの暫定的な使用の態様をいうのに対し、後者は換地との結びつきを意味しているに過ぎないからである）、法の規定の仕方、土地区画整理における仮換地との比較、土地改良事業における実際の扱いなどを総合して検討しなければならない事柄であろう。なる程、一時利用地を換地予定地として扱わなければならない必要性は、土地区画整理における仮換地の場合とはかなり趣を異にし、農地の場合は、目的物の変動により地上の建物、生活関係の総てに変動をきたす宅地の場合よりも、権利者の被る利・不利が多くないことはうなずける。また、農地の移動は統制されているから、一時利用地を目的とする取引も予想しなくてすむであろう。しかし、たとえ農地であっても地上に全く施設をもたないわけではなく、長期に亘り一時利用地として使用し、地味を改良する等資本を投下した農地が、全く無関係な他の組合員に交付されるということは、事業施行の上において好ましいことではないであろうし、また、事業の遂行上仮の処分であるから、換地予定地とする趣旨を含まないということも直ちにはいえない。土地改良の施行に当っては、事業計画が立てられ、将来の換地計画の概要も明らかにされているのであるから（土地改良法七条一項、同法施行規則一二条参照）、これを土地区画整理法における仮換地と用語だけで異別に扱うことは妥当でないであろう。むしろ、耕地整理の沿革、通常の事業施行の態様に照しても特段の事情のない限り（土地区画整理において例外的仮換地——下出前掲「研究」九六頁——があると同様、土地改良においても将来換地となることを予定しない例外的な一時利用地があることは否定できない）、一時利用地の指定処分を受けた者は、それを将来換地として取得できる期待的権利を有するものと解すべきではないだろうか。そればかりでなく判旨は、一時利用地の指定処分を、土地改良区が一方で事業施行地内の農地の使用権を奪う反面、他方で組合員に対し使用収益権を設定する処分であるように述べているが、事業施行者に施行地区内の農地の使用収益権を、一般的に奪う権限を認めた規定はないし、すでに述べたとおり、この処分の性質を創設的設権処分とする見解には賛成できない。これらの点で判旨には従うことができない。そして、右のように解すると、Xの前示㈠の「土地改良区が、一旦一時利用地の指定処分をした以上、被指定者の承諾なくして、これを他の者のために換地として交付することはできない。」旨の主張も充分理由があるものといえる。

しかしながら、一方、一時利用権者Xのこのような期待的な権利を害するY_1土地改良区のY_2に対する換地処分があったとしても、直ちにこの処分の無効確認を求める訴の利益が肯定されるわけではない。訴の利益があるというためには、当該処分の無効が確定されることが、Xの有する権利又は法的な利益に対する侵害又は危険を除去するに有効、適切な手段でなくてはならないが、一時利用地の指定処分による使用収益権は前述のとおり、換地処分が効力を生じるまでであるから（土地改良法五一条四項）、仮に、換地計画が認可され、公告があり、これが有効ならばXの有する一時利用地の使用収益権は消滅するものといわねばならないし（これは、一時利用地が換地予定地であるか否かとは一応関係がない）、そうなるとXの保護さるべき利益はなくなるからである。この点について判旨が述べていることは正当である。そこで、Y_2に対する換地処分の無効確認を求めるには、まず前提として、Y_1のした施行地全部についての換地処分（施行地内の各関係権利者に対する処分は、全施行地についての換地処分として——施行地を数区に分けた場合は区毎の処分——行われることが、土地区画整理法と異なる点である。この換地処分は、換地計画の議決、知事の認可、公告により完成させられること前述のとおりである）の無効を主張しなければならないことが明らかである。そして、仮にこの点が主張され、Y_2に対する換地処分に固有の瑕疵が主張されたとしても、この無効確認を求めることによって、Xの権利、利益が保護されるかどうかは疑問で、むしろ請求としては、最も直截的なY_1の換地計画に基づく右に述べた全体としての換地処分をとらえて、この無効確認を求めることが有効適切な手段であるといわねばならない。さらに進んで考えれば、本件でXが不服として主張しているのはY_1の換地計画に基づく換地処分によって、Xの従前の土地(ヘ)(ト)に代るべき換地の交付がなされなかったことであり、(ヘ)(ト)を含めた従前の土地の換地として、一時利用地である本件土地が交付さるべき旨を述べているのである。Y_2に対する換地処分は、右の不服の手段としてとらえられているに過ぎない。土地改良法第五四条第一項は、換地計画において換地の定められなかった土地についての権利が、換地計画の認可、公告、すなわち、換地処分によって消滅する旨規定しているが、土地所有権、その他これに附着する財産権は、権利者の同意或いは正当な補償なくして消滅させられることはないのであるから（憲法二九条）、右の規定は、同法第五三条の二をうけた規定と解すべきで、過小農地について権利者の同意により、これに関する権利が消滅するものとしたに過ぎないと解すべきである。従って、工事施行者において誤って従前の土地が存在しているにもかかわらず、これが存在しないものと考え、これに照応する換地を交付しなかった場合には、右の従前の土地の権利が消滅しないことはもちろん（この点、従前の土地についての権利者を誤認したのとは異る。権利者の誤認については最高裁事務総局編『行政事件訴訟十年史』二二〇頁参照）、かくては、施行地全部についての換地計画が影響を受けるのであるから、その換地計画に基づく全体としての換地処分は、原則として無効といわざるを得ないであろう（このような従前の土地の存否についての施行者の認定に公定力があるかどうかは疑問で、むしろ否定すべきであろう。従って瑕疵の重大、明白性による無効という観念はここでは用いる余地がないといってよいであろうか、前掲『行政事件訴訟十年史』二一〇頁、二二二頁参照）。この場合、従前の土地の権利者は、自己に対する換地処分（全体としての換地処分は権利者それぞれに対する換地処分としても存在する）、のあるときは、これを争えば足りるし（美濃部・前掲「概論」五三六頁は、自己に対する換地処分の違法を争っても、他の換地処分が確定すると換地処分の一部を変更することは不可能であるから、このような請求はそれ自体理由がないとしているが、最高裁昭和三五年一一月二九日判決・民集一四巻一三号二八八二頁は、農地交換分合計画の一部について無効確認を求めることを認めている。田中真次「判例解説」法曹時報一三巻一号六〇頁参照）、全く換地処分のない場合は、右の全体としての換地処分を争うべきで、この処分が無効であることを理由に、一時利用地の使用収益権がそのまま存在し、この土地に対する他の組合員のための換地処分が、独立してその使用収益権を侵害するということは、原則として考えられないから、無効な他の組合員に対する換地処分を争うことは、この点からも訴の利益を欠くということになろう。ただ、例外的にXに対する換地が本来Y_2の換地たるべきで、Y_2に対する換地がXに交付さるべきであったとか（尤も、この場合、自身に対する換地処分のみを争えば足りるとする見解の方が強い）、或いは、Y_2に違法に有利に扱ったことがXに対する権利侵害となるようなときにはY_2に対する換地処分の無効確認を求める訴の利益を認めてよいと思われる（以上の本件の無効確認の利益については、旧行政事件訴訟特例法の下の事件として考えたが、行政事件訴訟法の下においても、処分の効力の有無を前提とする現在の権利関係に関する訴によっては目的を達しないから、この面から換地処分無効確認の訴の利益は肯定さるべきだと思う――行政裁判資料二八号一一七頁以下。そしてまた換地処分の無効確認を求める前の段階で議決によって定められた換地計画の無効確認を求めることができるかどうかの点も問題とされなくてはならない――行政裁判資料二五号九四頁以下）。なお、Xは民法第一七七条をもち出しているが、これは従前の土地についての権利者の認定の場合問題となることであるから、特にふれない。

XのY_2に対する請求については、一時利用地の使用収益権は、登記簿の記載とかかわりのない暫定的な権利であるから判旨の結論は正当であるし、不当利得返還請求も、本件の結論としてはしかたがないであろう。

終りに一言しておきたいのは、行政事件訴訟は全国において各審級を合わせても、毎年千件余りである（法曹時報一四巻一二号一一三頁）。これはそう多いものではない。この原因は色々考えられるのであろうが、裁判所としては、提起された行政事件について、通常の民事事件と同一に扱うことなく、なるべく国民の信にそむかないように、その審理方式についても一段と研究の余地があるように思われる。

（初出、法学新報七四巻九号四八頁）

3　換地予定地または仮換地についての判例〔判例研究〕

最高裁判所第二小法廷昭和四三年三月一日判決（昭和四二年(オ)第三二六号借地権確認等請求事件）
最高裁民集二二巻三号四七三頁――破棄差戻

【判決要旨】

一筆の従前地全部が賃貸借の目的となっている場合において、当該賃借人が特別都市計画法施行令第四五条但書所定の期間内に賃借権の届出をしたにもかかわらず、土地区画整理施行者が、特別都市計画法第一三条第二項による通知または土地区画整理法第九八条による指定をする必要がないものとして、これをしなかった等原判示のような事情（現判決理由参照）があるとしても、その通知または指定がないかぎり、右賃借人は換地予定地または仮換地について使用収益の権能を有しない。

【事実】

X（原告・被控訴人・被上告人）は、昭和一八年七月以来Y（被告・控訴人・上告人）から本件従前の土地を借り受け、その地上に工場建物を所有し、この土地を工場建物敷地として使用していたが、昭和二三年秋台風のため建物が倒壊した後は、昭和二九年七月頃まで資材の保管場所等に使用してきた。

この間（正確な月日は不明）従前の土地を含む一帯について三重県知事を施行者とする特別都市計画法による土地区画整理が施行され、従前の土地について同法一三条一項による換地予定地の指定があり、土地所有者Yに対して同条二項の通知がされた。

一方、借地人であるXは同法施行令四五条但書の定めに従い、整理施行地区の告示のあった日から一カ月以内（昭和二二年一月二九日まで）にYと連署して従前地に対する未登記の借地権の届出をした。しかし、Xに対しては同法一三条二項による換地予定地の指定通知がないまま、昭和三〇年四月一日土地区画整理法が施行となり、同法施行法五条により右の土地区画整理は、同日から同法三条四項の規定により施行される土地区画整理事業となったけれども、なお、同法九八条一項後段の「仮に権利の目的となるべき宅地」の指定はなかった。その後昭和三三年九月末頃になり、本件換地予定地（仮換地）は、その所有者である訴外人からYに明け渡された。

以上のような事実関係を前提に、XがYを相手として、右の仮換地について建物所有を目的とする期間の定めのない賃借権を有することの確認を求めて訴えを提起したのに対し、第一審（津地方裁判所四日市支部）は、Yの賃貸借関係が終了した旨の抗弁を斥け、次のとおり判示して、Xが本件仮換地について、従前地の賃借権と同じ使用収益権を有する旨の確認判決をした。すなわち、Xは、区画整理事業施行者に対して本件旧地についての賃借権の届出をしたということを主張するのみで、区画整理事業施行者から、Xの本件旧地賃借権の仮換地の指定を受けたことについては何も主張せず、またその指定がなされたことを認めるに足りる証拠もないが、本件旧地が一筆の土地の全部である以上、その賃借人たるXは、賃借権の仮換地の指定を受けなくても、本件旧地の仮換地として本件仮換地が指定されたことによつて、本件仮換地について賃借権と同じ使用収益の権利を取得したと解するのが相当である〈後略〉、というのである。

右の判決に対し、Yからの控訴とともにXから請求を拡張して、第一次的に本件仮換地の引渡し、予備的に従前地に対するXの賃借権の確認および本件仮換地について仮に権利の目的となるべき宅地の指定があることを条件とするその引渡しを求める附帯控訴があった。原審（名古屋高等裁判所）は次のとおり判示してXの第一次的

請求を認容した。すなわち、

（認定事実によれば）、Ｘは一筆の土地全部の賃借人として、旧特別都市計画法施行令第四五条に基づきその所定期間内に、従前の土地につき有する賃借権の届出をなした者であるが、施行者は、右の如き場合には賃借人に対しこれを指定通知する要なきものとしたため、爾来約二〇年を経過した今日に至るまで、Ｘに対しては格別の指定通知をしなかったに過ぎないのであり、この間、施行者としても、従前の土地についてはＸの賃借権の存するとの前提の下に、爾後の手続を進めているやに窺われるのである。このような場合にまで、従前の土地の賃借人は、施行者の指定通知がなければその仮換地を使用収益できないとするのは著しく迂遠に過ぎるものというべく、畢竟、そこには、もはや、法が施行者の指定通知を要求した理由ないしは必然性は失われているものと解さねばならない。されば、Ｘは施行者の指定通知を受けるまでもなくして、本件仮換地を現実に使用収益し得るものとなすべきである、というのである。

【上告理由】

第一点として、原判決には判決の結果に影響を及ぼすことの明らかな理由の齟齬判断の遺脱があるというのである。ここでＹの主張するところは賃貸借契約が解除されているというＹの主張を認めなかった原判決の判断に対する攻撃である。

第二点として、原判決は旧特別都市計画法施行令第四五条の要件に関し判断を遺脱した違法があるというのである。Ｙの主張するところは、本件における未登記借地権の届出が所定の期間内にされていない、受付日付の欠けた届出年月日の記載されていない要件不備の届出はあるがこれは不完全な届出書である、このような無効の届出をもつて、届出期間内の有効な届出と認定することは、理由が齟齬するという点である。

【判決理由】

職権で原判決を破棄。次のとおり判示した。「従前の土地について賃借権を有するにすぎない者は、施行者から仮換地について使用収益部分の指定を受けることによつてはじめて、当該部分について現実に使用収益をなしうるに至るのであつて、その指定を受けない段階においては、仮換地につき現実に使用収益をなしえないものというべきであるから、仮換地の指定により従前の土地上の賃借人所有の建物がそのまま仮換地上に存することとなつた場合であつても、右賃借人としては、特段の事情もないのに、施行者に対して権利申告の手続をせず、したがつて施行者による使用収益部分の指定もないまま右建物を所有して、その敷地たる仮換地の使用収益を継続することは許されないと解すべきこと（昭和三四年(オ)第八四二号、同四〇年三月一〇日大法廷判決・民集一九巻二号三九七頁）、そしてこの理は、従前の土地の賃借人が、たまたま一筆の土地の一部に賃借権を有するにすぎないときであると、一筆の土地の全部に賃借権を有するときであるとで、異なることはないというべきであること（昭和三七年(オ)第三八二号、第三八三号、同四〇年七月二三日第二小法廷判決・民集一九巻五号一二九二頁）は、当裁判所の判例とするところである。

しかるに本件においては、前述のとおり、Xは従前の土地大字浜田三六〇〇番宅地九八坪七の賃借人であるが、その換地予定地（仮換地）につき、施行者から換地予定地を指定した旨の通知（仮に賃借権の目的となるべく宅地の指定）を受けていないというのであるから、Xは、本件換地予定地を現実に使用収益することができないものといわなければならない。原判決は、Xは一筆の土地全部の賃借人として、特別都市計画法施行令四五条に基づき、その所定期間内に従前の土地につき有する賃借権の届出をしたが、施行者において、かかる場合には賃借人に対し前記の通知（指定）をする要なきものとしたため、Xに対しても格別の通知（指定）をしなかつたものである等の事実を認定するが、かかる事情はいまだ前記の結論を左右するに足りない。

したがつて、原判決が、Xに対して特別都市計画法一三条二項による通知または土地区画整理法九八条による指定がないとしながら、Xが本件換地予定地（仮換地）につき賃借権と同一の使用収益権を有することの確認および本件換地予定地の引渡しを求めたXの本訴請求を認容したのは、特別都市計画法一三条、一四条、土地区画整理法九八条、九九条の解釈適用を誤つたものといわなければならない。また記録によれば、Xは原審において、本件換地予定地につき賃借権と同一の使用収益権を有することの確認およびその引渡しの請求が容れられなかつた場合に備えて、予備的に、Xが従前の土地について賃借権を有することの確認および「Yは、Xが三重県知事より本件換地予定地につき仮に賃借権の目的となるべき宅地の指定を受けたときは、Xに対して本件換地予定地を引き渡せ」とする請求をしたことが明らかであるから、原審としては進んでこれらの点につき審理すべきであるにかかわらず、前記法条の解釈を誤り、ひいて審理不尽の違法に陥つたものというべく、右の違法は判決に影響を及ぼすことが明らかであるから、原判決はこの点において破棄を免れない。」

裁判官全員一致により破棄差戻（奥野健一、草鹿浅之介、城戸芳彦、石田和外、色川幸太郎）。

【参照条文】　旧特別都市計画法第一三条・第一四条、土地区画整理法第九八条・第九九条

【批評】　判旨に疑問。

一　土地区画整理事業は、都市計画区域内の土地について、秩序ある市街地を造成するため、公共施設の整備改善および宅地の利用の増進を図ることを目的として行なわれる土地の区画形質の変更および公共施設の新設または変更に関する事業である（土地区画整理法——以下・整理法という——二条一項、なお、旧都市計画法一条参照）。すなわち、都市の健全な発展と秩序ある整備を図るためには、一定の区域の土地について、宅地の区画を適正にし、その形質を変更したり、また道路、公園、広場、河川等（整理法二条二項五号、同法施行令六七条参照）の公共施設の改善整備のため、その新設、変更を図らなければならないわけであるが、このような事業が区画整理で

ある。そして、このような事業目的を達成するためには一定範囲の区画整理施行地区を一団として、これから必要な公共用地を控除し、その残地の形質を整え、区画を適正にしたうえ、整理前の宅地（従前地）に対する権利関係をそのまま整理後の宅地（換地）に移動させなければならない。区画整理はこのように換地処分の手段を用いる事業であり、土地区画整理法施行（昭和三〇年四月一日）前にあっては、都市計画法一二条（昭和二九年法律一二〇号による改正前のもの）、旧耕地整理法、都市計画法の特例として旧特別都市計画法によって行なわれていたものである。

換地処分があると、一団の区画整理施行地区内の従前地に対する権利関係は、原則として、すべて換地上に移動され、換地計画において定められた換地は、従前の宅地とみなされるのであるから（整理法一〇四条、旧耕地整理法一七条）、従前地の権利関係は、区画整理にもとづく増減歩により、目的物が物理的に増減することのあるほか、変動をうけないわけであるが、換地処分は、右のような、従前地に対する権利と換地に対する権利の同一性を擬制しつつ、目的物だけを強制的に交換するという処分の性質からして、施行地区内における個々の権利者の権利関係が矛盾、抵触しないように、工事を完了するまではすることができない（整理法一〇三条二項、旧耕地整理法三一条、もっとも、整理法一〇三条二項但書、旧耕地整理法三一条但書は、例外の場合を規定するが、これは換地計画が施行地区全部について定められている場合に、一つの工区の工事が完了したようなときのことをいうのであろう。下出義明・換地処分の研究一三一頁参照）。ところで、換地処分までは相当長期間を要するから、これについての準備をしなければならないし、区画整理施行地区内の宅地に対する権利者は、いずれも当該宅地を基礎に社会的、経済的な生活を営んでいるのが通常であるから、右のような事業施行による関係権利者に対する土地の使用の制限を事業目的にてらして最小限にとどめ、従前地の輻輳した権利関係を円滑に換地に移動させるような手段を講じなければならない。このような目的から認められたのが周知のとおり、旧特別都市計画法にあつては、換地予定地（同法一三条）、土地区画整理法においては仮換地（同法九八条）の各指定制度である（本書二四四頁以下なお、下出・前掲「研究」九一頁参照）（旧耕地整理法は、換地予定地、仮換地に関する規定をもたなかったけれども、規約にもとづいて行なわれていたようである。美濃部達吉「公用換地法概論」国家学会雑誌五五巻三号三二四頁参照）。

二　右のように仮換地（換地予定地――以下同じ）は、将来換地となるべき宅地の位置、範囲をあらかじめ指定しておく処分であるから（下出・前掲「研究」九一頁は、整理法九八条一項後段の換地計画にもとづき換地処分を行なうため必要がある場合の仮換地を、原則的仮換地指定と称し、前段の土地の区画形質の変更等の工事のため必要がある場合の仮換地を例外的仮換地指定といい、例外的仮換地指定は、従来実際上されていないし、将来もほどんど行なわれないという。しかし、東京都の都市計画においては、換計画にもとづく仮換地指定は全く行われておらず、右の例外的仮換地指定によって、すべて処理されているようである。この理由は、換地計画が換地処分の直前まで立てられないためといわれる）、換地処分におけると同様、従前地と仮換地との間に位置、地積、土質、水利、利用状況、環境等が照応するよう定められなければならない（整理法九八条一項・二項・八九条、なお、耕地整理法三〇条参照）。そして、旧特別都市計画法一三条二項は、換地予定地の指定処分があったときは、換地予定地および従前地の所有者にその旨を通知すると同時に、これらの土地の全部または一部について地上権、賃借権等を有する関係者にその旨を通知する旨規定していたが、土地区画整理法は、仮換地を指定した場合、従前地の利用権者のために、仮にその権利の目的となるべき宅地またはその部分を指定しなければならないとしている（同法九八条一項参照）。これらをみると、いずれにしても実定法は、区画整理施行区域内の宅地利用権者の権利を換地処分にいたるまで、できるかぎり尊重し、事業の円滑な進行と私権の調和を図っているものということができる。

しかし、他方、区画整理施行者に、施行地内における未登記の権利関係についてまで、すべてこれを把握することを要求するのは、難きを強いることになるので、法は、施行地区内の宅地についての所有権以外の権利で登記のないものを有し、または有することとなった者に対し、当該権利の存する宅地の所有者若しくは当該権利の目的である権利を有する者と連署し、または当該権利を証する書類を添えて、建設省令で定めるところにより、書面をもってその権利の種類および内容を施行者に申告しなければならないとしている（整理法八五条一項、旧特別都市計画法施行令四五条但書参照）。このように、区画整理施行地内の宅地に対する未登記の権利者は、整理施行者にその権利の申告を義務づけられていても、現実には、一挙手一投足の労を惜しみ、あるいは土地所有者との争いがあり、権利を証する書類も存しない等の理由から、この申告（旧特別都市計画法にあっては届出）をしない場合が少なくない。この場合、事業施行者が未申告権利を無視して手続を進めることは当然としても、一たん、仮換地指定処分、換地処分があった場合において、従前地についてのこれら未申告権利者の権利がどうなるかの点は問題となる。先に述べたとおり、換地処分は、従前地の権利関係をそのまま換地上に移動する処分であるから（整理法一〇四条一項）、従前地についての権利が未申告であっても、これが換地にそのまま移り、換地について従前地と同じ内容の権利を有することとなることはあまり異論はない。しかし、仮換地指定処分の場合、事業施行者は、未登記の未申告権利については仮に権利の目的となるべき宅地またはその部分の指定をすることができないし（旧特別都市計画法の場合は換地予定地の通知、同法一三条二項）、また、仮換地について土地区画整理法一〇四条一項のような規定もない。

三　ところで、判決理由も挙げているように一連の最高裁の判例は、仮換地について仮に権利の目的となるべき宅地またはその部分の指定がない以上、従前地について利用権を有していた者も現実に仮換地を使用収益することはできないとしている。すなわち、⑴昭和三三年七月三日第一小法廷判決・民集一二巻一一号一六一頁、⑵昭和三六年三月七日第三小法廷判決・民集一五巻三号三六五頁、⑶昭和四〇年三月一〇日大法廷判決・民集一九巻二号三九七頁は、いずれも従前地の一部に賃借権を有する者が、権利の申告（届出）をしなかったがため、仮換地に仮に権利の目的となるべき部分の指定をうけなかった場合であり、⑷昭和四〇年七月二三日第二小法廷判決・民集一九巻五号一二九二頁は、従前地の全部を賃借していた者が、権利の申告をしなかったので、仮換地に仮に権利の目的となるべき宅地の指定をうけなかった場合である。

以上の判決は、いずれも、その事情に若干の相違があってもすべて権利の届出ないし申告がない場合であるが、本件は、従前地の賃借権者が施行者に対し、適法な賃借権の届出をしたのに、施行者において（原審の確定したところによると、施行者においてこのような場合旧特別都市計画法一三条二項の通知を必要としないと考えたため）、換地予定地指定の通知をしなかつた場合である。施行者が権利の届出ないし申告をうけたにもかかわらず、右の通知をしない場合、あるいは仮に権利の目的となるべき宅地またはその部分の指定をしない場合にも、従来の最高裁の判決の趣旨からは、未指定（未通知）の従前地の権利者は仮換地について使用収益権を有しないこととなるであろうことを予想し、これに関する救済については前に触れたことがあるが（仮換地指定処分と未申告借地権者の救済・本書前掲二三五頁）、なお、⑴ないし⑶の判決は別として、⑷および本件判決については、形式的な論理の整合という点からはともかくも、仮換地指定の機能の面から疑問をもたざるをえないので、少しばかり述べておきたい。

四　前述のように土地区画整理事業は、換地処分の手段を用いてする宅地の区画形質の変更、公共施設の新設または変更に関する事業である。この事業は、秩序ある市街地を造成するという公共目的と同時に宅地の利用の増進による施行地内の宅地に対する権利者の利益に奉仕するものであることは否定できないけれども、終局的に個々の権利者は、その意思のいかんにかかわらず（ただし整理法八八条一項・八条参照）、仮換地、換地の各指定処分により従前地に対する権利を失うわけであるから、これによって被る関係権利者の不利益は事業目的にてらして最小限のものとするよう考慮すべきであろう。このことは法の解釈のうえにおいても、また制度の運用のうえからも要請される。いわば行政上の比例原則の働く分野である。換地処分にしても、仮換地の指定処分にしても、いずれも区画整理事業の目的を達するに必要な技術的手段であるから、その内容には、それにふさわしいものを与えれば十分のはずである。

この見地から考えると、仮換地、換地の各指定処分によって、私法上の法律関係は一切影響をうけないものとするのが一ばんよくその目的にそうわけである。そして、現に換地処分については、原則として、これによって私法上の法律関係が影響をうけないように実定法上の配慮がされている（整理法一〇四条、旧耕地整理法一七条）。また、仮換地の指定処分が換地処分までの暫定的な措置として、従前地の使用収益関係をそのまま仮換地上に移す処分であると構成されるのも、このように解するのが事業目的にそう必要にして十分のものと考えられるからである。これに加えて、従前地の使用収益に関する地上権、永小作権、賃借権等の一切が仮換地指定処分によって、仮換地上に当然移動すると解することも理論的には不可能のわけではなく、このように解することによって区画整理事業の進行に支障をきたすこともなければ、事業目的を妨げることもない。けれども、物としての従前地そのもののもつ使用収益権、すなわち、所有権の内容である目的物を使用収益する権利だけが仮換地上に移動するのと異なり、従前地の使用収益を目的とする地上権、永小作権、賃借権等の権利は、物としての従前地の使用収益全部を目的とするばかりでなく、その一部をも目的とする点で（ただし、一筆の一部にこれらの権利の登記をすることはできない。不動産登記法一一一条・一一二条・一一三条参照）、仮換地の指定によって従前地の使用収益関係がそのまま仮換地に移動し、これを目的とする権利も同時に仮換地に移ると解すると、仮換地のいずれの部分に当該権利が存するか明らかでなくなる場合が生じる。もちろん、使用収益をめぐる物権、債権関係のすべてについて、これを関係者の協議にゆだね、事業施行者はこれに何ら干渉しないとすることも、できないわけではなく、事業施行者に従前地の使用収益を目的とする権利関係のすべてについて、仮換地上にその位置、範囲を確定させなければ区画整理事業の目的を達することができないということもないわけである。この点、どこに公園や広場等の公共施設を新設し、その規模をどの程度のものとするか、道路をどこに敷設し、幅員をどの位にするか等に関する整理事業が施行者固有の権限として留保されなければならないのと異なる。

しかし、従前地の使用収益を目的とする物権、債権関係の一切を仮換地上について関係者の協議にゆだねることは、関係者に過重の負担を強いることであり、いたずらに仮換地の使用収益をめぐる私法上の紛争を惹起する原因を作ることになるばかりでなく、従前地のどの部分が仮換地のどの部分とその位置、地積、土質、環境等において照応するかは、施行者のもっている換地処分、仮換地指定処分をする際の技術的基準にもとづいて判断するのが、もっとも公平妥当であることは疑いない。そこで、法は、仮換地の指定をした場合、従前地について地上権、永小作権、賃借権その他の宅地を使用し、または収益することのできる権利を有する者があるときは、その仮換地について仮にそれらの権利の目的となるべき宅地またはその部分を指定しなければならないとしたのである（整理法九八条一項、なお、旧特別都市計画法一三条二項参照）。これを要するに、施行者が従前地の使用収益を目的とする権利について、仮換地上に、仮に権利の目的となるべき宅地部分を指定する権限は、事業施行の目的のうえから施行者のもつ固有の権限として構成しなければならないものではなく、事業の施行にともない関係者間に生じる私法上の権利関係の調整のために認められた権限であって、それは従前地の使用収益を目的とする権利者に対する施行者の義務というべきであろう。したがって、仮に権利の目的となるべき宅地部分の指定が、行政庁の第一次的判断権に属するといっても（塩野宏・前掲(3)の判例研究法学協会雑誌八二巻六号八三二頁参照）、それは行政権固有の領域に属すべき権限についていわれるものと性質を異にするといわなければならないし、施行者の指定がある前に裁判所が仮換地上に仮に権利の目的となるべき宅地部分を認めたからといって司法権の行政権に対する干渉というような大げさな表現を用いるほどのことでもないのである（南博方・前掲(2)の判例批評、民商法雑誌四五巻三号三七〇頁は、裁判所の判断で従前の賃借部分を仮換地上に定めるべきであるとしている。なお、下出「研究」二五四頁以下参照）。

このように解すると、従前地に対する利用権を仮換地上に仮に権利の目的となるべき宅地部分として指定する処分は、従前地に対する利用権が従前地の一部を目的としている場合に必要のものであり、したがって、未登記の従前地に対する利用権（一部の場合は登記ができない。前記）について、権利の申告の必要性が生じるのである（整理法八五条一項）。従前地に対する利用権がその全部を目的とするときには、施行者は、仮換地に仮に権利の目的となるべき宅地の指定を拒む自由はないから、従前地の全部に対する利用権が未登記、未申告の場合であると、申告してある場合であると、施行者が仮に権利の目的となるべき宅地の指定をしない不利益を従前地の利用者のみに負わせるべきでないと思われる。もっとも、土地区画整理法九八条一項は、仮換地の指定処分をした場合において、従前地に対する利用権を有する者があるときは、仮にそれらの権利の目的となるべき宅地またはその部分を指定しなければならないとしているのであるから、従前地全部の利用権者に対しても仮にその権利の目的となるべき宅地の指定を義務づけられるが、これは従前地の使用収益を目的とする権利が仮換地上に移動することを手続上明確にするためであって、それ以上、とくにこの指定がないことにより整理事業の施行が円滑を害したり、事業目的を妨げるということもないように思われる。

本件において、従前地全部の賃借人であるＸは適法に施行者に対し自己の賃借権の申告をしているのであるから、施行者がこれに対して仮に権利の目的となるべき宅地の指定をしないのは全くの義務違反であるが、この結果をＸに負担させるのは著しく妥当を欠くように思われてならない。もちろん、Ｘは施行者に対し、その不作為により従前地も（整理法九九条一項、旧特別都市計画法一四条一項）、また仮換地も使用収益できないことによる損害賠償を請求することはできるであろうし（もっとも、権利の申告をした以上、これに対する仮に権利の目的となるべき宅地またはその部分の指定がない限り、従前地に対する使用収益権を失わないと解する余地はある）、不作為の違法確認の訴え（行訴法三条五項）、指定をすべき義務確認の訴え（これが許されることは、施行者が指定をするか、しないかの裁量をもたない点から異論がないと思われる。拙稿「行政事件訴訟法施行後における行政裁判例の傾向(1)」判例時報五一六号九八頁以下参照）などにより、右の指定を促すことができないわけではないが、このような迂遠の方法をとらせなければならない必要性は土地区画整理法九八条一項、旧特別都市計画法一三条二項の規定の文言を形式的に読むことのほかにはないのではないであろうか。ここにいたってこの問題に関する最高裁の判例は固まったといわなければならないが、本件の判決を前提とする限り、既登記の地上権、永小作権、賃借権等についても、仮にそれらの権利の目的となるべき宅地の指定（または通知）のない以上、これらの従前地利用権者は仮換地の使用収益をすることができないといわざるをえないであろう。なお、判決理由の末尾で審理不尽の違法があるとした点は、前掲(4)の最高裁判決の原審（東京高裁昭和三六年一二月二六日判決）の扱ったところである。

従来から、仮換地指定処分の本質が創設的設権処分であるか、宣言的な確認処分であるかについて争いがあり（森綱郎・前掲(3)の最高裁裁判所判例解説・法曹時報一七巻七号八五頁、下出・前掲「研究」九三頁参照）、前掲の最高裁の各裁判例をこれを前提に説明する傾向にあるが、処分の性質は具体的法現象の説明のために用いられるものであって、処分の性質から問題を解決しようとするのは逆ではないかと思われる。

本件については、可部恒雄調査官の判例解説、法曹時報二〇巻六号一五九頁と下出義明判事の判例評釈、判例タイムズ二二四号五七頁がある。

（初出、民商法雑誌五九巻四号五九九頁）

第五章　行政訴訟制度の問題点

1　実務を通じてみた行政訴訟制度の問題点

一　現行行政訴訟制度の原点

行政訴訟制度が違法な行政作用から国民の権利ないし法的利益を保護することを目的とするものであることは、敢ていうまでもない。このことは、明治憲法下の行政裁判制度以来のものであるが(1)、現行行政事件訴訟法も、この制度の目的を原点として、作られていることは明らかである。

違法な行政作用により権利や法的利益を侵害されたとする国民が行政訴訟を提起し、行政作用の違法が指摘され是正されること（取消訴訟においては違法な行政処分が取消されること）は、行政法秩序を維持し、行政作用が法に従って適法に行われることを担保するもので、これは同時に行政訴訟制度のもつ大きな機能であり、この点からいわば国民の権利利益の保護と行政作用の適法性の保障とは行政訴訟制度の目的の表裏の関係にあるものといえる。行政不服審査法一条においては、同法の目的として不服申立てによって、国民の権利利益の救済を図るとともに、行政の適正な運営を確保すると明示されているが、行政訴訟が同様の機能を有することは否定すべきではないであろう。(2)

ここで行政訴訟制度の原点などと、きわめて初歩的なことを何故述べるかというと、現在の行政訴訟の実情からは、訴訟を通じての行政作用の法適合性の保障、行政法秩序の維持が十分に機能していないのではないかとの疑問をもつからである。このことは、在野の実務家として若干の事件を通じてではあるが国の行政、地方公共団体の行政の末端に至るまで、直接、間接に関係してみて、顕著に感じられることであって、わが国の行政の中心が法律による行政ではなく、行政指導あるいは要綱による行政であって、その中味はしばしばきわめて違法性の強いものであることが看取されるのである。問題の実例を挙げるのにそう苦労することのないほど手近に散見されるといっても過言ではない。

違法な行政作用が行われたときに、速やかに救済のための手段が講じられ、適切な処置がとられるならば、重ねて違法な行政の行われることが少なくなることは理屈としていえるであろう。すなわち、違法な行政作用について、その行政作用を違法として指摘することができ、速やかに訴訟提起によって救済を求めることのできるように制度が運用されているならば、換言すれば、訴訟提起が容易であり、かつ、裁判所において問題をとり上げ、適切な処理が行われ、迅速に判断がなされるならばということであるが、このように行政訴訟制度の運用が行われるならば、国民の権利利益の救済とともに行政庁は違法な行政を行わないように心懸けることになり、結局は、法律による行政が担保されることとなるわけである。

以上のような点からみた現行の行政訴訟制度は、その二七年に亙る運用の実績に照らしてみても若干の問題がありはしないかと思われる。

行政訴訟の実務にたずさわる機会をもつ身として、与えられた報告課題をみたとき、まず、行政訴訟の原点に立って、右のようなことを感じたわけである。端的なことをいうならば、現在の行政運営の実情は、法律による行政の原理という見地からは、ほぼ絶望的であるとの感じをもつのは独断的であるだろうか。(3) そして、このような行政運営が行政訴訟制度の運用を通じて是正されるということが期待できないとすると、実定行訴法の個々の欠陥の指摘もさることながら、全体としての行政訴訟制度の運用を問題として検討しなければならないのではないかと考える。

そこで、以下、戦後、そして現行行政事件訴訟法施行後の行政訴訟の運用の実情からみられる問題点を挙げ、若干の検討を加えることとしたいが、その前にこの報告の結論めいたものをあらかじめ申上げるとするならば、それは、いくら立派な制度を作っても、その運用の衝に当たる人、すなわち在野法曹、裁判官らが制度の原点に立って、絶えずその運用に反省を加えることをしなければ、制度は老朽化し形骸化してしまうということである。(4)

（1）もっとも、明治憲法時代は、権利の毀損が要件となっていた（明治憲法六一条、行政庁ノ違法処分ニ関スル行政裁判ノ件）。

（2）田中二郎『行政争訟の法理』三頁、雄川一郎『行政救済制度の基本原理』（『行政争訟の理論』所収三頁以下）。

（3）わが国の行政は、国の行政、地方公共団体の行政を問わずほとんど、行政目的を達成するための手段として、行政指導の手法が用いられていることは顕著な事実である。

そして、このような行政指導が、法の支配の原則、法律による行政の原理の点から種々の問題点を含むものであることについては、早くから指摘されてきた（田中二郎『行政指導と法の支配』〔『司法権の限界』所収〕二六〇頁以下）。

田中二郎博士は、この行政指導が日ごろ行政のあり方に批判的な学者からも支持され、かつ、弁護されているようにみえるのは理解しがたいと指摘されている。

大規模小売店舗における小売業の事業活動の調整に関する法律に対する附帯決議（昭和四八年七月一八日衆議院商工委員会）の中に「百貨店業者の基準面積未満の大規模店舗についても、本法の調整措置に準じ適切な指導を行うとともに、駆込み新増設については、従来の行政指導を強化し、本法の趣旨に基づいて処理すること」、「百貨店、大型スーパー、商社等による中小小売店の系列化等の抑制について強力な指導を行うとともに、中小小売店舗業者の事業分野の確保について適切な措置を講ずること」等のことばがみられる。これは、同法の規定に基づかない行政指導の措置を肯認し、同法制定前から実施されてきた行政指導の強化を求めたもので、立法技術上の困難に由来するところもあるであろうが、見方によっては自己の立法権の放棄ともいうことができると強く批判されておられる。

行政指導、要綱行政による法治主義の空洞化を批判するものとしては、山内一夫『行政指導の理論と実際』一一一頁以下がある。

要綱行政、行政指導は、行政庁が単に法律の根拠なしに国民の権利を制限したり、国民に義務を負担させたりするだけでなく、具体的行政作用に関するものであるとはいえ、密室で行政機関が実質的に法規ともいうべき一般的、抽象的な規定をもった要綱を作成して行う点で立法権の侵犯ともいえる。その弊害は目に余るといわねばならない。なお、最近の日米構造協議においては、右の大店舗法の行政指導による運用が問題となったが、司法の力でなく外圧によらなければ異常や不合理さの是正できない体質は、十分に批判されなければなるまい。

（4）　最近民事ではあるが、裁判所において訴訟の促進、判決書の改善等が叫ばれているが、この問題は、すでに三十数年前からいわれていたことで、目新しいことではない。外部からの批判がなければ制度の運用が形骸化していくことは、民事訴訟においても異なるものではない。

二　行政訴訟の運用とその成果

1　事件の数の問題とその原因

行政訴訟の運用によって法律による行政の制度が担保されること、すなわち、行政作用の法適合性が保障されるには、行政作用の各分野について相当数の訴訟事件があり、裁判例の集積が必要であろう。戦後四十年間余の間に各分野について、相当数の裁判例の集積があることは確かである。しかし、わが国における行政訴訟の数、すなわち、毎年提起される訴訟事件の数は、現行憲法の施行にともなって、司法裁判所が行政事件を扱うようになって以来、司法統計によると初期の農地事件が数字の上で若干多いだけで現在まで四十年余の間に大きな変化はない。

最近の地裁の第一審事件をみると、この十数年間行政訴訟の総数は年八〇〇件前後、内抗告訴訟が七〇〇件前後となっている（別表1のとおり）。この件数を民事通常事件と比較することは必ずしも合理的ではないかも知れないが、年間十二万件前後に達する民事通常事件数（この事件数も経済活動の実情からみて、少ないといわれるが）に比べて極端に少ない感じがする。ことに、許認可事項が一万数千にも達するといわれるわが国行政の実情から考えると、行政訴訟の件数は異常に少なく、また、これが法律による行政の原理の実務への浸透をはばんでいるように思われてならない。

別表1　新受件数

	総　数	内抗告訴訟
S 45	1016	905
46	873	742
47	3211	784
48	756	646
49	754	651
50	641	559
51	1836	687
52	1001	894
53	798	676
54	760	658
55	697	607
56	763	655
57	809	677
58	777	674
59	845	730
60	843	734
61	701	592
62	745	628
63	822	649

法曹時報登載の各年度の行政事件の概況（最高裁事務総局行政局作成）添付の統計表による。

もっともこの数字については、あるいは人によって認識、理解の仕方の相違があるかもしれない。ことに事件の数の少ないことは、行訴法施行当時は、相当に議論されたように思われるけれども、最近においては、あまり問題とされることもないように感じられる[5]。

事件の数の少ないことが、実際に訴訟の

場に持ち出すほどの問題がないというならば、まことに結構と思われるが、実務家としての経験からいえば、対行政庁相手の紛争は決して少ないものではない。ただ紛争が表に出ないだけである。潜在的な紛争が争訟として顕在化しない理由としては、いくつかの要因が考えられる。

(イ) 訴訟あるいは不服審査の対象とならないような方法で行政庁が問題処理を行なう。これは相当数みられ、具体例を挙げるのに困難ではない(6)。

(ロ) わが国で行政上の問題について紛争が生じると、この解決に乗り出すのは、まず政治家である。これは中央、地方、都道府県から市町村までいたるところでみられる。この政治家の処理で問題が解決しない場合に諦めてしまうか、さらに弁護士に相談をもちかける(7)。

(ハ) 相談を受ける弁護士側に、対応できない問題がある。この点は後にその実情をとり上げてみたいと思う。

(ニ) まず、相談を受けた弁護士が考えるのは、判例はどうなっているかの点であるが、裁判例により入口がきわめて狭いということが分かると、最初から諦めてしまう(8)。

(ホ) そればかりでなく、訴訟が長期化することが予想されると、まず、根性がないと訴訟追行が出来ないし、場合によっては江戸の敵を長崎で打たれるおそれもある(9)。

などの原因が考えられる。これらは、いずれも実務上の直接、間接に経験したことであって、机上の問題ではない。

2　入口の狭隘の問題

右に述べた行政運営の実情からの争訟件数の少ない点を除いて、次に事件数の少ない原因としては、訴訟提起をはばむ入口の狭隘の問題をまずとりあげるのが常識的であろう。

これは、訴訟の対象の処分性の問題と訴えの利益、原告適格の問題であり、過去二十数年に亙って議論がされてきた問題であって、判例もほぼ固まっており、今さら議論してもはじまらないという考えもあるかも知れない。しかし、私は、この問題は、行政事件の原点に立ち帰って制度の目的に照らして考えれば、なお検討の余地のある問題であろうと考える。訴訟の対象についての最高判大昭四一・二・二三（民集二〇巻二号二七一頁）、土地区画整理事業計画の決定が抗告訴訟の対象とならないとする判例（いわゆる青写真判決）、この判例は、八対五の少数意見が付されているにもかかわらず、その後の計画行政事件について下級審の裁判例に決定的な影響を与えてきたし、(10)訴えの利益、原告適格に関する最高判昭五三・三・一四（民集三二巻二号二一一頁）いわゆるジュース不当表示事件、最高判昭五七・九・九（民集三六巻九号一六七九頁）いわゆる長沼ナイキ基地訴訟事件なども、この問題について現在まで指導的判例となって実務に大きな影響を及ぼしている。

実務において、依頼者から事件を最初に手にした弁護士、そして訴状を最初にみた裁判官はまず、訴訟の対象性の問題と訴えの利益、原告適格を検討するであろうから、指導的な判例が訴訟の入口に立ちはだかっているとなるとそこで、事件を終りにしたいと考えることは、むりからぬことであろうと思われる。(11)

現実に門前払、訴え却下の判決は、例えば、昭和六三年の統計でみると（曹時四一巻九号九四頁）一審事件であるが、裁判により終結をみたもの七七一件のうち一一三件、約一五パーセント弱、昭和六二年は七一一件のうち九五件、一三パーセント、六一年は七八七件のうち一二七件、一六パーセントであり、それ以前の統計の数字からみても一五パーセント以上の却下はめずらしくない実情にある。このうちで、処分性、訴えの利益以外の却下の数字は必ずしも明白でないが、訴訟要件を欠く不適法なものとして判例集に載っているものは、処分性と原告適格に関するものがほとんどである。

最高裁の大きな壁にはばまれて、訴訟要件をきびしく要求していた昭和五〇年代を越え昭和六〇年代に入り、最高裁の判例も、若干変化がみられる感じがしないではない。訴訟の対象については、土地区画整理組合の設立認可を抗告訴訟の対象となる行政処分とした最高判昭六〇・一二・一七（民集三九巻八号一八二一頁）[12]、市町村営土地改良事業の施行認可を取消訴訟の対象となる行政処分とした最高判昭六一・二・一三（民集四〇巻一号一頁）[13]、原告適格について、定期航空運送事業免許に係る路線を航行する航空機の騒音によって社会通念上著しく障害を受けることとなる飛行場周辺住民に免許の取消しを訴求する原告適格を認めた最高判平成元・二・一七、新潟―小松―ソウル間定期航空運送事業免許処分取消請求事件（民集四三巻二号五六頁）[14]である。これらの判決が先例に対し風穴をあけるものかどうか現在のところまだ予測はつかないが、これらがいずれも下級審の判断を否定して、訴訟の対象性、原告適格を肯定したことは、最高裁の従来からの判例を金科玉条として墨守しようとしている多くの下級審に影響を及ぼさずにはおかないように思われる（現に、右の昭和六〇年および六一年の最高裁判決後である昭和六三年六月二四日には、大阪高裁において都市開発法にもとづく第二種市街地再開発事業における市町村の行う事業計画決定を抗告訴訟の対象となる行政処分であるとしている[15]〔行裁集三九巻五・六号四九八頁〕）。

別表２

	民事通常訴訟	行政訴訟
S52	19.7月	34.9月
53	13.9	39.3
54	13.7	35.2
55	12.8	37.5
56	12.1	31.7
57	11.5	33.1
58	13.4	57.8
59	13	30
60	12.4	26.2
61	12.1	27.8
62	12.1	27.9

法曹時報40巻，41巻各10号昭和61年同62年度民事事件の概況（最高裁事務総局民事局作成）の添付統計表による。

３　処理期間の問題

ついで訴訟を阻む原因と考えられる処理期間、訴訟の長期化の問題を考えてみる。これは、単に行政訴訟の審理期間だけでみたのでは正確ではない。わが国では東京、大阪のような大きな裁判所で行政部のあるところは別として、行政訴訟といっても民事訴訟を担当する裁判官が民事事件の中の行政事件というような形で事件処理をしている。したがって、通常の民事事件の審理期間と比較してみることによって、行政事件が長期審理を必要とするこ

とが、実際上明らかになると思われる。(16)

地裁における訴訟の既済事件の平均審理期間は別表2のとおりである。

法曹時報に掲載されている民事事件の概況の中の統計によると昭和五二年から、昭和六二年までの民事通常訴訟の審理期間と行政訴訟のそれと比較してみると、行政訴訟は民事通常訴訟に比して二倍ないし四倍の審理期間を要している。訴え却下の事件がきわめて短期間に決着がつけられることを考えるとこの差は一層大きいかと思われる。

このことは、事件の当事者にとって経済的ばかりでなく、心理的にも相当の負担である。そして代理人である弁護士にとっても、訴訟を躊躇させる大きな原因となる。

（5）　二十数年前行訴法施行の初期において、東京地裁の行政部担当の実務家達によって議論された行政事件訴訟の問題点については、そこの議論が今日現在においても、基本的には通用するように思われる（行政事件訴訟の審理をめぐる実務上の諸問題「研究会」―判タ一六六号、一六八号）。

もっとも、当時においても、「事件数が少ないからといって裁判所が事件を多くする訳にはいかないから、裁判所としては、提起されてくる事件を迅速に司法的妥当な処理をするということしか仕方のないことで、行政事件の少ない原因をいろいろ論じてみてもどうにもならない。」という考えもあった（同杉本良吉氏の発言）。

（6）　行政指導により問題の処理をして、処分を介在させない場合がほとんどである。卑近な例としては、日常的なことであるが、税の申告について、税務当局で更正処分をすべき場合でも、修正申告をさせる。修正申告に直ちに応じないでいると、妥協点を求めて修正申告をさせる。さらに、減額更生の請求（国税通則法二三条）をして、一部認容されるような場合、一方で請求の取下げを求め、他方で職権で更正処分をするなどである。

あまり、一般的ではないが、テレビジョン放送局の開設については、いわゆる一二チャンネル事件において郵政大臣が敗訴したので（最高判昭四三・一二・二四民集二二巻一三号三二五四頁）、同様の紛争を回避するために、きわめて巧妙な方法が考案、実行されている。すなわち、一つの電波をめぐって多数の放送局の開設免許の申請があると、本来ならば競願関係にある申請について、順次優劣の判定をし、最終的に一つの免許をすべきであるが（右最高裁判決）（この場合、当然のことながら、申請却下となる多数の免許申請者から、不服申立て、訴訟の提起が予想される）、この方法は全くとられていない。一県一周波というような割当て電波について、多いときは三〇〇ないし四〇〇の申請があり、これについて当局は、一本化調整という方法を用いて申請者を一社に絞るのである。その方法は、当該地域の公共団体の長とか、有力者によって申請者間の話合いをさせ、将来免許となる会社の株式の分配を決定する。この株の分配は、原則的に申請の数によって決まっているようである。したがって、ダミーを使ってたくさんの申請をした者が免許を受けるべき会社の株式の多数を取得し、それを支配できるわけである。一本化調整というのはこの株式の分配についての話合い、協議をいうもので、協議が成立するまで免許申請の許否についての決定がされることはない。

そして、一本化調整が出来ると、多数の申請のすべての取下げをし、一本化した会社によって競願者なしの免許申請がされ、所定の手続を経て予備免許がされるということになるのである。

最近では、平成二年六月一日福岡県で五番目の民放株式会社ＴＸＮ九州の放送局開設の免許申請がされ、申請受理の報道がされたが（日本経済新聞一九九〇・六・二朝刊）、同紙によると福岡県のテレビ新局に関しては二三五社が申請していたが九州・山口経済連合会名誉会長による調整で一本化したとのことである。

このような方法は、前記一二チャンネル事件についての最高裁判決後二十余年に亙って行われてきたが、郵政大臣が電波法に従って、多数の免許申請者の優劣を判定して許否を決定すべき権限の放棄であり、義務の懈怠ということになるであろう。

以上のように、行政運営の衝に当たる者が、争訟とならないように工夫してやることが、事件数を少なくし、実質的に違法な行政が是正されないという結果をもたらしていることも否定できない。

（7）　行政上の紛争が生じたときに、民衆あるいは企業は、まず政治家に依頼して、問題の解決を求める。問題処理の方法がいかに非法律的であり、合理性を欠くものであっても、多くの事案は、この段階で処理されて不服申立て、訴訟へと繋がるものはない（政治家の介入は、行政庁がからんだもの以外の民事紛争においてもしばしばみられる。政治家は、これを選挙民に対するサービスと考えているふしがある）。

政治家の介入によって、問題解決が出来ないものについては、ほとんど諦めてしまうのが実情であるが、目的を達しなかったり、政治家の介入を求めない僅かなものが、弁護士に相談するということになる。弁護士に相談したからといって、不服申立て、訴訟にまでいくかというと、相談した弁護士の当たりはずれによることになる。この点は、後述するとおり、わが国の弁護士の大半は、先例の多い分野については別として行政事件一般に関する知識がとぼしく、行政庁と折衝し、法律的に行政庁を説得したり、不服申立てによって、原処分の取消しを求めることが、困難な実情にある。

(8)　法律的問題は別として、弁護士が依頼者からの相談の段階で行政庁に実情を聞きに行き、行政庁の説明を受け、見通しをつけそれ以上何ら進展しない例とか、判例の傾向から訴訟事件として持ち出すことの困難を考え依頼者を逆に説得して諦めさせるとかいうのが多くの扱いで、依頼を受けた弁護士の行政事件についての能力いかんがここで関係する。

(9)　依頼者は、行政庁に不服申立てをしたり、行政庁相手の訴訟提起に異常なほど不安をもつのが例である。金銭問題にすぎない税の問題においてすら、争うことによって他の点で不利益を受けないかどうか心配をする（税務についていえば専門家である税理士であっても税務署の意にさからうことを恐れ、不服申立ての代理人などしないのが普通である）。

地方公共団体に対しては、私人、事業者は、当該紛争事案以外にいろいろと関係をもっているために、地方公共団体の機関を相手として、正規の争いをすることを躊躇するのが普通であり、余程の決心がないと訴訟提起などはなし得ない。訴訟提起後においても、間接的に圧力がかかってくる例もめずらしくない。

(10)　その後の下級審においては、都市計画、都市再開発、土地区画整理などに関する多くの裁判例は、この大法廷判決に従って処理しているものが大部分である。

(11)　裁判官によっては、第一回の口頭弁論の冒頭から訴訟の対象にならないことを露骨に表明し、原告側の主張に対して、まともにとり上げる意欲のない態度をとるものがみられる。

(12)　原田尚彦「土地区画整理組合の設立認可を争う抗告訴訟の適法性等」民商九五巻五号七〇六頁は、本件について「これまで抗告訴訟の対象をできるだけ狭く限定する基本姿勢を堅持してきた最高裁があえてこうした微妙な区別を強調してまで一連の行政手続の中間的措置ともいうべき組合の設立認可に『処分性』を認めたことは、重要である。」「本判決が、行政訴訟の訴訟要件論の見地よりみても、注目されるべきものであることは間違いない。」と述べている。なお、荒秀・判時一二六〇号一六一頁の本判決の批評においても「最高裁の若干の軌道徴調整」などと述べられている。本判決の担当調査官による解説は、曹時四一巻七号二〇四頁（石川善則）。

(13)　この判決は、一・二審が青写真判決を引用して市町村営土地改良事業の施行認可の処分性を否定したものを、青写真判決は本件に適切でないとして原判決を破棄し、一審判決を取り消して、事件を一審に差戻したものである。島田清次郎「市町村営土地改良事業の施行認可の処分性」行政判例解説昭和六一年三二九頁は、本判決について、法の規定のし方に処分性の根拠を置きつつも、実質的には青写真判決を変更したものと解されるとしている。なお、担当調査官の解説としては、泉徳治・曹時三八巻七号一六一頁、同ジュリスト八六〇号九四頁がある。

(14)　原田尚彦「空港騒音と行政訴訟」ジュリスト九三二号四六頁は、本判決が二つの点で従来の判例理論とは質的といってよいほど違っているとしている。すなわち、第一は、従来の判例が、行政処分の根拠法条を中心に法の趣旨・解釈を展開し、「行政法規の公益法規性の原則」を固執して、当該条文が個人の利益保護規定であることを容易に承認しなかったのに反し、本判決は具体的な根拠法条である航空法一〇〇条・一〇一条を解釈するに当たって航空法全体の目的やその他関連法規をも含む法体系全体を考慮に入れて個人的利益の性質を評価するという手段をとったこと……、第二に、訴えの利益について形のうえでは「法律の保護する利益説」の立場をとっているけれども、実質的には——訴えの利益の判断を通り一遍の法の趣旨解釈から解放し、救済に値する実生活上の利益には訴訟利益を認めるべきだとする——「保護に値する利益説」にむしろ近い認定方式をとって結論を出していることであるとして評価している。

阿部泰隆「航空法の事業免許を争う近隣住民の原告適格」判タ六九六号四九頁は、この判決の柔軟な原告適格論は、これまで、原告適格の有無が争われた事例についても、原告適格を肯定する方向へと解釈論が発展する可能性を示し、今後の判例に注目するとともに、本判決の射程範囲を検討する必要性が大きいことを指摘したいとしている。

山村恒年「定期航空運送事業免許の取消訴訟と飛行場周辺住民の原告適格」民商一〇一巻三号四一五頁も、本判決は取消訴訟の原告適格の範囲について、従前の最高裁判例の路線に沿いながらも「法律上保護された利益」の範囲を、当該処分の根拠法規のみならず、関連法規の関連規定によって形成される法体系をも考慮して広く解した事例として注目すべき判決である。アメリカやヨーロッパ諸国の原告適格の自由化にくらべて、著しくかたくなな態度を示していた日本の裁判所も、ようやく柔軟な考え方を見せ始めたものといえようと評価している。

以上のほか、高木光「周辺住民の原告適格」法教一〇四号八四頁、園部逸夫「行政訴訟法講話」法教同七六頁も積極的な評価をしている。

右に反して、島田礼次郎「空港周辺住民は、定期航空運送事業免許処分の取消訴訟における原告適格を有する」は、本判決の原告適格については、本件事案限りのものであるという消極評価をしている。

担当調査官（岩渕正紀）の解説は、ジュリ九三六号七四頁参照。

私は、最高裁の右のような変化は、行政調査官室の変化ではないかと考えている。ここでも人が問題となる。

(15)　山下淳「都市計画決定の処分性」ジュリ昭六三年度重要判例解説三八頁参照。

(16)　民事事件に比べて行政訴訟事件の審理期間が長い原因についてはいくつか考えられる。

まず、当事者側の要因として、行政処分を争う原告側には、処分の原因となった資料等がきわめて乏しく、これらの資料のもとで慣れない行政事件を扱うため、法律問題について検討する期間も含め準備期間が長期に亙ってしまう。

被告行政庁の側としては、まず防禦の必要から、必要最小限の資料しか提出しないし、法律的主張も、最小限にとどめ、争点を作らないようにしている。この当事者双方の事情が、事件の進行をはばんでいることは否定できない。

これに加えて裁判所の方の事情もある。行政事件に習熟した裁判長のもとでは、釈明も十分であるし、適切な訴訟指揮、主張、立証の示唆がされるが、たまたま転勤の時期などに当たり、新構成が、行政事件になれていない場合など当初から釈明のやり直し、主張の出し直しをしなければならないこともまれではない。

これらのことが相まって、事件は自然と長期化する傾向にあるように思われる。

三　制度自体に内在する問題点

1　民事事件に習熟した裁判官による民事事件方式の事件処理

行政訴訟制度が有効に機能し、行政作用の適法性が担保され、司法統制の実をあげるには、裁判所による制度の運用も十分に検討すべき事項であろう。民事事件に習熟した裁判官による民事事件方式の事件処理が現実には行われているように思われるが、民事事件と行政事件は、事件の性格が根本的に異なっている。民事事件は紛争当事者が過去にどのような行動をし、それがどのような意味をもっているかを裁判所が第一次的に認定し、現在における当事者の権利義務関係を確定し、紛争を解決することが目的である。そこで民事実体法は補助的に裁判規範として扱われるにすぎないことはすでに説かれているとおりである。これに対し、行政事件は、行政庁の過去に法令に従って法令の執行として行った行政作用が対象となり、当該行政庁の行為（多くは裁量権の行使を含む）が法令に違反したかどうかが、問題となるわけである。いいかえれば、行政訴訟においては、行政庁の行使した権限行使の適否、行政庁の権限の行使が違法であるかどうかが問題となっているのである。そして、行政庁が権限の行使をするに当って依拠する法令はすべて強行法規であり、行政庁あるいは私人に対する行為規範である。

民事事件においては、当事者の自由意思にもとづく行動について、これに法律的意味を与えることが裁判所の職責であるのに対し、行政事件においては、行政庁の行動、権限の行使が法令に適合しているかどうかを判断するのが裁判所の職責である。行政庁が自己の行為について、いかなる法律的意味をもたせているかはまず、行政庁が第一次的な判断権をもち、これを事後的に審査するのが裁判所の役目であろう。

したがって、審理の方式も当然のことながら異なり、行政訴訟は事後審査の形をとるわけである。この点、行政裁判所時代に覆審的な審査方法がとられていたのと異なる。

しかし、民事事件に習熟した裁判官は覆審的な審査になれており、事後審的な審査の方法について、必ずしも理解していないように思われる。事後審的な審査方法は、その延長線で手続審査の方法に帰着し、その面で行政作用の適否は、実体的にも手続的にも審査が可能となるはずである。この点で、原告の権利は実体面のみならず、手続面からも救済されることが可能となるものと思われる。

もっとも、以上の原則論について、問題を裁判所の側からのみ取上げるのは、不公平であるかも知れない。訴えを提起し、訴訟を追行するのは、ほとんど訴訟代理人としての弁護士である。弁護士が行政処分の取消しを求めて出訴し、被告行政庁から一応処分の適法要件が主張されたときに、当該処分について、実体的な適法要件を攻撃するといういわば民事訴訟における債務不存在確認訴訟の方式に従って訴訟追行をするならば、これは、被告の判断の適否を争うという覆審的な審査方法に帰着してしまうことは当然である。

ここでも、訴訟代理人となる弁護士の行政事件の処理に関する深い洞察力が要求されるのであって、処分の瑕疵の追及を単に実体的な適法要件の存否にのみとどめないで（このやり方だと多くは裁量の壁にはばまれて、裁量権の濫用の主張にまで進まざるを得なくなる）、処分のやり方、換言すれば、行政庁の処分権限の行使方法について

別表３　最高裁における民事・行政訴訟事件の審理期間

昭和61年度

	訴えの提起の時から											
	総数	1月以内	2月以内	3月以内	6月以内	1年以内	2年以内	3年以内	5年以内	6年以内	7年以内	10年以内	10年を超る
通常訴訟	1,641	―	―	―	―	5	133	238	504	166	145	253	197
行政訴訟	164	―	―	―	―	3	26	18	33	20	7	31	26

法曹時報39巻10号昭和61年度民事事件の概況（最高裁事務総局民事局）添付の統計表による。

昭和62年度

	訴えの提起の時から											
	総数	1月以内	2月以内	3月以内	6月以内	1年以内	2年以内	3年以内	5年以内	6年以内	7年以内	10年以内	10年を超る
通常訴訟	1,609	―	―	―	―	3	119	269	522	173	116	228	179
行政訴訟	122	―	―	―	―	―	17	5	29	15	4	19	33

法曹時報40巻10号昭和62年度民事事件の概況（最高裁事務総局民事局）添付の統計表による。

まで、その適法要件を追及するという本格的な事後審的審査方法に考察を加えるべきであると思われる。

このような方法は、行政手続法の完備していない現在、何が行政庁の具体的権限の行使の場合の適法要件であり、どのような方法で権限の行使方法の適否を争うのか困難な問題に逢着するかも知れない。

しかし、まなこをこの方向に向けて検討することが、今後の行政訴訟、抗告訴訟における重要課題であることは否定すべきではないであろう。

もっとも、現状では実務家に右のような要求をしても理解してもらえる基盤もないように思われる。

２　三審制による事件の長期化

事件は早急に解決されればいいというものでもない。行政事件は、行政法規が複雑であり、その解釈適用も容易でないことから、事件処理が事務的に急がれることは、必ずしも権利利益の救済とはならない。しかし、三審制度の運用が異常に事件を長期化させる点は問題であろう。

最高裁に係属した行政事件と民事事件の審理期間を

比較してみると別表3のように行政事件は、かなり長期の審理期間を要している。

訴えの提起のときから十年を越えるものが昭和六一年度において、通常訴訟では全体の一二パーセントであるのに対し、行政訴訟では一六パーセント、昭和六二年度において、通常訴訟では一一・一パーセントであるのに対し、行政訴訟では二七パーセントとなっている。

敗訴事件についてならばまだしも、これが原告の勝訴事件である場合には救済の実があるかどうかは問題であろう。

四　制度の運用に当たる人に関する問題点

以上問題としたことにすべて関係するわけであるが、行政訴訟制度の運用の衝に当たる人に関する問題は、すべての問題点の基礎にあって、もっとも重要な問題ではなかろうかと思われる。

1　裁判官の行政の実態に対する認識

裁判官が行政事件を扱うについて、行政の実態に対する十分な認識が必要であることはいうまでもない。もちろん、裁判官は事件を離れて行政の実態を知ることは困難であるから、事件を通じて行政の実態を把握する必要があるわけである。

しかし現実は、すでに述べたように、数少ない行政事件を担当する裁判官は民事事件に通暁した裁判官であって、東京・大阪のような大裁判所で行政事件の数も相当あるところならば、事件を通じて行政の実態を認識し、行政事件の処理を適切に行うことも可能であろうが（もっとも、三年毎の転勤を考えると大裁判所においても、いわば素人裁判官が着任し、事件処理に習熟した頃転出してしまうということが絶えずみられる）、小さな裁判所で係属している僅か数件の事件を扱うというようなところでは、行政事件になれることも、また、事件を通じて行政の実態の認識をしたうえで適切な事件処理をすることも、かなり困難である。このことは、事件当事者の代理人をやっていると、しばしば経験することであり、その結果、はなはだしいときには、結論までも違うのではないかと考えられる場合がある。

2　制度の運用についての熱意・能力の問題

右の点と不可分のことであるが、裁判官の行政訴訟制度の運用に対する熱意、能力の問題も軽視できない事項である。行政訴訟のもつ意義、公権力に対する国民の権利利益の救済についての理解、それに加えて、裁判官の能力の問題も重要な点であると思われる。最近は、司法試験で民事訴訟法をとらないで合格してきた裁判官もめずらしくはない。選択科目である行政法をとって合格してきた裁判官は統計上明らかにはならないが、受験者から平均的に算出すると二割以下である。裁判官に熱意があっても能力の不足がみられることはやむを得ないかも知れないが、問題である。ことに行政事件訴訟法の根本的なことを理解していないのではないかと思われる裁判官に当たった場合などは、落胆するよりも、なさけなくなる場合すらある（例えば、身近な例を挙げれば、もんじゅ訴訟における福井地裁の裁判官の行政事件にみる認識などを挙げることができる〔福井地判六二・一二・二五、判時一二六四号三一頁、判タ六六三号五八頁〕）。この判決は、理由の冒頭において取消訴訟が現在の法律関係に関する訴えであって形成訴訟であり、無効確認訴訟は過去の法律関係の確認訴訟であるとしている。これは行政訴訟、ことに抗告訴訟についての無理解を示すもので、三人の裁判官がいて、このような誤った前提を判示して論理を展開しているのは理解に苦しむというほかない。改めてここで説明をするまでもなく取消訴訟、無効確認訴訟のいずれも、過去に行われた法律効果の発生原因となるべき行政処分という一つの法律事実を訴訟の対象とするものであって、前者は、処分の違法を確定することによって、生じている法律効果を遡及的に消滅させることを目的とするものであり、後者は、処分の瑕疵が重大・

明白である点から本来生ずべき法律効果が発生していないことの確定を目的とするもので決して現在もしくは過去の法律関係を訴訟の対象としているものではない。このことは、きわめて初歩的な事柄であって、実務家として当然理解していなければならない基礎的な事項で学説の岐れるような問題ではないのである)。[17]

加えて、裁判官が自分の頭で考えていないのではないかという疑問もある。問題の指摘をするならば、最高裁判決に対する盲信といえば、あるいは言いすぎかも知れないが、前記のとおり、最近相次いで最高裁で訴訟の対象、訴えの利益、原告の適格に関し、これらを積極に認める判決が出たのであるが、これらの原審である大阪、東京高裁は、いずれも訴えを不適法とする判断をしているのであり、その判示の中味は従来の最高裁の判例を十分検討しないか、あるいは事案の内容の相違を考えないまま軽易に結論を出したのではないかとみるほかないように感じられる。最高裁判例のない分野では裁判官会同における行政局見解に従って（これも盲従といっては言いすぎかも知れないが）、問題処理をする例がきわめて多い。会同要録が出版されている分について、行政事件裁判例集を合わせて調べてみれば、容易に判明することである。例えば、最近の最高判昭六二・四・二一（民集四一巻三号三〇九頁）修正裁決と原処分主義に関するものであるが、この判決によって破棄され、取消された控訴判決、一審判決の見解は二十数年前の行政局見解[18]であったわけである。

裁判官が最高裁の判決に従うことは、法的安定のうえから必要とは思われるが、行政訴訟の分野では、そう対象が単純ではないのであるから、問題を絶えず研究して処理に遺漏ないようにして欲しいものである。

3　行政訴訟を担当する弁護士の数の問題

行政訴訟制度の適切な運用という点からいえば、裁判官のみに過大な要求をすることのできないことはいうまでもない。しかし、行政訴訟を担当する弁護士の数の異常に少ないのは問題である。すでに故桜田会員の適切な指摘があるが（行政法を論文式試験の必須科目に、桜田誉・法教八七号一〇二頁以下）、行政法を司法試験科目としてとっていない在野法曹は非常に多い。司法試験管理委員会では合格者中、行政法を受験科目とした人数について公開していないので正確には分からないが、行政法を受験科目に選択した受験者が全受験者の一六パーセントないし一九パーセント位であることから、単純に推測すると全実務法曹の二割足らずしか行政法をやっていないということになる。しかし行政訴訟を扱う弁護士の数は、全体の二割もいるとはとても考えられないのが実情である。

4　一般弁護士の行政関係に介入し、事件処理をする能力の問題

以上のようなこともあって、弁護士の行政紛争に介入して処理する能力はかなり問題であるといえそうである。法律に根拠のない要綱行政が行われていても、それを批判するのではなく、要綱の要求する事項を充すことができないから、仕方がないとして引き下がってくる例などめずらしくないようである。訟務を扱う地方公務員などが「自分は訟務を二〇年もやっているが、弁護士は行政法を一向に知らない。審査請求前置や出訴期間のあることなども一向に知らない人が多い」などと平然と批判しているのをきくと実務家の一人として全く慨嘆するほかない。

故桜田会員の先の意見の中にある「府県や市町村の行政事件の訴訟代理人である弁護士の中には行政法上の問題点を指摘しても、その意味内容が理解できず、中には土地収用の何たるかも知らない者がいる」という話も極端なように聞こえるが、あながちそうでもないように思われる。例えば、町道を損壊して道路法による負担金の支払いを命ぜられた会社の代理人である弁護士が、これが行政処分であることを知らないで、話合いで金額をまけてくれという申出をし、さらに不服申立期間徒過後に異議申立てをした理由として根拠法・根拠条文が摘示されているにもかかわらず、行政処分であると明示していないから、処分であることを知らなかったなどと書いているのをみると、やはり法曹教育の問題について考えなければならないように思われる。

(17)　ちなみに、村上敬一判事は、この点は明確に「抗告訴訟としての取消訴訟および無効確認の訴えは、行政上の法律関係の形成原因である行政処分自体の違法性を直接その訴訟物とし、その意味で過去（処分時）の事実状態を審理対象とする」と説明している（村上敬一7「無効確認の訴え」現代行政法大系4二七〇頁）。
取消訴訟の訴訟物について、具体的権限確認説をとっても、確認の対象となる具体的権限の存否は、過去の法律事実である点変わりはない。判示を強いて善解すれば、確認訴訟原型観に従って取消訴訟は現在原告が有する取消権が訴訟の対象になっているとでも説明するほかないであろう。

なお、この判決の批判には、阿部泰隆・判タ六六三号四三頁、高木光・ジュリ九〇五号六二頁がある。
(18)　昭和四〇年一一月開催行政事件担当裁判官会同概要九九頁は、最高裁行政局見解として、修正裁決があったときは、行訴法一〇条二項の適用を考える余地がないとしている。この考え方は、その後二〇年近く下級審を支配してきたのである。
なお、この点についてては、本書九七頁原処分主義と裁決主義参照。

あとがき

現代型行政訴訟における問題を実務的な見地から報告せよということで指名され「実務を通じてみた行政訴訟制度の問題点」という課題を与えられたわけであるが、行政事件をとくに専門に処理しているわけでもないのに（わが国ではこのような事務所があるのかどうか知らないが）実務家代表のような形で私が、報告をしなければならないこと自体、実務における行政訴訟の担当者の貧困を示すもので、このようなことがあるいは現行行政訴訟制度の中で一番の問題点であるかも知れない。

行政事件訴訟法をめぐる多くの問題点は、民事訴訟および実務に十分精通しておられる他の報告者もおられるということで、私は実定法をめぐる問題点を具体的にとりあげることをしないで、前記のような点について報告とした。

私は、行政事件訴訟法施行の昭和三七年から同四一年まで、たまたま東京地裁の行政部に籍をおき、同法施行の当初から三年余り、現行法のもとで行政訴訟を担当してきた。現在は、弁護士として一八年余りになる。この間扱った行政訴訟事件は僅かなものである。ただ、訴訟前の行政上の紛争にはかなり関与したといえる。したがって、右の報告は「葦の髄から天井のぞく」たぐいのものになったかも知れないことをおそれるが、批判は覚悟のうえで報告とした。

（初出、公法研究五二号一六五頁）

2　医療法に基づく知事の勧告について

一　知事の勧告に処分性を認める前提

もう六年も経過したが、平成一七年七月一五日最高裁第二小法廷判決（裁判長今井功、裁判官福田博、同津野修、同中川了滋）は、医療法（平成九年法律第一二五号による改正前のもの）三〇条の七の規定に基づき都道府県知事が病院を開設しようとする者に対して行う病院開設の中止勧告について、抗告訴訟の対象となる処分性を認めた（民集五九巻六号一六六一頁。これは、富山県知事が原告に対してした中止勧告である）。同旨の判決は、平成一七年一〇月二五日第三小法廷判決（裁判集民事二一八号九一頁・判例時報一九二〇号三二頁・訟務月報五三巻五号一五七四頁）で香川県知事の勧告に係るものと公刊物に掲載されていない同小法廷同日付茨城県知事の病床削減勧告に係る判決がある。これらの判例についての評価も一応出尽したと思われる。本稿は、最高裁第二、第三小法廷がどのような経緯から、行政指導に過ぎないとされる知事の病院開設に係る勧告に処分性を認めたのかを、これらの事件を終始担当してきた代理人として、学問的な検討ではなく（したがって、これに関する文献・研究の引用は最小限にした）、実務的な見地から明確にさせ、本来は、右の知事の勧告に処分性を認めないで問題を解決するのが、法治主義の要請から当然であることを明らかにしようとするものである（ここに掲記した法令はすべて当時施行のもので、地方分権一括法施行前は、保険医療機関の指定権限は国の機関である知事にあったことは周知のとおりである）。

右の第二小法廷判決の理由は次のとおりである（前記民集一六六四頁）

「(1)　医療法は、病院を開設しようとするときは、開設地の都道府県知事の許可を受けなければならない旨を定めているところ（七条一項）、都道府県知事は、一定の要件に適合する限り、病院開設の許可を与えなければならないが（同条三項）、医療計画達成の推進のために特に必要がある場合には、都道府県医療審議会の意見を聴いて、病院開設の申請者に対し、病院の開設、病床数の増加等に関し勧告することができる（三〇条の七）。そして医療法上は、上記の勧告に従わない場合にも、そのことを理由に病院開設の不許可等の不利益処分はされることはない。他方、健康保険法（平成一〇年法律第一〇九号による改正前のもの）四三条ノ三第二項は、都道府県知事は、保険医療機関の指定の申請があった場合に、一定の事由があるときは、その指定を拒むことができると規定しているが、この拒否事由の定めの中には、『保険医療機関等トシテ著シク不適当ト認ムルモノナルトキ』との定めがあり、昭和六二年保険局長通知において、『医療法三〇条の七の規定に基づき、都道府県知事が医療計画達成の推進のため特に必要があるものとして勧告を行ったにもかかわらず、病院開設が行われ、当該病院から保険医療機関の指定申請があった場合には、健康保険法四三条ノ三第二項に規定する「著シク不適当ト認ムルモノナルトキ」に該当するものとして、地方保険医療協議会に対し、指定拒否の諮問を行うこと』とされていた（なお、平成一〇年法律第一〇九号による改正後の健康保険法（平成一一年法律第八七号による改正前のもの）四三条ノ三第四項二号は、医療法三〇条の七の規定による都道府県知事の勧告を受けてこれに従わない場合には、その申請にかかる病床の全部又は一部を除いて保険医療機関の指定を行うことができる旨を規定するに至った）。

(2)　上記の医療法及び健康保険法の規定の内容やその運用の実情に照らすと、医療法三〇条の七の規定に基づく病院開設の中止の勧告は、医療法上は当該勧告を受けた者が任意にこれに従うことを期待してされる行政指導として定められているけれども、当該勧告を受けた者に対し、これに従わない場合には、相当程度の確実さをもって、病院を開設しても保険医療機関の指定を受けることができなくなるという結果をもたらすものということができる。そして、いわゆる国民皆保険制度が採用されている我が国においては、健康保険、国民健康保険等を利用しないで病院を受診する者はほとんどなく、保険医療機関の指定を受けずに診療行為を行う病院がほとんど存在しないことは公知の事実であるから、保険医療機関の指定を受けることができない場合には、実際上病院の開設自体を断念せざるを得ないことになる。このような医療法三〇条の七の規定に基づく病院開設中止の勧告の保険医療機関の指定に及ぼす効果及び病院経営における保険医療機関の指定のもつ意義を併せ考えると、この勧告は、行政事件訴訟法三条二項にいう『行政庁の処分その他公権力の行使に当たる行為』に当たると解するのが相当である。」(1)(2)(3)

右の判決理由をみると、第二小法廷が知事の中止勧告に処分性を認めたのは、厚生省（当時）の昭和六二年保険局長通知によって、医療法三〇条の七の規定に基づき、都道府県知事が、医療計画達成の推進のため特に必要があるものとして勧告を行ったにもかかわらず、病院開設が行われ、当該病院から保険医療機関の指定申請があった場合には、健康保険法四三条ノ三第二項に規定する「著シク不適当ト認ムルモノナルトキ」に該当するものとして、病院を開設しても保険医療機関の指定を受けることができなくなる実務上の扱い（必要病床数を超える部分についての削減勧告の場合には、超える部分の保険給付を認めない）を前提とするものであることが明らかである。しかし、保険医療機関の指定をしないという扱いのもととなっているのは、右の通知であり、この通知による健康保険法四三条ノ三第二項の規定の解釈運用がもし法律上誤っているとしたならば、中止勧告の処分性を認める根拠を失うことも、また明らかといわねばならない。

なお、この判決について塩野教授の問題点の指摘は重要である。本稿は、同教授が問題とされている点を実務の裏側から明らかにしたものである。(4)

二　問題の前提とされる判例

最高裁第一小法廷判決平成一七年九月八日（裁判長泉徳治、裁判官横尾和子、甲斐中辰夫、島田仁郎、才口千晴）裁判集民事二一七号七〇九頁・判例時報一九二〇号二九頁・判例タイムズ一二〇〇号一三二頁は、まさに前記厚生省保険局長通知による健康保険法四三条ノ三第二項の解釈をめぐり、保険医療機関の指定申請拒否の違法性が争われた事案である。

一　この判決の理由

「第1　本件の事実関係の概要等

1　原審の適法に確定した事実関係の概要は、次の通りである。

(1)　上告人は、鹿児島県揖宿郡山川町において診療所を開設していたが、同地において病院の開設を企図し、鹿児島県知事（以下「県知事」という。）に対し、平成九年九月四日、診療科目を内科、外科、脳神経外科、耳鼻咽喉科及びリハビリテーション科とし、病床数を一〇四床とする病院（以下「本件病院」という。）の開設に関し、医療法（平成九年法律第一二五号による改正前のもの。以下同じ。）七条一項所定の許可を求める申請をした。

(2)　鹿児島県は、医療法三〇条の三第一項に基づいて、医療計画を定め、同条二項一号所定の区域として、鹿児島県指宿市及び揖宿郡から成る指宿保健医療圏を設定し、同医療圏につき、同項三号に定めるいわゆる一般病床（病院の病床で精神病床、伝染病床及び結核病床以外のもの）に係る必要病床数を八一三床と定めていたが、同医療圏における既存の病床数は一一三四床である。三三〇床の病床が過剰となっていた。もっとも同医療圏には、脳神経外科を標榜する医療機関がなく、同医療圏に属する山川町には、病院がない。

(3)　県知事は、上告人に対し、平成九年一二月一日付けで、医療法三〇条の七の規定に基づき、前記(1)の申請に係る本件病院の開設に関し、『当該病院の開設を計画している指宿保健医療圏は、病床過剰地域であって、特に同病院開設の必要を認めない』との理由を付して、本件病院の開設を中止するよう勧告した（以下この勧告を「本件勧告」という。）。

(4)　上告人は県知事に対し、平成九年一二月三日、本件勧告に従わない旨通知した。県知事は上告人に対し、同月二五日、前記(1)の申請について許可する旨の処分をした。

(5)　上告人は県知事に対し、平成一〇年一月一二日医療法二七条に基づき本件病院の使用許可を申請し、同知事は、同月二二日付けでこれを許可した。

(6)　上告人は、県知事に対し、平成一〇年一月二三日、健康保険法（平成一〇年法律一〇九号による改正前のもの。以下同じ。）四三条ノ三第一項に基づき、本件病院につき保険医療機関の指定を求める申請（以下「本件申請」という。）をした。

(7)　県知事は、上告人に対し、平成一〇年三月三〇日、健康保険法四三条ノ三第二項により、本件申請を拒否する旨の処分（以下「本件処分」という。）をした。本件処分の理由は、本件病院については、開設を計画している指宿保健医療圏は、病床過剰地域であり特に本件病院の開設の必要を認めないとして本件勧告が行われたものであるところ、昭和六二年九月二一日付け保発第六九号厚生省保険局長通知等の趣旨に照らして、同項所定の指定拒否要件である『其ノ他保険医療機関若ハ保険薬局トシテ著シク不適当ト認ムルモノナルトキ』に該当するというものであった。

２　本件は、上告人が、本件処分は違法であると主張して、本件処分に係る事務の権限を承継した被上告人に対し、その取消しを求める事案である。

第２　上告代理人濱秀和ほかの上告受理申立て理由第一点、上告代理人宇佐見方宏ほかの上告受理申立て理由第二、上告代理人後藤正幸の上告受理申立て理由について

１　医療法一条の三は国及び地方公共団体は、国民に対し良質かつ適切な医療を効率的に提供する体制が確保されるよう努めなければならない旨規定し、同法三〇条の三は、都道府県は、当該都道府県における医療計画（医療を提供する体制の確保に関する計画）を定めること（同条一項）、医療計画には主として病院の病床の整備を図るべき地域的単位として区分する区域の設定に関する事項、いわゆる一般病床に係る必要病床数等に関する事項などを定めること（同条二項一号、三号）を規定している。そして、同法三〇条の七は、都道府県知事は、医療計画の達成の推進のため、特に必要がある場合には、病院を開設しようとする者等に対し、都道府県医療審議会の意見を聴いて、病院の開設等に関して勧告を行うことができる旨規定している。その趣旨は、病院の開設等の申請がされた際、当該申請に係る病院の病床数等を医療計画に適合する方向に誘導することにより、良質かつ適切な医療を効率的に提供する体制を確保するところにあると解される。

２　健康保険法一条ノ二は、健康保険制度については、それが医療保険制度の基本をなすものであることにかんがみ、その在り方に関し常に検討を加え、医療保険の運営の効率化、給付の内容及び費用の負担の適正化

並びに国民が受ける医療の質の向上を総合的に図りつつ、実施されるべき旨を規定している。同条が医療保険の運営の効率化に意を用いて健康保険制度が実施されるべきこととしている趣旨に照すと、同法四三条ノ三第二項が保険医療機関の指定を拒否することができる要件として規定する『其ノ他保険医療機関若ハ保険薬局トシテ著シク不適当ト認ムルモノナルトキ』には、医療保険の運営の効率化という観点からみて著しく不適当と認められる事由がある場合も含まれると解するのが相当である。

3　ところで原審の適法に確定したところによれば、医療の分野においては、供給が需要を生む傾向があり、人口当たりの病床数が増加すると一人当たりの入院費も増大するという相関関係があるというのである。そうすると、良質かつ適切な医療を効率的に提供するという観点から定められた医療計画に照らし過剰な数となる病床を有する病院を保険医療機関に指定すると、不必要又は過剰な医療費が発生し、医療保険の運営の効率化を阻害する事態を生じさせるおそれがあるということができる。このような事情に照らすと、前記事実関係の下において、良質かつ適切な医療を効率的に提供するという観点からされた本件勧告に従わずに開設された本件病院についての保険医療機関指定の申請につき、医療保険の運営の効率化という観点から『其ノ他保険医療機関若ハ保険薬局トシテ著シク不適当ト認ムルモノナルトキ』に当たるとしてされた本件処分は、健康保険法四三条ノ三第二項に違反するものとは認められない。（以下略）」

二　地域医療計画に関する旧厚生省の指示・扱い

右の各最高裁判決の中にある医療計画は、昭和六〇年一二月二七日法律第一〇九号をもって公布され昭和六一年八月一日施行された改正医療法の定めるところであり、これについて、同六一年八月三〇日、健政発五六三各都道府県知事宛厚生省健康政策局長通知が出されている。この通知の冒頭で、「今回の医療計画は高齢化社会が進展する中で国民に対し適正な医療を確保していくため、医療資源の効率的活用に配慮しつつ、医療供給体制のシステム化を図ることを目的としたものであり……とし　医療計画の作成について　必要病床数及び特定の病床等に係る特例について　既存病床数及び申請病床数について　医療計画の推進について　と詳細な指示があり、」続いて、都道府県知事の勧告について、次のように指示している。

「法第三〇条の七の『医療計画の達成の推進のため特に必要がある場合』とは、原則として法第七条の二第一項に掲げる者以外の者が、病院の開設の申請又は病院の病床数の増加若しくは病床の種別の変更の許可の申請をした場合において、その病床の種別に応じ、その病院の所在地を含む法第三〇条の三第二項第一号の区域（以下「二次医療圏」という。）又は都道府県の区域における病院の病床数が、医療計画に定める当該区域の必要病床数に既に達している場合又はその病院の開設等によって当該必要病床数を超えることとなる場合をいうものであること。」

「また、『病院の開設又は病院の病床数の増加若しくは病床の種別の変更に関して勧告する』とは、病院の開設又は病院の病床数の増加若しくは病床の種別の変更のそれぞれの行為の中止又はそれぞれの行為に係る申請病床数の削減を勧告することをいうものであること。なお、都道府県知事は、勧告を行うに先立ち、病院を開設しようとする者に対し、可能な限り、他の区域における病院の開設等について、助言を行うことが望ましいものであること。法第三〇条の七の規定に基づく勧告は、第七条の許可又は不許可の処分が行われるまでの間に行うものであること。」

右の昭和六二年八月三〇日通知の翌年である同六二年九月二一日には保発六九各都道府県知事宛厚生省保険局長通知とし、知事の勧告に関し、次のような指示をしている。

「都道府県知事と医療機関との契約である保険医療機関の指定等に際しては、国民に適正な医療を効率的に供給するとの観点から、地域医療計画に定める必要病床数を超える病床についてはこれを契約の対象としないという基本的な考え方に立ち、以下のとおり対処するものとする。

(1) 医療法第三〇条の七の規定に基づき、都道府県知事が医療計画達成の推進のため特に必要があるものとして勧告を行ったにもかかわらず、病院開設が行われ、当該病院から保険医療機関の指定申請又は療養取扱機関の申出があった場合にあっては、健康保険法第四三条ノ三第二項に規定する『著シク不適当ト認ムルモノナルトキ』に該当するものとして、又は国民健康保険法第三七条第二項の規定に基づき、地方社会保険医療協議会に対し、指定拒否又は受理拒否の諮問を行うこと。

(2) 地方社会保険医療協議会に対しては、衛生部局の協力も得て、地域における病床数の状況、知事が勧告を行うに至った経過等を十分に説明し、その意見を求めること。

(3) 既に保険医療機関の指定を受け、又は療養取扱機関の申出が受理されている病院において、医療法に基づく都道府県知事の勧告に従わずに増床が行われた場合にあっては、前記の基本的な考え方に則り、当該増床部分については保険給付の対象としない旨、当該病院に通知すること。

(4) 管下の保険者団体等に対し、勧告を受けた医療機関の名称等の情報の伝達に努めること。

(5) 関係部局、各保健所等と連携を密にし、病院の開設又は増床の計画段階において、関係者に対し前記の対処方針を説明し、自粛を求めること。(以下略)」

右の通知の趣旨を徹底化するように、右の保険局長通知と同日、総四四・健政計五三各都道府県衛生主管部(局)長宛厚生省健康政策局総務・計画課長連名通知「医療計画公示後における病院開設等の取扱いについて」の送付についてと題して、「医療法(昭和二三年法律第二〇五号)第三〇条の七の規定に基づく勧告に従わずに開設・増床等を行おうとする医療機関については、民生部局と密接に連絡をとり、厳正に対処されるようお願い申し上げます(以下略)」としている。

2　医療法に基づく知事の勧告について

右の厚生省の各通知による扱いは、先の平成一七年九月八日第一小法廷の判決により、そのまま是認されたものであるが、改めて考えると、昭和六〇年の医療法の改正によっておかれた医療計画というものは果して厚生省のいうようなものであるか、都道府県知事の病院開設の中止勧告、病床の削減勧告を健康保険法四三条ノ三第二項によって保険医療機関の指定拒否事由とすることが法治主義のもとで法の解釈、運用の範囲内のものとして許容されるかどうかは、医療計画についての立法の経過に加えて、改正法の合理的な解釈を十分検討してみなければならない。というのは、役人の中には、近代法的な感覚に欠けている面があり、例えば、法律は自分らの政策目的を実現するための道具だと考えて政策にあわせるべく法律をまげて解釈するという傾向がまだまだ強い（「法律学校の未来像（二）」書斎の窓一三六号（有斐閣、一九六五年一〇月）三頁、成田頼明（当時横浜国立大学助教授）の発言）からである。法所管の行政庁の解釈運用が何の検証を加えることもなくそのまま正当であるとするならば、司法権は不用である。このようなことは初歩的な問題で敢て言うまでもないが、ともすれば裁判官は自分の頭で考えずに、行政解釈があればそれを正しいものとして肯定する傾向にある。例えば、右の昭和六二年の保険局長通知である。保険医療機関の指定を都道府県知事と医療機関との契約であるとしている。しかし、保険医療機関の指定申請（私人の公法行為とよばれる）とこれに対する許否の行政決定は、行政処分である。明文のどこからも契約という法概念、申込と承諾という法律事実は出てこない。そればかりでなく、揚げ足をとるのではないが知事は普通地方公共団体の機関にすぎない。機関が独立した契約の一方当事者になるなどということはあり得ない。ここで保険局長通知が保険医療機関の指定を契約であるというのは、契約であれば申込である申請を任意に拒否できると解する底意があるものとしか推測できない。にもかかわらず、裁判例の多くは、この契約説をそのまま採用している。役人の言うことは正しいと考えているものと推測するほかはない。保険者診療担当者間の法律関係が行政決定により設定されることは実定法規の定めるところで民事的思考方法を入れる必要はない(5)。

三　地域医療計画の策定を含む医療法の一部改正

一　医業についての警察許可

ところで、昭和二三年法律第二〇五号として制定された医療法は、その前年である昭和二二年五月三日に施行された現行憲法二二条一項の規定を受けて、医業の開業を自由とし、病院開設については、行政法学でいう、いわゆる警察許可の制度を採用した（同法七条）。そして、昭和三六年国民皆保険の制度が敷かれた後は、医療法と健康保険法とは表裏一体として運用されてきた。すなわち、医療法七条により、開設が許可された病院については、現実に建物が建築され、病室の整備、医療機材の設置、医師、看護婦（当時）その他の医療従事者に関し法令の要件を充たし、病院の使用許可（医療法二七条）があった後は、申請によって例外なく保険医療機関の指定がされることとなっていた。

そこで地域医療計画の策定を含む医療法の改正について、果して、右の第一小法廷判決の言うように地域医療計画が医療費の節減を目的としたものであるかどうかに関して国会（委員会）審議の模様をみると次のとおりである。

二　国会における改正案についての提案理由

都道府県に医療計画の策定を義務づけた医療法三〇条の三以下の改正案は、第九八国会に上程されたけれども、第一〇〇国会において衆議院の解散により廃案となった。その後、同内容の改正案が第一〇一国会に上程され、審議未了のまま継続審議となり、第一〇三国会において法律第一〇九号として成立したものである。

第九八国会においては、衆議院社会労働委員会で、当時の林厚生大臣は、提案理由として次のように述べてい

る（第九八国会衆議院社会労働委員会議録第九号二頁以下）。

「現行医療法は、昭和二三年にわが国医療の基本法として制定されて以来、医療体制の充実を通じ、国民医療の確保、向上に大きな役割を果たしてまいりました。

しかしながら、わが国の医療体制については、病床の増加等、量的には相当程度の整備が行われてきた反面、病院、診療所などの医療資源が地域的に偏在している、あるいは医療施設相互の機能の連係が十分でない、といった指摘がかねてよりなされているところであります。また、近年の一部医療機関における不祥事は、医療に対する国民の信頼を揺るがしておりますが、これを回復するためにも、制度の改革が強く望まれております。

ことに、本格的な高齢化社会の到来を間近に控え、医療需要は今後ますます増大し、かつ、多様化していくことが予想されるところであります。二一世紀を目指すこれからの医療は、このような状況を念頭に置いて、医療資源の効率的活用を図りつつ、人口の高齢化、医学医術の進歩、疾病構造の変化に対応して、国民に対し適正な医療をあまねく確保していくものでなければならないと考えます。そのためには、病院、診療所のあり方等を含め医療制度について見直しを行い、時代に即応した制度の改革を図っていくことが必要であります。

今回の改正は、このような医療制度の見直しの第一歩として行おうとするものであり、都道府県ごとに医療計画を策定し、地域における体系だった医療体制の実現を目指すとともに、あわせて医療法人に対する指導監督規定の整備を図ろうとするものであります。」

そして、法律案の内容のうち、医療計画については次のように述べた。

「医療計画は、都道府県がこれを作成し、対象となる区域の設定及び必要病床数に関する事項を定めるものとするほか、病院の整備の目標、医療施設相互の機能の連係、医師、歯科医師等医療従事者の確保その他、医療を提供する体制の確保に関し必要な事項を定めることができるものとしております。」

「この医療計画の策定を通じて、地域における各種医療機関の役割りを明確にし、その機能の連係強化を図ることによって、地域の医療需要に沿った医療体制の確立を目指していきたいと考えます。」

「医療計画の達成の推進のための措置といたしましては、国及び地方公共団体は、病院等の不足地域における その整備等必要な措置を講ずるように努めるとともに、病院の開設者等は、その建物、設備等を病院に勤務しない医師、歯科医師に利用させる、いわゆる病院の開放化に努めるものとしております。さらに、都道府県知事は、医療計画の達成の推進のために特に必要がある場合には、病院を開設しようとする者に対し、病院の開設その他必要な事項に関して勧告することができることとし、これにより病床の適正な配置を図ることとしております。」

以上のとおりであり、政府の医療計画に関する医療法の改正の理由の中には後に多く、この医療計画が医療費の増大化を防止するかのように言われる医療保険の問題はでてきていないし（注（1）の杉原調査官解説にあるようなこの改正が医療費増大の抑制を実際上目的の一つとしていたなど、どこをみても出てこない）、この提案の趣旨を離れて医療保険の健全な財政運営というようなものを法文の文脈の中に読み込むことは到底不可能である。

三　衆議院社会労働委員会における審議の状況

第九八国会においては、衆議院社会労働委員会において、二回審議が行われただけで廃案となったが、同内容の改正案が提出された第一〇一国会の衆議院社会労働委員会において渡部厚生大臣は、上記とほとんど同じに、法律案についての提案の理由を述べ、かつ、医療計画の内容についても全く同趣旨の説明をしている（同会議録第三二号五八頁以下）。

加えて、十分考慮しなければならない点は、委員会審議の中でも指摘されている次のような問題である。第一〇三国会昭和六〇年一一月二一日開催された衆議院社会労働委員会において、河野正委員が、

「今度の医療体系を都道府県知事がつくるとおっしゃっておるけれども、それはまあガイドラインができておりませんからどういうことになるかわかりませんが、医療費を抑えていく、そういう意味でこういった策定が行われておるんではなかろうか、こういうふうに、地域医療体制の問題についてはそういう懸念を持つわけですね。」

という質問をしたのに対し、政府委員である厚生省健康政策局長は次のように答えている（第一〇三回衆議院社会労働委員会議録第二号一二頁）。

竹中政府委員「今回の医療法の改正でございますが、先ほど先生がおっしゃったように、地域の体系立った医療供給体制の整備を促進する、無秩序な病床の増加等があればそれはコントロールしていく。それからまた、医療施設相互の機能連係等の確保その他の体系的な整備をするということで医療計画を作成するということでございます。この点につきましては、そういうことでございまして、私ども決して医療費の削減でございますとかあるいは国費の節減でございますとか、そういうことをねらいにして今回の改正をお願いしておるものでは決してございません。」

そして、同じ委員会において、沼川洋一委員の次のような質問に対して、増岡厚生大臣の答弁は次のとおりである（一六頁）。

「特にこの健康保険法と医療法をある意味で表裏一体のものとしてとらえた場合に、今回の医療法も、やはり医療の供給面における国庫削減というのが一番のねらいではないだろうか、そういうふうに思うわけでございます。こういう点について大臣の率直なお考えをまずお聞かせいただきたいと思います。」

増岡国務大臣「今回の医療法改正の中で地域医療計画につきましては、地域の医療供給体制の体系づけをした上での整備を推進するためでございます。したがって、医療施設相互の機能の連係あるいは体系的整備、また無秩序な病床の増加のコントロール等を目的としておる地域医療計画を策定することを中心としておるわけでございまして、御指摘のように医療供給面での国庫負担削減を目的とするものではございません。」

上記の答弁に対する沼川委員の再度の質問についても、竹中健康政策局長の答弁は、経費の面あるいは国の負担の面について特に考えているわけではないとしている。以上の厚生省健康政策局長の発言をそのまま受け取れば、医療計画は、一国民に提供する医療の質を高めることを目的とするものであって、無秩序に増加する病床に対する制限もこの見地から考えるべきで、医療費に関する医療保険の健全な運営というようなものは、この医療計画を定める医療法の改正の中では考慮されていないということになる。

四　改正法の解説（立案関係者によるもの）

このような政府委員の答弁を経て成立した地域医療計画に関する法改正の当時の法令解説は、上記の国会における提案理由と異なるところはない。例えば、時の法令一二九一号五頁は、次のように説明している（執筆者・細野宏（前厚生省健康政策局総務課））。

「我が国の医療については、病院のベッドの増加等量的には相当程度の整備が行われてきた反面、病院などが地域により偏在しているとか、あるいは病院、診療所等の医療施設同士の機能の連係が十分でないという指摘がなされてきた。（中略）

さらに本格的な高齢化社会の到来を間近に控え、医療需要は、今後ますます増大し、かつ、多様化していくことが予想されている。

二一世紀をめざすこれからの医療は、医療資源の効率的活用を図りながら、人口の高齢化、医学医術の進歩、疾病構造の変化に対応して、国民に対し適正な医療をあまねく確保していくものでなければならない。そのためには、病院、診療所のあり方等を含め、医療制度について見直しを行い、時代に即応した制度の改革を図っていくことが必要となっている。

今回の法改正は、そのような観点にたった見直しの第一歩として、都道府県ごとに医療計画を作成し、地域における体系だった医療体制の実現を目指す（以下略）」

ここでも医療計画と医療費、医療保険、保険財政の関係については全く問題とされていない。

五　旧厚生省保険局の考え方

ただ、第一〇三国会衆議院社会労働委員会（昭和六〇年一一月二一日）における法案の審議過程で浦井洋委員の、病院の開設者等が知事の勧告に従わなかった場合には一体どうするかという質問に対し、政府委員である厚生省保険局長は、「保険医療機関の指定は、私どもは契約というふうに考えております。したがいまして地域医療計画の中で病院の開設に違反して先ほど三〇条の七に基づく勧告を受けまして、これに従わないような医療機関について保険医療機関の指定をどうするかという問題につきましては、消極的になるのが原則ではないだろうか、端的に申し上げますならば、指定は行わないという原則的な考え方に立つべきではないだろうかと私は考えております」と答えている。この保険局長の考え方を推測していくと、地域医療計画の中味には、病床の増加に伴う保険医療の拡大による医療費の抑制思想が入っていることは否定できない。しかし、医療法の地域医療計画に関する規定が政府の公式見解からは、保険財政の健全化を目的にしているとは到底考えられないし、法律による行政の原理から考えてもこのような考え方は容認できるものではない（この保険局長見解は、後に医療計画を病床規制のためにのみ運用する布石となっていることは否定できない）。

（1）　この判決についての担当、杉原調査官の解説は、平成一七年度最高裁判例解説民事篇（下）四四〇頁に掲載されている。この解説の上告受理申立理由は何故か本筋の申立理由をはずして枝葉の点のみを書いているが、判決理由の中心となっている医療法三〇条の七についての旧厚生省の解釈・運用について昭和六〇年法律第一〇九号による医療法の改正、地域医療計画の策定義務、これの衆議院社会労働委員会における審議の状況、改正法の立案関係者による解説に加えて、厚生省保険局長の都道府県知事に宛てた昭和六二年通知以下の通達等により上告人が、知事の勧告を争わなければ、病院の開設許可を得ても、病院の運用はできない旨を筆者名の上告受理申立理由はことこまかに明らかにしている（民集五九巻六号一六六六頁から一六八九頁まで）。

この担当調査官による判例解説を仔細に読むと、処分性についての長い間の研究等はほとんど考慮されていず、古めかしい半世紀も前の判例が金科玉条のように引用されている。「最高裁第一小法廷昭和三九年一〇月二九日民集一八巻八号一八〇九頁の『行政庁の処分とは……行政庁の法令に基づく行為のすべてを意味するものではなく、公権力の主体たる国または公共団体が行う行為のうち、その行為によって、直接国民の権利義務を形成し、またはその範囲を確定することが法律上認められているもの』であるとするとともに、『それが正当な権限を有する機関により取消されるまでは、一応適法性の推定を受け有効として取扱われるもの』でなければならず、その無効が正当な権限のある機関により確認されるまでは事実上有効なものとして取り扱われている場合でなければならないとする考え方を採っている。」行政処分が適法性の推定を受けるとする考え方は、旧行政裁判所の時代に出訴事項が限定されていて、出訴できない処分について言われたものであることについては、すでに学説上は争いがあるとは思われないし（塩野宏『行政法Ⅰ（第五版）』（有斐閣、二〇〇九年）一五二頁参照）、公定力理論についても研究の成果もある。にもかかわらず、亡霊の如く、調査官解説に顔を出したり、最高裁判決の補足意見に出てきたりする。裁判をするには学者の研究の成果など考慮に値しないというものであろうか、このように、行政庁の処分の概念分析をし、知事の勧告がこれに該当すると説明するのはいかにも苦しい。行政指導は法律上の効果を発生しない事実行為である。行訴法三条二項にいう「行政庁の処分その他公権力の行使に当たる行為」のうち、行政指導のような事実行為が訴訟の対象性を認められるとしたならば、それは、ここでいうその他公権力の行使に当たる行為というべきであろう（杉本良吉『行政事件訴訟法』の解説（法曹会、一九六七年）九頁は、行政庁が一方的に行う事実行為的処分で相手方の権利自由の侵害の可能性をもつものを含むとしている）。

抗告訴訟の対象性を考えるとき、概念分析的手法を用いる例が多いが、何を訴訟の対象とするかは、逆に実定法規の解釈から行われるべきではなく、憲法の定めた裁判を受ける権利を実質的に保障する趣旨から考えても、当該行政作用（決定）の、全体としての行為過程における機能を考えてすべきではないであろうか。それにつけても、知事の勧告が行政指導として法行為ではなく事実行為とすると、最高裁第三小法廷判決平成一七年一〇月二五日（集民二一八号九一頁）に付された藤田宙靖裁判官の補足意見は何だろうと考えてしまう。ここでは事実行為に行政行為と同じ効力があるものと考えて取消訴訟の排他的管轄に伴う遮断効をも出している。筆の走りか誤解に基づくものであるか、いずれにしても事実行為に不可争力も公定力も認めないのが通説ではなかったのか。ともあれ、藤田補足意見について研究者から何の批判も出ていないのはおかしいではないか。

なお、この解説冒頭に「この勧告の制度は、医療法の一部を改正する法律（昭和六〇年一二月二七日公布法律第一〇九号）により設けられたものである（同改正は高齢化社会の到来と国民医療の増大を背景に、医療費増大の抑制を実際上目的の一つとしていたものであり、この改正により、各都道府県が地域医療計画を策定することとなった（同法三〇条の三第一項）。）」との説明がある。しかし、医療法の改正による地域医療計画の策定がどうして医療費の増大の抑制を実際上目的とするものであると言えるのであろうか。旧厚生省にでも聞いたのか、同法の改正の理由として担当大臣が国会（社会労働委員会）で再三述べているのは、医療供給面での国費負担の削減を目的としているものでないというもので、政府委員も「私ども決して医療費の削減とか、国費の節減で今回の改正をお願いしているものではない」と明言している。国会ではっきりと述べられたことが、別の意図をもっていたとは調査官の私知であるか、あるいは旧厚生省で長く保険事務を担当した横尾最高裁判事がいたことを考えると、出所はそこであるか、立法の背後にある役所の計り知れない底意を感じる。

（2）　筆者と同じように、この判決の前提となるいわゆる山川事件、後掲の存在と、その判決理由の関係を明確に指摘したものはない。ただ、牛嶋仁「法令解説資料総覧」二八九号七三頁が問題意識をもっているものとみられるだけである。

（3）　この点角松生史教授が『行政判例百選Ⅱ第五版』（有斐閣、二〇〇六年）三四四頁に「病院開設中止勧告」としてまとめてある。

（4）　塩野宏『行政法Ⅱ　第五版』（有斐閣、二〇一〇年）一一三、一一四頁は、「この判決は勧告が行政指導であることを明言し、かつ、中止勧告と保険医療機関不指定が法的関係に立つものでないことを前提にしている点、さらに、中止勧告に応じない者に対する『保険医療機関指定拒否処分の効力を抗告訴訟によって争うことができるとしても、そのことは上記結論を左右するものではない』としている点で処分性の定式から隔たるところが大きい点は注意する必要がある」とし、一一九頁においては「病院開設中止勧告事件判決は、当該事件処理の特殊性に対応した事例的意味以上のものではないと思われる」とされている。なお、同教授『行政法概念の諸相』（有斐閣、二〇一一年六月）一五頁以下参照。筆者は、この判決は、後記の偏頗判決を前提とする鬼子にすぎないと考えている。

（5）　大阪地裁昭和五六年三月二三日判決・判時九九八号一一頁、東京地裁昭和五八年一二月一六日判決・判時一一二六号五六頁、浦和地裁昭和六二年三月二五日判決・判時一二五〇号九六頁、その他。

右の東京地裁の判決は、健康保険法上の保険医療機関の申請と指定は、国の機関としての知事が第三者である被保険者のために、保険者に代わって療養の給付を医療機関に委託することを目的とした公法上の準委任契約の性質を有し、保険医療機関の診療報酬請求権は、委任事務報酬請求権の性質を有するものであるとしている。

しかし、保険医療機関の指定という行政決定が、保険者と保険医療機関の間に法令所定の法律関係を発生させることとは、決して背理ではない。

四　山川病院についての保険医療機関の指定申請と拒否処分

一　保険医療機関指定申請についての考慮

以上のような都道府県に対し、地域医療計画の策定を義務づけた医療法の改正の立法理由等に旧厚生省の各種の通達による知事の病院開設の中止勧告と連動させた保険医療機関の指定申請の拒否の制度について、筆者は医療法が病院の開設許可を警察許可としており、これを前提として法理論を組立てた場合、旧厚生省当局の実務上の処理は、どのように考えても法律による行政の原理に反するものであり、たとえそれが政府の一定の方針であるとしても容認できないものであると考えた。

原告がクリニック（一九床）を開設している鹿児島県揖宿郡山川町（現指宿市）は、薩摩半島の東南端にあり、病院がなく指宿医療圏の大半の病床は、指宿市に集中しているため、高齢化した住民は町外の病院に通院を余儀なくされていた。ことに高齢者に集中する脳疾患については、救急患者は遠く車で一時間ないし二時間もかかる鹿児島市内の病院にまでに搬送されて治療を受けなければならないような状態であり、そのための死亡事故も生じるようなこともあった。とにかく地域の住民は町内に病院が欲しかったのである。筆者らは、地域住民の深刻な状況について原告から相談を受けたものの、旧厚生省の地域医療計画についての右のような扱いに逡巡し、拙速な結論を出すことはできなかった。そこで、行政法学者の専門的な意見を聴いたうえで問題の処理を考えることにした。専門家は、原田尚彦教授（当時早稲田大学教授、東大名誉教授）、と阿部泰隆教授（当時神戸大学教授、現同名誉教授）である。両教授の意見は、後に意見書の形で書面化された(6)。

二　申請と拒否処分

筆者らは、原告の代理人として平成九年九月四日鹿児島県知事に対し、前記最高裁第一小法廷判決の事実関係の概要としてまとめたとおり病床一〇四床で診療科目を救命救急には必須の脳神経外科を含む病院開設の許可申請をしたところ、医療法三〇条の七の規定により、指宿保健医療圏が病床過剰の地域であるとして、同知事から病院開設の中止勧告を受けた。しかし、この知事の勧告は、もともと行政指導であるから、これに従わないことにより不利益な扱いを受ける理由はないものと考え、勧告を拒否して、同年一二月二五日許可処分を受けた。それからは、施設を整え、医師、看護婦（当時）、等医療従事者を所定のとおりそろえ、医療法二七条に基づき、病院の使用許可を得た。そこで原告は国の機関である同知事に対し、健康保険法（平成一〇年法律第一〇九号による改正前のもの）、四三条ノ三第一項に従い、病院について保険医療機関の指定申請をし、意見陳述のうえ、拒否処分を受けた。(7)

五　保険医療機関指定申請拒否処分と取消訴訟

一　地域医療計画についての基本的な考え方

保険医療機関として認められないため、病院としての施設でクリニックで使用できるものは、そのままとし、医療従事者についての処理は大変なことであったが、いかんともできないまま、承服できないので鹿児島地方裁判所に対し、知事を被告として保険医療機関指定拒否処分取消しを求めて訴えを提起した。改正医療法第二章の二医療計画の三〇条の三ないし三〇条の六までの規定を素直に読めば、医療計画は、各地域の医療水準をここに策定した目標にまで引き上げることを目指す「福祉推進目標計画」とみるのが一番合理的であって、法文の作り方からして、これは拘束的計画、統制計画ではない。医療水準を一定水準まで引き上げることを内容とするものと理解してはじめて、県単位で地域医療計画を策定する合理性が認められる。これを診療科を考慮しない一般病床の数の設定と読むと県単位で病床を一定化する合理性はきわめて疑問である。患者は県単位で病院の診察を受けるのではなく、自分の病状に応じて診療科を選び、国内のどこの病院にまでも出かける自由をもっている。診療科目を無視した病床の数の規制は、根本からその合理性は疑わしい。

この点注（6）に掲げた原田意見書、『行政法の解釈（Ⅱ）』の阿部意見書が正鵠を得ている。阿部教授の書かれているように法律案の作成の際の内閣法制局審査のときには、病院開設が警察許可であること、地域医療計画の内容とは整合性をもつものとして扱われたものを旧厚生省は省としての都合のいいように（医師会の協力も加えて）解釈し、運用通達を発したものとみるほかない。しかし、筆者らは、立法の経過と法文の内容、解釈の合理性を考えて、保険医療機関の指定拒否処分は、司法の場で必ず違法として取り消されるものと思っていた。わが国の行政訴訟の実態の観察についてなお甘かったと言わざるを得ない。

二　鹿児島地裁判決

鹿児島地裁において平成一一年六月一四日予想に反して請求棄却の判決を受けた（判例時報一七一七号七八頁）この訴訟は、振り返ってみれば裁判長であった榎下義康判事が、原告の請求を棄却することに汲々としていたとしか思われない。原告の提出する書面はそのまま受け取り、当事者に対し釈明のひとつもすることなく、最後の判決理由は、被告もそれまで全く主張していない「立法者意思」とか「法解釈の裁量」とかとんでもない判示がみられる。この詳細な問題点の指摘批判は、阿部教授の注（6）掲記の『行政法の解釈（Ⅱ）』一一〇頁に説かれており、委曲を尽している。この訴訟で両教授の意見書を提出したものの十分検討した様子はうかがえなかった。しかし、行政解釈に裁量権があるとする珍説には、きちんと反論を加えておかねばならず、福岡高裁宮崎支部に控訴した（同支部平成一一年（行コ）第五号保健医療機関指定拒否処分取消請求控訴事件）後も、行政裁量論に多くの時間をとられた。珍説を書かれると初歩的なところから始まってその誤りであることを明らかにしなければならず、無駄な労力を費やしたが、被控訴人もこの珍説に載って主張するところはなかった。しかし、被控訴人は、法廷外で控訴裁判所に対して、同種事件が多く係属していて、判決が他の事件に影響を及ぼすと述べていたとみえ（このような行政庁のやり方は決して公正なものとは思われないが）、裁判所から控訴人側に釈明があったので、筆者らは、知事の中止勧告の取消請求事件、無効確認請求事件等が数件係属している旨上申した。ところが被控訴人は、訟務検事金田仁史以下九名の指定代理人名の上申書を提出し、「本訴の結果は国政及び社会上多大な影響を及ぼす……医療保険制度が国民のための制度であるという原点に立ち帰って、本訴の判断を下されたく」と述べている。しかし、この「上申」は異常ではないであろうか。(8)

筆者らは、現在の実務で行っている病院開設の中止勧告と、保険医療機関の指定申請拒否が健康保険法（平成一〇年法律一〇九号による改正前）の解釈として誤りであるとして、拒否処分の取消しを求めているのである。行政庁のやっていることは正しく、行政庁の判断と相反する裁判所の判断が出ると「国政」に大きな影響を及ぼすと主張して裁判所に迫るなどは法治国家とは、言えないのではないか。わが国の行政訴訟の実態の一部をここで露呈したとみるべきではないか。この上申のとおり、原告、控訴人の控訴は平成一三年一〇月三〇日棄却された（裁判長馬渕勉、裁判官黒津英明、同岡田健）（この判決の批評は、前掲『行政法の解釈（Ⅱ）』一三九頁以下に詳細かつ的確なコメントがある。しかし、同教授も、訴訟の現場において、このような行政庁の動きがあったことは知らなかったはずである）。

六　健康保険法四三条ノ三第二項の正当な扱い

一　「著シク不適当ト認ムルモノナルトキ」の解釈

実定法規は、日本語で書かれている。国会における審議も日本語で行われている。一般国民が法文を読むときは、わが国内においてどこでも通用する日本語として理解して読む。特殊な業界における業界用語のような読み方は法の解釈としても許されないとしなければ法治主義はなり立たない。医療法三〇条の七の規定する知事の病院開設の中止勧告は、たとえそれが法文の根拠に裏付けられたものであっても、単なる事実行為であり、法効果の発生しないものであることは、かつて疑われたことはなかった。行政指導と呼ばれる一連の行政作用であり、行政目的を達成する手段として、相手方の任意の応諾に期待するものであることは現在でも争いはないであろう。言いかえれば行政指導の相手方は、この指導に従ってもいいし、意に反する場合にあっては従わないこともできるのである。従わないからと言つて不利益な扱いのされないことは行政手続法において保障されている（同法三二条二項）。それにもかかわらず、健康保険法四三条ノ二第二項に言う「著シク不適当ト認ムルモノナルトキ」にこの知事の勧告の不服従が当たるとするのは詭弁、歪曲、独断、恣意と解するほかはないではないか。従ってもいいし、従わなくてもいい、応じてもいいし応じなくてもいい中止勧告に従わないことがどうして「著シク不適当」と言えるのであろうか。正当な日本語で「著シク」というのは程度の甚だしいこと、その傾向・状態がだれの目にもはっきりと認められ、否定できない様子などを言うものと解されている形容詞であり、不適当の状態を形容している。従っても従わなくても不利益を受けない行政指導に従わないことをもって「著シク不適当」と言うのは、通常の日本語としては論理的に成り立ち得ないのではないか。この第一小法廷の判決は、前記判決理由のようにこの異常と見える日本語を平然として使用している。もつとも、判決理由は、ここに述べたように端的に文理的に「著シク不適当ト認ムルモノナルトキ」を読んでいるのではない。「健康保険法一条ノ二は、健康保険制度の基本をなすものであることにかんがみ、その在り方に関し常に検討を加え、医療保険の運営の効率化、給付の内容及び費用の負担の適正化並びに国民が受ける医療の質の向上を総合的に図りつつ実施されるべき旨を規定している。同条が医療保険の効率化に意を用いて健康保険制度が実施されるべきこととしている趣旨に照らすと、同法四三条ノ三第二項が保険医療機関の指定を拒否することができる要件として規定する『其ノ他保険医療機関若ハ保険薬局トシテ著シク不適当ト認ムルモノナルトキ』には、医療保険の運営の効率化という観点からみて著しく不適当と認められる事実がある場合も含まれると解するのが相当である。」と前提をおき、「良質かつ適切な医療を効率的に提供するという観点から定められた医療計画に照らし、過剰な数となる病床を有する病院を保険医療機関に指定すると、不必要又は過剰な医療費が発生し、医療保険の効率化を阻害する事態を生じさせるおそれがあるということができる。このような事情に照らすと……本件処分は、健康保険法四三条ノ三第二項に違反するものとは認められない」としている。ここでは、医療法の定める医療計画が単なる病床の数の規制である。常識で考えても、良質かつ適切な医療というのは、病床の数だけで決まるのではなく救命救急の場合には脳神経外科・整形外科等の診療科が用意されてはじめて言いうることであって、一般病床の数の規制をしただけで良質かつ適切な医療が提供できるなど常識で考えてもおかしい。この数の規制を勧告という形で行う仕組みである知事の勧告に従わなかったものを病院開設から排除する論理としては、判決理由はこじつけとしか言えない。判決が何度も用いている良質かつ適切な医療を効率的に行うというレトリックは、決して庶民には実感として受け容れられるものではない。なお、阿部教授は、別の観点から、この判決の言う「著シク不適当」ということのおかしいことを説明している（阿部泰隆『行政法解釈学Ⅰ』（有斐閣、二〇〇八年）一二八頁以下）。

二　第一小法廷の構成の不公正

この判決で一番理解し難い点は、この第一小法廷の構成である。前記のとおり、その構成の中には横尾和子裁判官(9)が入っている。横尾裁判官の経歴は、注(9)に掲載したとおりである。平成八年八月社会保険庁の長官を辞する前の昭和三九年旧厚生省に入省して以来、地域医療計画と必要病床数を超える病院開設許可申請に関する知事の中止勧告という仕組みを運用する中心にいた人物とみて差支えないであろう。平成一三年一二月駐アイルランド大使から最高裁判事に任命される若干の期間を除いて厚生行政の枢要な地位にあったことは疑いがない。過去に制度の運用に当ったその実務の扱いが違憲・違法として上告及び上告受理の申立てがされ、その審議に当って自分の過去に行ってきたことを不適法・違法と言う筈はない。

同第一小法廷の構成の中で厚生当局の実務については、いわば一番の専門家である。この専門家の意見に裁判長ほかの最高裁判事たちが影響されることは当然あり得ることで、これを避けるための制度としては回避の手続があるはずである。自分でやってきたことを自分で正当であるとか、適法だというのは裁判の世界ではあり得ないことである。このあり得ないことがこの第一小法廷判決では起っているのである。このようなことは、自然的正義に反することは勿論法の支配から言っても許されることではない。行政事件の原告であっても、構成その他において偏頗なき裁判所の裁判を受ける権利があるはずである（最高裁大法廷昭和二三年五月五日判決刑集二巻五号四四七頁）。この判決の調査官は、前記第二小法廷の担当調査官と同じと考えられるが、注（1）に挙げたように、判例解説で、立法理由のどこからも、また法律の文言のどこからも出てこない知事の勧告の制度が「医療費増大の抑制を実際上の目的の一つとしている」などと、独断と偏見をもっている。この考えで判決の起案に当ったとしたならば、上告、上告受理申立人はいくら精魂こめて申立理由書を書いても、それは徒労に過ぎなかったわけである。第一小法廷の判決は、裁判の要諦をなす公正に疑いがあり、憲法の予定する裁判の名に値しないと断定せざるを得ない。

三　中止勧告の訴訟対象性

筆者ら事件の代理人は、山川病院についての保険医療機関の指定拒否処分は完全に違法なものと考えていた。この処分が取り消されれば、一〇四床の病院は再度医療機材を整え、医師看護婦ほかの医療従事者を再度そろえて、病院の運営ができるものと考えていた。そして他に何件か知事の中止勧告、病床の削減勧告を受けた事件があり（これらは、すべて病院開設の申請時には地域保健医療圏内において、病床は不足していたにもかかわらず、担当地方官僚は既存の医療機関と結託し、かつ、旧厚生省当局の指導のもとに病床を埋め、原告申請者に過剰病床となる割当てをしている)、これらの知事の勧告は大した意味をもたないものと思ったけれども、山川事件で鹿児島地裁の珍妙な判決を受け、被告の制度を支える強い意思がみえたあとからは、知事の勧告を訴訟の対象としなければ病院ができないという点に到達した（この勧告を訴訟の対象とすべきであるとするのは、阿部泰隆教授の示唆によるものである。筆者は知事の勧告付の病院開設の許可は、保険医療機関の指定が受けられない許可であるというところから、許可の効力の一部制限された附款付のものとして附款の取消しを求めることができると解していた。この点は、最高裁であっさりとはねられた)。実務家としては、病院の開設ができることが問題であって、相手方の土俵で勝負をするほかなかったわけである。

以上どの点からみても、この最高裁第一小法廷判決はおかしい。しかし、被告、被控訴人側から原審に出された注(8)のような上申書による〝国政〟に多大な影響を及ぼすとする点から言えば二〇年近く旧厚生省当局が行ってきた実務を違法として覆すことなど、わが国の司法には絶対になし得ないことであろう。〝国政〟、政府が政策として実施していることに対する司法の迎合は、今さら言うまでもないことであるが、ここにも一つの事例があると言うに過ぎない。

しかし、このまま、知事の中止勧告に対する保険医療機関の指定拒否処分を是認して適法だと言っただけでは、結局は医業の開業を警察許可としている点との整合性に著しく欠けることになる。保険医療機関の指定拒否処分を争うには、この山川事件のように病院開設の許可を得た後、数十億円ないし数百億円を費やして物的、人的に設備を整え、使用許可をとりそのうえでほとんど指定処分が期待できないまま保険医療機関の指定申請をしてそれを争わなければならない。こんな馬鹿げたことを誰もするはずはない。このことを見込んで旧厚生省当局は知恵を働かせて右のような仕組みを作ったわけであるが、このままこの仕組みのひどさに目をつむり、旧厚生省当局のやってきたことを是認したのでは憲法上疑義の生じることは誰が考えても明らかである。

そこで、いわばガス抜きとして認めたのが、たまたま争われてきた中止勧告の処分性の肯定である。(10) 知事の勧告に処分性を認めて争わせても、勧告が不適法・違法だとされることなど現在のわが国における行政事件担当の裁判官のもとでは極めて少ない。

〝国政〟に影響を及ぼすことなどほとんどないであろう。最高裁第一小法廷がここまで考えたかどうか知らないが、結果はそのようになり、病院開設許可申請で中止勧告を取り消し、確定した事件は、富山地裁を一審とするもの一件だけである（前記第二小法廷判決の差戻審である。この事件の富山県の担当者の不公正、不公平な処理は群を抜いていた）。

筆者は、病院開設の中止勧告（平成一〇年法律第一〇九号による改正健康保険法第四三条ノ三第四項二号（現行法第六五条四項二号）が、中止勧告の不服従を法律要件としてからは、この勧告は単なる行政指導と言うことはできず、むしろ下命に近いものと解さざるを得ないであろう）について、実務の中でどのようにして処分性が認められたかを明らかにした。冒頭にかかげた最高裁第二小法廷判決が、先例としてどのような意味をもつものであるかは今後の歴史の評価に委ねるほかはないが、塩野教授が、単なる事例としての意味しかもたないと言われたのは、前記第一小法廷判決を念頭におかれたものであるかどうか分らないが、慧眼というべきであろう。

（6）　阿部教授の意見書は『行政法の解釈（Ⅱ）』（信山社、二〇〇五年一月刊）六八頁以下に掲載があり、鹿児島地裁の敗訴判決後に付加された説明がある。原田教授の意見書は、公にされていないが、右の阿部教授の著書にも引用されてあり、政府見解と異なり法文を正確に読んだ貴重なものと思われるのでここに全文を掲げておく。

一　医療法の目的と構造

医療法は、第一に、病院、診療所および助産所（以下病院等という）の開設・管理が適正に行われ、国民が劣悪な医療に悩まされることなく、安んじて健全な医療を受けられるようにすること、第二に、病院等の施設の整備を全国的に推進して医療過疎地域を解消し国民が健全な医療を全国どこででも受けられる体制を整えることと、この二つの施策によって、国民の福祉・便益に資することを期して（同法一条）、病院等の医療機関の開設・管理等に対し、さまざまな規制・監督・助成等の措置を定めていると解される。

これを具体的にいうと、国民を劣悪な病院等による医療から守り、安心して医療を受けることができるようにするために、病院等の開設・運営に対しさまざまな規制・監督措置を定めている（同法二章）。また、医療過疎地域をなくして、全国いずれの地域においても適正な医療が提供できる体制を整備するために、都道府県ごとに地域の「医療計画」を策定し（同法二章の二）、同計画の定める医療水準に満たない地域には公的医療機関の設置・整備を計画的に推進して、各医療圏における適正な医療提供体制を確保する施策を講じることとしているのである（同法七条の二、第三章）。

医療法の構造は、このように、大別すると、①劣悪ないし有害な病院等の開設・管理を規制する、いわゆる「警察規制」と、②計画的に医療提供体制の整備を推し進める「福祉推進措置」との二つから成るとみられるのである。

二　医療法七条による病院開設許可の性質

病院等の開設は、医療法七条により都道府県知事の許可制とされている。

しかし、「都道府県知事は……その申請に係る施設の構造設備及びその有する人員が……省令の定める要件に適合するときは、許可を与えなければならない」（同条三項）。そして、病院等の人員配置や構造設備の基準は医療法施行規則（昭二三厚令五〇）第三章に詳細かつ一義的に決められているから、この許可は完全に法令に羈束された行為であり都道府県知事には許可に際し要件裁量も効果裁量も認められていないと解される（ちなみに、病院開設許可申請に対する行政手続法五条に基づく審査基準は、いずれの府県の窓口においても、ほとんど策定・公示されていないと聞くが、これは、行政実務においても、病院開設の許可の基準は法令上すでに明確に規定され、羈束行為とされているので、改めて審査基準を策定するには及ばないと考えられているためと考えられる）。

このようにみてくると、医療法七条による病院開設の許可は、典型的な「警察許可」の性質を有するものということができる。

いいかえれば、医療機関の設置を自由競争にまかせるのが政策上適正かどうかは、たしかに問題であるが、少なくとも現行の法制は民間の医療活動を本来自由であるとし、その申請に係る施設の構造設備及びその有する人員が、省令の定める要件に適合していれば、病院等の開設を無条件に許可する建前をとつているといえるのである。有害ないし劣悪な施設は客観的な法令の基準に基づいて規制されるが、この基準に該当しない病院等の開設は、広く自由に任されていると解してよいであろう。

もっとも、以上は、民間の病院等について妥当する原則である。

公的病院等の開設については、特則がおかれ（同法七条の二）、医療計画（都道府県ごとに策定される。医療法二章の二）で定める必要病床数が満たされている地域では公的病院等には許可を与えないことができるとされている。これは、地域医療は本来、民間の自由な医療活動によって満たされるべきもので、公的医療機関は、民間医療では地域の医療需要をまかないえない地域において、補足的な役割を果たすべきものであるから、係る地域においては、公的医療機関の設置を進めるべきであるが、その反面、民間医療によって地域医療が充足できている地域では、あえて公的病院等を開設する必要は認められないとの配慮に基づいて、地域医療が充足されている地域での公的病院等の開設制限を認めたものと解することができる。その意味で、医療法七条の二は、公的医療の「補充制の原則」を示すものと解されるのである。

これを敷衍すれば、医療計画は、各地域の医療水準をこの目標まで引き上げることを目指す「福祉推進目標計画」であると性格づけられる。だが、逆に、地域の医療水準の上限を示し、地域における医療活動とりわけ民間の医療活動の自由を制限して、地域における医療活動をその制限内に押さえ込もうとする、積極的な「統制計画」としての意味までもつとは解しがたい。規制緩和、自由競争の尊重される現在においては、政策的当否はともあれ、現行法の解釈としては、医療の分野でも法律に特段の規定のない以上、こう解するのが社会通念に適した素直な解釈であるとおもわれる。

三　医療法三〇条の七による病院開設等に係る勧告の意義と性質

もっとも、病院等の医療機関は、国民生活に不可欠なものであるから、各地域の需要に的確に対応して全国に満遍なく配置されるのが望ましい。

そこで、この要請に応えるために、医療法は、医療計画に照らして民間病院等が不足している地域においては、公的医療機関を公的助成のもとに、（三三条）積極的に開設・整備していくこととし、反面、民間医療によって地域医療が充足できている地域では、公的病院等の開設を制限することができることとした（同法七条の二）。この点は、先に見たとおりである。

だが、これに反し、民間病院等の開設は、いかなる地域でも自由とされている。医療水準が医療計画のレベルをすでに越えている地域においても、これに同法七条の二の適用は認められないから、都道府県知事は、同条に基づいて民間病院等の開設申請があれば、これに対し許可を拒むことは許されない。政策上はともあれ、法律上は民間の医療活動は、病院等の開設を含めて、原則自由とされ、医療の分野においても、適正な競争が尊重されるべきものとされているのである。

しかし、そうはいっても、医療は公共性が強く、国民生活にとって必須のサービスであるから、医療機関がある地域に偏在・集中し、他方、医療過疎地域が放置されるのは、国民福祉の視点よりみて、好ましくない。そこで、医療法は医療計画で地域の適正な医療水準を定め、同法三〇条の七は、医療計画達成推進のため特に必要がある場合には、都道府県知事が病院等を開設しようとする者等に対し病院の開設や病床数の増加等を積極的に奨励して、医療レベルの低い地域における医療水準を早期に充実・向上させ医療計画の達成をはかることを意図しているのである。

だが、同条の文言を子細にみると、「病院の開設中止や病床数の減少」を勧告することができるとは規定していない。このことは、おそらく、この勧告の狙いが、医療レベルの低い地域において早期に医療を充実させ医療計画の達成をはかるために、「福祉推進措置」の一環として、病院等の開設者等に対し病院の開設や病床数の増加等を積極的に促す、いわば積極的な勧告を予定するものであるが、逆に、「病院の開設中止や病床数の減少」といった消極的な勧告を予定していないことを示していると解される。この解釈は、同条の文言からだけでなく、先にみた医療計画の趣旨・性格に照らしても、支持されるべきものと解される。

だが、それにもかかわらず、厚生省当局は、医療水準が医療計画のレベルをすでに越えている地域において、民間病院等（正確には、七条の二第一項に掲げる者以外の者）から病院開設等の申請があった場合には、「病院開設の許可又は不許可の処分が行われるまでの間に」その開設の中止ないし病床数の減少を促す、いわゆる消極的な勧告を、医療法三〇条の七に基づく勧告として、指示してきた（昭和六一・八・三〇厚生省健康政策局長通知「医療計画について」5(1)(2)参照）。おそらく、これは、医療水準の高い地域における医療機関の集中・偏在は、いたずらに過当競争を助長し、医療水準の低下を招いて、患者側の利益を損なうおそれがあるとの配慮に基づいて過当競争を排除し、もって医療過疎地域へ医療投資を仕向け、医療機関の適正配置を促進することを大義名分として、係る消極勧告を行わせてきたものと推察される。

しかし、こうした消極的勧告が、医療法三〇条の七に基づく勧告に含まれるかどうかは、先に見たように法文上、はなはだ疑わしい。おそらく、厚生省当局は、医療投資の効率化・医療機関の適正配置の推進という医療統制主義の理念に基づいてこれを実施してきたのであろう。しかし、①医療計画の性格をそのような統制計画とみるのは法律上妥当でないのみならず、②事実としてみても、医療機関の集中がいたずらに過当競争を助長し、医療水準の低下を招くと断定することができるかは、はなはだ疑問である。さらに、③医療水準が医療計画のレベルを超えている地域での病院開設の中止ないし病床数の減少勧告が、医療過疎地域への医療投資を増加させることになるとするのも、経験則にいちじるしく反する見方といわざるをえないであろう。

このようにみてくると、実務において、これまでズルズルと行われてきた消極勧告は、医療集中地域における既存の医療機関を新規参入者から守り、弱小医療機関を保護する、いわゆる護送船団方式による既存の業界保護の手段としてのみ機能してきたといわざるをえない。もしそうだとすれば、民間病院等に対する病院開設の中止ないし病床数の減少勧告（いわゆる消極勧告）は、医療計画を医療機関の適正配置を計画的に統制する「統制計画」であると誤解し、係る誤解のうえに立って実施されてきたものであって、三〇条の七の予想する目的・範囲を逸脱した、違法な行政指導と評さざるをえない。この点は、規制緩和、自由競争、官の干渉排除の求められる時代には、いっそう強く指摘されねばならない点である。

だが、百歩譲って、民間病院等に対する病院開設等の中止勧告が三〇条の七によって許されていると仮定しても、この勧告はいわゆる行政指導にすぎないから、これへの服従を強要するのが妥当でないのはいうまでもない。勧告に服さない者に対し、医療計画の達成促進を期して設けられて奨励的補助金や融資等の優遇措置を打ち切るのはともかく、医療関係者が本来有しているはずの権利・自由を制約するような制裁的措置をとることは、法律に根拠がない以上、絶対に許されないことは、行政手続法三二条、三三条、三四条をまつまでもなく明瞭である。

四　健康保険法四三条の三による保険医療機関の指定およびその拒否の性質

病院等が保険医療を扱うには都道府県知事から保険医療機関の指定を受けなければならない。病院等から保険医療機関の指定申請があった場合には、都道府県知事は、①「当該病院等ガ保険医療機関ノ指定ヲ取消サレ二年ヲ経過セサルモノナルトキ」②「保険給付ニ関シ診療ノ内容ノ適切ヲ欠ク虞アリトシテ重ネテ指導ヲ受ケタルモノナルトキ」③「其ノ他保険医療機関トシテ著シク不適当ト認ムルモノナルトキ」は、社会保険医療協議会に諮ったうえで「申請ヲ拒ムコトヲ得」とされている（健康保険法四三条の三第一、二、三項）。つまり、保険医療機関の指定申請に対しては、指定がなさるのが原則であるが、上記①②③の事由がある場合には、例外として、保険医療機関の指定を拒否することができるとされているのである。健康保険法四三条の三は、例外事由①②③のないかぎり、医療機関が、それぞれ保険医療機関となって自由に医療活動ができることを保証したものであろう。

このように、健康保険法四三条の三は医療関係者の「医療の自由」と、国民が広く保険医療を受けられる権利を保証するものであり、国民皆保険となった現在ではきわめて重要な意味をもつ規定である。であるから、「医療の自由」や国民の保険医療受給権を制限する上記①②③の要件は、厳格かつ客観的に解釈されるべきで、容易な拡大解釈が許されないのは当然である。

なお、都道府県知事による保険医療機関の指定およびその拒否は、法律に基づいて、申請に対し拒否事由の有無を一方的・公権的に判断する措置であるから、その性質は、契約ではなく、講学上の行政行為——行政手続法上の「申請に対する処分」——であり、法に覊束された行為とみるのが素直な解釈である。

五　厚生省の見解とそれへの批判

ところが、昭和六二・九・二一厚生省保険局長通知「医療計画公示後における病院開設等の取扱いについて」は、保険医療機関の指定を都道府県知事と医療機関との間の契約であると構成し、契約論を前提にして「都道府県知事が医療計画達成を推進するため特に必要があるものとして医療法三〇条の七に基づき病院開設中止の勧告をしたにもかかわらず、病院が開設され、その後当該病院から保険医療機関の指定申請があった場合には、健康保険法四三条の三第二項にいう「不適当ト認ムルモノナルトキ」に当たるとして「社会保険医療協議会に対し、指定拒否又は受理拒否の諮問を行うこと」と指示している。

しかし、この通達は、はなはだ問題である。

というのは、まず第一に、医療計画は、たしかに、各地域の適正な医療水準を定め、公的医療機関を整備するなどして各地域の医療水準をこの目標にまで引き上げることを目指しているのだが、それは、地域の医療水準の上限を示し、地域における医療活動とりわけ民間の医療活動をその制限内に押さえ込もうとする統制計画ではない。したがつて、医療計画の定める医療水準を満たしている地域において、民間病院等に対する病院開設等の中止勧告など、いわゆる消極勧告を行うのはそもそも医療法三〇条の七の文言に反するのみならず、医療計画の趣旨・性質にもそぐわない違法な措置である。このことは、先に指摘したとおりである。

だが、かりに係る勧告が許されるとしても、それは行政指導にすぎないから、指導に従わない者に対し、保険医療機関の指定拒否という、まさに「医療の自由」を著しく侵害する制裁を科すのは、違法な強制であり許されるべきではない。行政指導に従わない者に対し、その有する権利・自由を制約するような制裁に出るのは、明らかに行政指導の本質に反するからである。

第三に、医療法三〇条の七に基づく勧告に従わないことをもって、健康保険法四三条の三第二項にいう「不適当ト認ムルモノナルトキ」（前記の指定拒否事由③）に当たるとするのは、実体法の解釈としても不当な解釈である。なぜなら、医療法七条二項の定める指定事由をみると、拒否事由の①②は、保険医療機関としてふさわしくない診療行為―例えば有害な診療、基準違反の診療、過大診療等をしたり、あるいは、保険金の不正な受給を申請するなどをして―保険医療機関の指定を取り消されたり、重ねて改善指導を受けたりした経歴のある者から申請があった場合に、例外的に指定を拒否することができるとしたもので、その要件はきわめて狭く限定的である。これに対し、拒否事由③は、不確定な一般条項で定められているから、文言上は広く公益上の必要があるときには、これに含めて解してよさそうにみえる。しかし、法文をよくみると、拒否事由①②がある場合「其ノ他保険医療機関トシテ著シク不適当ト認ムルモノナルトキ」と定めているのであるから、拒否事由③は、拒否事由①②に類似ないし匹敵するような事由、つまり保険医療機関として保険業務遂行上著しく不都合と認められる事由のある場合が予定されているにすぎないのであって、保険業務遂行とは無関係な、公益一般に関わる不都合が当然に拒否事由③に含まれると解するのは妥当ではない。拒否事由③も、①②と同程度に限定して解釈するのが、法文解釈の常識である。

したがって、医療過剰地域での病院の開設等がかりに医療計画の実現に不都合だとしても、それは実体法上、保険業務の適正な遂行とは係わりないことであるから、それが「保険医療機関トシテ著シク不適当ト認ムルモノ」にあたると解することはできない。これは、公害防止や違法建築の取締りの必要があっても、それが水道業務への支障とならない以上、水道法一五条の給水停止事由たる「正当な事由」に当たらないとされるのと同様である。

そこで、厚生省当局はこうした法律解釈上の問題を回避するために、保険医療機関の指定は行政が医療機関に対し保険業務を委託する契約であると強引に性格づけ、「契約の自由」の原理に依拠して任意に契約締結の拒否（＝指定拒否）ができるかのごとく論じて、拒否事由③の「不適当ト認ムルモノナルトキ」を広くルーズに解釈し、医療法三〇条の七に基づく勧告に従わないことが、この要件に当るかのような立論をしているようにみえる。

しかし、医療機関の指定は行政処分とみるべきであるから、これを契約とみるのは、先に述べたように、それ自体適切ではない。だが、かりにこれを契約とみるとしても、健康保険法四三条の三が「医療の自由」を保障する見地から指定拒否事由を限定列挙している以上、「契約の自由」に依拠して「契約へ逃避」する余地はない。法定の指定拒否事由は厳格かつ客観的に解釈されるべきであり、そのルーズな拡大解釈は、許されないところである。

したがって、かりに医療機関の指定を契約とみるとしても、厚生省のとる実体法解釈は容認することができない。

六　結論

要するに、昭和六二・九・二一厚生省保険局長通知「医療計画公示後における病院開設等の取扱いについて」は、医療計画の定める医療水準を越えている地域において、既存の医療機関を適法な競争から保護し、病院等の医療機関の集中・競争を避けさせる目的で、①医療計画を医療機関の配置規制を強制する統制計画のごとく解釈し、②係る違法な解釈を前提にして、医療計画の定める医療水準を越えている地域において病院等の開設が許可された場合には、医療法三〇条の七に基づいてその開設の中止ないし病床数の減少を勧告し、③この違法な勧告を強制するために、指導に服さないことに対する制裁として、健康保険法四三条の三を不当に拡大解釈して、保険医療機関の指定拒否をもって臨むものであって、法律上許されない不法な目的達成のために、二重にも三重にも違法な権限の結合行使を重ねるものというほかはなく、明らかに「行政権の濫用」であり、とうてい許されないものと解される。

（7）　意見陳述の裏話が、国民健康保険法等の一部を改正する法律案について、平成一〇年五月一九日開催された参議院国民福祉委員会における参考人で、当時の鹿児島県医師会長鮫島耕一郎の意見の中にみられる（参議院国民福祉委員会会議録第一四号一八頁以下）が、それとは別に医師会として理解している昭和六〇年の医療法の一部改正についての意見は、何故か前掲注（1）の杉原調査官の意見と同じである。

「そもそも昭和二二年に定められた医療法が昭和六〇年に至って改正されたゆえんは、国民に良質な医療を効率的に計画的に提供するという目的、並びに毎年約一兆円ずつ増加する国民医療費の相当部分を占める病院の入院費を何とか少しでも抑制して国民皆保険制度の破綻を防ごうという政策的目的、この二つの目的が相まって制定されたものと理解しております。つまり、過剰な供給体制が過剰な需要を生み出すという通説が導入されたものと言えます。

しかし、医療法の第七条三項に定めてある一定の条件をクリアすれば知事は病院開設を許可しなければならないのだから、病院の開業は自由であるというわゆる自由開業医制は病院に限っていえば医療法改正により原則として歯止めがかかったものだと私たちは考えております。すなわち、ベッドオーバー地区では、医療法三〇条により県医療審議会の議を経て、知事は新しい病院開設や増床計画の中止を勧告できる、また勧告に従わない場合は、保険局長通達により、保険医療機関の指定申請があった場合に、著しく不適当な場合に該当するものとして、地方社会保険医療協議会に対し、指定拒否の諮問を行うことと、二段、三段構えの歯止めがかけられております。」

（8）被控訴人は、本書面で、以下のとおり本訴が持つ影響について上申する（平成一三年一〇月二二日付筆者）。

1　序

本訴第六回口頭弁論において、裁判長からの「同種の訴訟が進行中だが」との質問に対し、控訴人から「同種の事案はない」旨の回答があり、また、控訴人から平成一三年八月一日付け上申書が提出されている。その趣旨は、同種の事案がなく、本訴の結果が他に与える影響がないことを主張するものであると考えられる。

しかし「同種の事案がない」ことと「他に与える影響がない」ことは別の問題であり、以下に述べるとおり、本訴の結果は国政に多大な影響を及ぼしうるものである。

2　本訴で問題とされている法の構造と本訴判決の影響

本訴では、鹿児島県知事から医療計画達成のための病院開設の中止勧告を受けた者が、これに従わないで病院を開設して医療計画の達成を阻害した場合に、旧健康保険法四三条ノ三第二項の「著シク不適当ト認ムルモノナルトキ」に該当するとして保険医療機関の指定を拒否する処分をすることができるかどうかが問われている。

ところで、平成一〇年法律第一〇九号による健康保険法の改正は、第一四二回国会衆議院厚生委員会で小泉厚生大臣（現内閣総理大臣）が、「今回の措置というのは、現在、都道府県知事が病床過剰地域であり開設の必要がないとして中止勧告をした医療機関については、医療保険の対象としない取扱いとしているものを法律上明文化したものであるということを御理解いただきたいと思います。」と答弁しているとおり（第一四二回国会衆議院厚生委員会議録第六号〔乙第一五号証〕一九頁）、従来の取扱いを法律上明文化したものであり、健康保険法の改正の前後によって医療法に基づく中止勧告の法的性質に変化はなく、医療計画と健康保険法とを関連させているという法の構造は、平成一〇年法律第一〇九号による健康保険法の改正の前後で何ら変わっていないのである。

したがって、本訴の結果は、現在の法制度についての判断と同値であるということができる。

そのため、本訴の結果によっては、被控訴人第四準備書面で述べたとおり、国政に深刻な影響が生じうるのであり、本訴の結果には極めて大きな影響があるといわなければならない。

3　病床過剰地域における保険医療機関指定拒否事例に与える影響

仮に、上記2のようなことが言えないとしても、別表記載のとおり、昭和六〇年法律第一〇九号による健康保険法の改正までの間に、中止勧告又は削減勧告が行われた事例は少なくない。

このうち本訴を除けば保険医療機関指定拒否処分に至った事例はないが、本訴の結果によっては、保険医療機関の指定の申請がなされたり、保険医療機関の指定を受ける機会を逸したとして損害賠償を請求することが容易に予想される。

さらに、中止勧告や削減勧告を受けていない医療機関についても、その医療機関が病院開設又は増床の計画書等を提出した段階で病院開設又は増床の中止を勧められたため計画どおり病院を開設又は増床しても将来保険医療機関としての指定を受けられないものと判断して病院の開設は増床を断念したものが暗数として多数存在するものと考えられるところ、これらの医療機関から病院開設の申請及び保険医療機関の指定の申請がなされたり、また、保険医療機関の指定を受ける機会を逸したとして損害賠償を請求されることも予想されるのである。

したがって、本訴の結果は国政に多大な影響を与え、保険医療制度の維持、存続に重大な影響を及ぼしかねないのである。

4　結　語

以上のとおり、本訴の結果は国政及び社会上多大な影響を及ぼすものと言わざるを得ない。

そこで、裁判所にあっては、以上の点を考慮され、医療保険制度が国民のための制度であるという原点に立ち帰って、本訴の判断を下されたく、以上のとおり上申する。

（9）　横尾和子の経歴は、平成一九年司法大観（法曹会）によると次のとおりである。

昭和三九年厚生省入省、同六三年大臣官房政策課長、平成二年六月官房審議官（医療保険・老人保健福祉担当）、平成四年七月老人保健福祉局長、平成六年九月社会保険庁長官、平成八年八月医薬品副作用救済・研究振興調査機構理事長、平成一〇年一一月駐アイルランド大使、平成一三年一二月最高裁判事。

（10）　このように、知事の中止勧告に処分性を認めた第二小法廷判決などと比べて、福岡高裁平成一五年七月一七日第三民事部（裁判長小林克己、裁判官内藤正之、裁判官白石史子）判決判例タイムズ一一四四号一七三頁は、はるかに格調が高い。ことに裁判長のものと思われる補足的判断は（一七九頁）、中止勧告に処分性を認めなければ行政庁の専断を許す法システムを容認することになり、国民の司法的救済の途を閉ざすものであると述べている。

【追記】　司法改革の波にのって行政訴訟の改革が叫ばれて、行訴法の改正がされた。しかし、訴訟の現場における実態は改革とはほど遠い。例えば、実務経験の豊富な細川俊彦教授（当時金沢大学）の書かれた「司法の組織構造から見た行政訴訟改革の論点」（月刊司法改革・現代人文社二〇〇一年四月号一八頁）で指摘されたことなど何一つ改善されたものはない。

（初出、自治研究八七巻一〇号、一一号各三頁）

おわりに

凡そ二〇年も昔のこととなってしまったが、本書末尾に掲げた「行政事件訴訟法施行後における行政裁判例の傾向」（1～5完）判例時報五一六・五一九・五二二・五二八・五三八号（一九六八年～六九年）を中心に、筆者の雑文について、東大の塩野宏先生から、まとめてみないかというおすすめがあった。ありがたいお話であったが、体力的にも限界のときであって、出版社は紹介されたものの何もできずにいた。

弁護士として実務の一線に加わった阿部泰隆神戸大学名誉教授と『最高裁上告不受理事件の諸相』（筆者が1、阿部教授が2を担当、信山社、二〇一一年）を出版する機会に、筆者の書いたものを、まとめて書物として残すことを同教授から強くすすめられた。前記の判例時報の論文はもう歴史的産物となってしまったが（もっとも、本書の各所で引用はしてある）、現在においても行政事件を扱う数少ない実務家の書いたものとして、評価の対象となりそうなものを選んでまとめたのが本書である。

本書が生れたのは、老骨を叱咤激励された阿部教授の暖かいお気持による結果であり、感謝してお礼を述べたい。それに、前著に加え、信山社が出版を引き受けていただいた。編集部の稲葉文子さんには古い出版物から新しく形式をととのえるため大変お世話になった。ことに筆者の考えていた通俗的標題に代えて「行政訴訟の実践的課題」という適切な書名を提供していただいた。感謝を申し上げたい。

「はじめに」にも書いたとおり、行政訴訟の実態は、この半世紀の間、国民の権利利益の保護のために進展してきたとは思われない。ことにきわめて優れた行政手続法に対する圧倒的多数の裁判官の理解と手続の規制の考え方については、絶望に近い想いがする（この点は、はじめにの二　行政裁量の扱いの項に引用してある行政事件訴訟の過去と現在に述べている）。本書を読む機会のある法曹に対して、わが国の行政訴訟の前途について、深く考えて欲しいものである。

〈初出・原題一覧〉

第一章　裁量をめぐる問題点

1　行政裁量論　遠藤博也＝阿部泰隆編『講義行政法Ⅰ（総論）』青林書院新社一九八四年

2　行政裁量の司法統制　北海道駒澤大学研究紀要二号

第二章　行政訴訟の一般的手続

1　行政事件訴訟の方向　判例時報六三二号一二頁

2　訴訟手続上の若干の問題点　ジュリスト五二七号六〇頁

3　原処分主義と裁決主義　ジュリスト増刊『行政法の争点（新版）』二一二頁

4　行政訴訟に対する仮処分の排除　『実務民事訴訟講座8』三一五頁

5　無名抗告（法定外抗告）訴訟　ジュリスト九二五号一一四頁

6　行政処分の取消訴訟と無効確認訴訟の関係　『公法の理論　中――田中二郎先生古稀記念』一〇六三頁、有斐閣一九七六年

7　無効等確認訴訟の要件　ジュリスト増刊『行政法の争点』二二二頁

8　行政手続の規制　ジュリスト五〇〇号（特集・判例展望　判例理論の再検討）八四頁

9　行政手続法の活用方法と行政訴訟への影響　自由と正義四五巻八号二八頁

第三章　道路をめぐる若干の問題

1　道路訴訟　ジュリスト増刊総合特集『交通と環境問題』二七三頁

2　高速道路の建設をストップさせる方法は―差止訴訟―
室井力＝塩野宏編『行政法を学ぶ2』一五二頁、有斐閣一九七八年

3　環境を考慮しない道路建設事業の事業認定
前同『行政法を学ぶ1』一三八頁

第四章　行政法関係と民事関係の交錯

1　仮換地指定処分と未申告借地権者の救済　『民事法の諸問題Ⅳ』六八頁、判例タイムズ社一九七〇年

2　Ⅰ　土地改良法第五一条第一項所定の一時利用地の指定を受けた者の地位

Ⅱ　違法に従前の土地に対し換地を定めなかった換地計画が公告された後における一時利用地の使用収益権の存続の有無
法学新報七〇巻九号四八頁

3　一筆の従前地全部を賃借する者が適法な賃借権の届出をした場合であっても換地予定地または仮換地について使用収益の権能を有しないとされた事例　民商法雑誌第五九巻第四号五九九頁

第五章　行政訴訟制度の問題点

1　実務を通じてみた行政訴訟制度の問題点
公法研究五二号一六五頁

2　医療法（平成九年法律第一二五号による改正前のもの）三〇条の七の規定に基づく知事の勧告について処分性を認めた判例の実務的考察（一）（二）
自治研究八七巻一〇号、一一号各三頁

〈著者紹介〉

濱　秀　和（はまひでかず）

昭和五（一九三〇）年一月長野県岡谷市で出生。昭和二五（一九五〇）年中央大学法学部入学、昭和二七（一九五二）年一〇月司法試験合格、昭和二九（一九五四）年同大学卒業、同年四月司法修習生、昭和三一（一九五六）年四月判事補任官、静岡、秋田、地家裁、東京地裁勤務、昭和四一（一九六六）年四月判事任官、東京、札幌地裁岩見沢支部、東京高裁勤務、昭和四七（一九七二）年四月判事退官、同年五月弁護士登録（東京弁護士会）、この間、駒澤大学北海道教養部、中央大学法学部、立教大学大学院、中央大学大学院の各非常勤講師（行政法、行政法特殊講義担当）。（なお、昭和三七（一九六二）年～昭和四一（一九六六）年東京地裁民事三部（行政部、白石コートと呼ばれた）勤務）

〈本書掲載のもの以外の行政訴訟関係の主要著書・論文等〉

『最高裁上告不受理事件の諸相1』（信山社二〇一一年）
「行政訴訟の審理方式についての若干の感想」判時四七九号五頁以下（一九六七年）
「行政事件訴訟法施行後における行政裁判例の傾向（一—五完）」判時五一六、五一九、五二二、五二八、五三八号（一九六八—六九年）
「審理に関する特則」渡部吉隆、園部逸夫編『行政事件訴訟法体系』（西神田編集室一九八五年）
「行政事件訴訟法四一条、四三条」南博方編『条解行政事件訴訟法』（弘文堂一九八五年）
「差止訴訟（一号請求）」園部逸夫編著『住民訴訟』（ぎょうせい一九九二年）
「シリーズ・行政訴訟制度改革を考える　制度を支える法曹、とくに裁判官・弁護士の質の向上へ」ジュリスト一二一七号（二〇〇二年）
「改正行政事件訴訟法とその運用等（特集　行政事件訴訟法改正）——（各界から見た評価・課題）」ジュリスト一二七七号（二〇〇四年）
「行政事件訴訟の過去と現在」（行政関係事件専門弁護士ネットワーク講演　自由と正義二〇〇九年一〇月号）

学術選書
105
行政法

行政訴訟の実践的課題

2012(平成24)年10月30日　第1版第1刷発行
6705:P376　¥9800E:012-050-015

著　者　濱　　秀　和
発行者　今井 貴　稲葉文子
発行所　株式会社 信 山 社
編集第2部
〒113-0033 東京都文京区本郷6-2-9-102
Tel 03-3818-1019　Fax 03-3818-0344
info@shinzansha.co.jp
東北支店　仙台市青葉区子平町11-1号208・112
笠間才木支店 〒309-1611 茨城県笠間市笠間515-3
Tel 0296-71-9081　Fax 0296-71-9082
笠間来栖支店 〒309-1625 茨城県笠間市来栖2345-1
Tel 0296-71-0215　Fax 0296-72-5410
出版契約2012-6705-1-01011 Printed in Japan

印刷・製本／東洋印刷・牧製本
ISBN978-4-7972-6705-1 C3332 分類323.910-b002 行政法